Tomos Forrest

Deus le vult - Gott will es!

Mit Richard Löwenherz vor Akkon

**Schild und Schwert - Sir Morgan of Launceston
Die Kreuzfahrer-Trilogie**

SCHILD UND SCHWERT – Sir Morgan, der Löwenritter # Band 1: Blut ist eine seltsame Farbe

von Tomos Forrest

Edition Corsar

Diese Buchausgabe erscheint in
Lizenz der Edition Bärenklau
Die Serie Schwert und Schild - Sir Morgan
of Launceston erscheint jeweils als eBook und
als Paperback-Ausgabe und ist bei
Amazon zu beziehen.

ISBN 9783925320620
3-925320-62-8

© für diese Ausgabe beim Autor.
Auslieferung:
Edition Corsar
Thomas Ostwald
Am Uhlenbusch 17
38108 Braunschweig

Im Heer der Kreuzfahrer unter König Richard, dem man den Beinamen Löwenherz gegeben hatte, ziehen auch die Freunde Morgan of Launceston, Johel de Vautort und Baldwin of Dartmoor mit. Auf dem Weg zu der wichtigen Hafenstadt Akkon werden die Christen immer wieder von den Sarazenen unter Sultan Saladin angegriffen und in heftige Gefechte verwickelt. Nach einer solchen Begegnung wird der hünenhafte Sir Baldwin vermisst. Die geheimnisvolle Nazeera spricht die Sprache der Engländer und nimmt bald eine wichtige Rolle bei den Kreuzfahrern ein. Doch ist ihr zu trauen?

Und dann kam der Tag, an dem die Hölle auf Erden war …

***

1.

Die Langbögen wurden gespannt, dicht an dicht standen die Bogenschützen und hoben ihre weit tragenden Waffen. Nur ein leiser Befehl genügte, und in einer todbringenden Wolke stiegen die Pfeile hoch in die gleißende Wüstensonne, schienen für einen kurzen Moment den Himmel zu verdunkeln und prasselten dann auf die Sarazenen hernieder. So überraschend kam dieser Angriff, dass die meisten Pfeile auf ungeschützte Körper trafen, sich durch gepolsterte Jacken und netzartige Kettengeflechte bohrten und ein Blutbad anrichteten. Doch dieser ersten, furchtbaren Pfeilwolke folgte sofort eine zweite, dritte, vierte nach. Jeder der Bogenschützen hatte den zweiten oder dritten Pfeil abgeschossen, noch bevor der erste sein Ziel fand.

Aber die dunkelhäutigen Gegner in ihren oft einfarbigen, blauen oder schwarzen Gewändern, den spitzen Helmen oder auch nur mit Turbanen auf dem Kopf, den gebogenen, scharfen Klingen und den runden, kurzen Schilden blieben nicht lange untätig. Schon die nächsten Pfeile trafen auf eine Wand von Rundschilden, die von den Kriegern über ihren Köpfen gehalten wurden. Noch immer lichteten sich ihre Reihen unter dem ununterbrochenen Pfeilhagel, und Schritt für Schritt wichen die Sarazenen zurück.

Plötzlich bildete sich zwischen ihren stark gelichteten Reihen eine Gasse, und Staub wirbelte hoch auf, erreichte selbst die Linie der englischen Bogenschützen und legte einen grauen Schleier auf Gesichter, Helme und Waffenröcke.

Für einen Moment unterbrach der Hauptmann den Beschuss, um festzustellen, was beim Feind geschah.

Mit wilden Schreien stürmten Reiter zwischen den feindlichen Fußsoldaten heran, die Lanzen eingelegt, die Schilde erhoben. Auch ihnen galt der nächste Beschuss, aber immer mehr Reiter folgten den ersten, der Wüstenstaub wirbelte hoch auf und ließ keine freie Sicht mehr auf den Feind zu. Doch das war auch nicht mehr nötig, denn auf ein Hornsignal traten die Bogenschützen zur Seite, um Platz für den Vorstoß der Ritter zu machen.

„*Remember Hattin!* – Denkt an Hattin!", brüllte ein unglaublich großer Ritter, dessen rotblondes Haupthaar unter seinem Nasalhelm hervorquoll und sein bis auf die Brust reichender Bart ihn wie einen Dämon erscheinen ließ. Er sprengte mit seinem Pferd nach vorn und wiederholte seinen Ruf, der gleich darauf von den hundert nachfolgenden Reitern aufgenommen wurde und die dahinter marschierenden Kriegsknechte erreichte.

„Remember Hattin!", erklang der Schlachtruf nun schon aus hunderten von Männerkehlen wie ein einziger Schrei, während die Ritter ihre Lanzen einlegten und auf die Schar der Sarazenen zusprengten, mitten hinein in die Staubwolke.

„Allahu akbar!", antwortete ihnen der kehlige Schlachtruf der Sarazenen, und was in den nächsten Minuten vor den Toren von Akkon geschah, lässt sich kaum beschreiben.

Lanzen durchstießen die Körper des Gegners, Stahl schlug auf Stahl, dumpfe Schläge krachten auf Schilde, und noch immer regneten Pfeile auf die Sarazenen herab. Doch der Beschuss wurde nach dem Lanzenangriff abgebrochen, um die eigenen Kämpfer zu schonen.

Neben dem an der Spitze reitenden Rotbart ritt geradezu sein Ebenbild mit langen, blonden Haaren. Auch er ein breitschultriger Ritter, ausgerüstet und gewandet wie die meisten der Kreuzfahrer. Nasalhelm, Kettenhemd, Waffenrock mit dem steigenden roten Löwen, dazu Schwert, Lanze, Schild und ein kampferprobtes Schlachtross, das die mühselige Reise in den Bäuchen der schwerfälligen Schiffe mitgemacht hatte.

„Tötet die Ungläubigen!", schrie der Blonde und hieb einem Sarazenen das Schwert so heftig über den von einem spitzen Helm geschützten Kopf, dass das Metall auseinander klaffte und die scharfe Schneide die Schädeldecke des Mannes zertrümmerte.

Sand knirschte unangenehm zwischen den Zähnen, verklebte die Augen und nahm den Kämpfenden den Atem. Zwar hatten sich die Kreuzfahrer mit dünnen Tüchern gleich nach ihrer Landung in Tyros die freie Gesichtshälfte unter den Helmen abgedeckt, aber der feine Wüstensand drang durch jede Ritze, kroch in die Nase und behinderte die

Atmung.

„Baldwin!", schrie der Blonde seinem Nachbarn zu, als er aus dem Augenwinkel eine hastige Bewegung erkannte. Ein Bogenschütze der Sarazenen sprengte heran und feuerte seinen Pfeil auf den Ritter ab, noch bevor der seinen Gegenangriff starten konnte.

Doch der Rothaarige schien davon wenig beeindruckt, und als er mit dem Schwert einen wuchtigen Oberhau durchführte, der den Arm des Bogenschützen abtrennte und den Mann mit einem gurgelnden Schrei aus dem Sattel stürzen ließ, war der andere schon wieder im Kampf mit einem sehr hartnäckigen Gegner verstrickt. Der Pfeil war von seinem Kettenhemd abgeprallt.

Glück gehabt, alter Freund!, dachte Morgan, als er sich seinem nächsten Gegner zuwandte.

Schwarze, glutvolle Augen blickten ihn unter einem Helm mit darunter liegendem Kettengeflecht voller Hass an. Es gelang dem Blonden im letzten Augenblick, sein Schwert hochzureißen und den gewaltigen Hieb des Sarazenen zu parieren. Aber von der Wucht des Schlages war sein

Schwertarm kurze Zeit wie gelähmt, und das erkannte sein Gegner sofort. Dessen Pferd war durch eine geflochtene Matte vor den gröbsten Schnittverletzungen geschützt, und er setzte es jetzt als Waffe ein. Mit einem Schrei schlug er seine Fersen in die Weichen des Tieres, das ein schrilles Wiehern ausstieß und gegen das Pferd des Blonden prallte.

Der geschwächte Arm ließ keine richtige Abwehr zu, sodass die gekrümmte Klinge seines Gegners gefährlich dicht an seinem Gesicht vorüberfuhr, als der Mann zustieß. Aber blitzschnell hatte sich der Ritter gedreht, wechselte die Schwerthand, riss zugleich sein Pferd herum und traf den Angreifer im oberen Schulterbereich, wo der Mann ebenfalls gepolstert war und darüber einen Kragen aus fein geflochtenen Kettenringen trug.

Der Sarazene wirbelte ebenfalls herum und führte dabei sein Schwert mit einer geschickten Aufwärtsbewegung, die dazu angelegt war, den Blonden von unten herauf aufzuschlitzen. Mitten in der Bewegung stockte der Angreifer jedoch und starrte auf seine Brust herunter. In einem dunklen

Kreis erschien dort plötzlich eine eiserne Spitze. Noch bevor der Mann überhaupt erfasste, was ihn da getroffen hatte, spürte er einen fürchterlichen Schmerz. Der Ritter, der ihm die Lanze in den Rücken gestoßen hatte, riss sie gerade wieder zurück, was aber nicht sofort gelang. Vielmehr stürzte der Getroffene rückwärts aus dem Sattel und sein Gegner verlor die Lanze, als der Sarazene tot zwischen die Hufe der Pferde stürzte.

Auch der Mann mit der Lanze geriet nun in Not, aus der ihn sein Nachbar nicht sofort retten konnte. Ein weiterer Sarazene war heran und verwickelte ihn in einen schnell geführten Schwertangriff, während der Knappe spürte, dass er ebenfalls langsam den Halt verlor. Aus irgendeinem Grund rutschte sein Sattel zur Seite, und erst im letzten Moment gelang es ihm, sich aus den Steigbügeln zu lösen und glücklich auf dem Boden zu landen.

Sofort war er zwischen den Pferdeleibern eingekeilt, musste vor Hufen zurückweichen und stolperte gleich darauf über einen Toten. Das jedoch rettete ihm in diesem Augenblick das Leben, denn noch mit einem Luftzug dicht über seinem Kopf spürte er den gefährlichen Hieb seines Gegners. Aber der Kämpfer hatte nicht umsonst seit seinem sechsten Lebensjahr eine harte Ausbildung hinter sich gebracht. Die Waffenmeister hatten die angehenden Knappen auf jede Gegebenheit vorbereitet und ihnen gezeigt, was in einer solchen Situation im Kampfgetümmel zu tun war.

Vor Schmerz laut wiehernd stieg das Pferd des Sarazenen auf die Hinterhand, als das Schwert des Ritters tief im Bauch des Tieres verschwand und gleich darauf in einer drehenden Bewegung herausgerissen wurde. Er war unter dem Pferd verschwunden, als dessen Reiter einen neuen Schlag gegen ihn ausführte. Das war seine letzte Möglichkeit, den verhassten Feind auszuschalten. Das Pferd brach auf den Vorderbeinen ein und warf ihn im hohen Bogen über den Kopf ab. Der Mann schlug hart auf dem Boden auf, versuchte benommen, sich aufzurappeln und wurde gleich darauf von einer Lanze durchbohrt.

„Jago, hierher!", schrie eine Stimme dem Mann zu, der eben von einem weiteren Reiter angegriffen wurde.

Der Kopf des Knappen flog herum, er sah die Hand seines Ritters, griff zu und spürte, wie er nach oben gerissen wurde. Dichter umschloss die beiden Kämpfer der aufgewirbelte Wüstenstaub, und nun jagte das Pferd mit seiner doppelten Last zwischen wirbelnden Lanzen und Schwertern hindurch.

„Wohin wollt Ihr, Sir Morgan?", schrie der Knappe seinem Ritter ins Ohr, doch der antwortete nicht, sondern trieb sein Pferd weiter an, bis sie plötzlich die Reihe der zu Fuß kämpfenden Kriegsknechte vor sich sahen.

„Spring!", schrie Morgan seinem Knappen zu, wendete sein Pferd, kaum dass Jago festen Boden unter den Füßen hatte, und verschwand wieder hinter einem Vorhang aus Staub und Dreck.

„Verdammt, Sir Morgan!", rief der Knappe vergeblich seinem Ritter nach. Sogleich fand er sich mitten zwischen den vorrückenden Kriegsknechten und reihte sich zwischen ihnen ein, um sich gemeinsam der nächsten Reiterattacke zu stellen. Jeder von ihnen hielt eine Lanze bereit, Jago hatte sein Schwert noch immer in der Hand.

Schon preschten die Sarazenen mit ihren Lanzen auf die Reihe zu, und buchstäblich im letzten Augenblick löste sich der Verband der Fußsoldaten auf. Jago lachte laut auf, als zwischen den dumpf klingenden Hufen plötzlich Menschen in alle Richtungen zu fliehen schienen. Aber die Kriegsknechte beherrschten ihr Handwerk wie der Knappe. Kaum waren die Sarazenen heran, stachen die Soldaten mit den Lanzen von unten in die Pferdeleiber und richteten innerhalb kürzester Zeit ein fürchterliches Blutbad an.

„Warte auf mich, Baldwin!", schrie Morgan seinem Freund zu, der sich eben, von zwei weiteren Rittern begleitet, auf eine Gruppe Sarazenen stürzte, die sich ihnen in den Weg stellte. „Baldwin, das ist eine Falle! Rechts kommen weitere Reiter heran! Hörst du? Zurück, eine Falle!"

Seine Schreie verklangen jedoch ungehört im Kampflärm, und Morgan biss die Zähne zusammen, spürte das Knirschen von Sand und spuckte gleich darauf angewidert aus. Da war der erste Angreifer heran, Morgan schlug auf die ihm bedrohlich nahe kommende Lanze und duckte sich seitlich weg, um im Vorbeireiten dem Angreifer sein Schwert in den Nacken zu schlagen. Zwar trug dieser Mann ebenfalls ein Kettengeflecht, aber Morgan spürte, wie die Klinge hindurchfuhr und der Mann nach vorn kippte. Gleich darauf stolperte sein Pferd, wurde langsamer und brach so unvermutet zusammen, dass er keine Gelegenheit mehr fand, sich abzurollen. Hart schlug er auf und schien in einen dunklen Schacht zu fallen. Sein letzter Gedanke galt dem Sand, der sich auf so unangenehme Weise als sehr hart erwiesen hatte.

2.

Morgan schwamm um sein Leben. Welle auf Welle spülte über seinen Kopf und nahm ihm den Atem. Er hatte schon sehr früh das Schwimmen gelernt, zuerst im Fluss Tamar, später sogar im Meer. Aber das war zu viel, es ging über seine Kräfte. Ein erneuter Wasserschwall ließ ihn nach

Luft ringen. Er riss den Mund weit auf und musste schlucken. Mit Händen und Armen schlug und trat er um sich, um über Wasser zu bleiben.

„Er kommt zu sich!", vernahm er eine vertraute Stimme, und schließlich gelang es ihm, die auf unangenehme Weise verklebten Augen aufzureißen. Das Gesicht seines Knappen befand sich dicht über ihm, und mit heiserer Stimme rief er seinen Namen.

„Sir Morgan, es ist alles vorüber, wir haben die Ungläubigen besiegt!", jubelte der Knappe, und das eben noch besorgte Gesicht über ihm verschwand.

Mühsam hob Morgan den Kopf und sah sich um.

Er befand sich in einem Zelt, und offenbar war es inzwischen Nacht geworden. Das Gestell, auf das man ihn gelegt hatte, war nicht sonderlich bequem, und mit einer am Gaumen klebenden Zunge verlangte er nach Wasser. Über das Krächzen, das seinem Mund entfuhr, war er selbst erschrocken.

„Hier, nehmt diesen Becher, es ist Wein, den

uns der König selbst geschickt hat!"

Dankbar griff Morgan zu und spürte, wie schwer es ihm fiel, das pokalartige Gefäß zu halten. Noch einen Schluck, noch einen weiteren, und langsam kam ihm das Erlebte wieder zu Bewusstsein. Er war gar nicht geschwommen, sondern hatte einen Schwall Wasser über den Kopf bekommen, der ihn ins Leben zurückholte. Noch immer etwas benommen richtete er seinen Oberkörper auf und sah sich im Dämmerschein von ein paar Öllampen in dem Zelt um.

Knappe Jago stand vor ihm und grinste ihn fröhlich an, aber sonst konnte er niemand in seiner Umgebung erkennen. Aber das untrügliche Stimmengewirr, dazu das Klappern von Metall und das raue Lachen von Männerkehlen zeigten ihm, dass man ein Nachtlager aufgeschlagen hatte.

„Die ... Sarazenen, Jago?"

„Geschlagen, Sir Morgan! Wir haben sie zum Teufel gejagt, wohin sie gehören!"

„Unsere Verluste?"

Das eben noch strahlende Lächeln verschwand aus dem Gesicht seines Knappen.

„Einige der unsrigen sind auf dem Schlachtfeld geblieben, Sir Morgan. Aber glücklicherweise nur wenige. Ihr müsst unbedingt morgen früh vor dem Aufbruch einen Blick auf die Stätte werfen! Das Blut der Ungläubigen hat die Wüste rot gefärbt, so etwas habe ich noch nie gesehen!"

Morgan starrte in das Gesicht seines Knappen, dessen Augen bei dieser Schilderung zu leuchten schienen.

Ungläubige!, dachte er in diesem Moment. So bezeichnen uns die Sarazenen auch! Sie kämpfen für ihren Allah, wir für unseren Gott!

Laut aber antwortete er:

„Was ist mit Sir Baldwin? Ich habe ihn zusammen mit wenigen Rittern in die Falle von sarazenischen Reitern jagen sehen. Meine Zurufe hat er alle ignoriert – sind die Männer gesund zurück im Lager?"

Jago wurde sofort sehr ernst und sah etwas verlegen zu Boden, als er antwortete:

„Sir Baldwin of Dartmoor wird noch vermisst, Herr. Niemand konnte ihn finden, denn die Nacht brach zu schnell herein. Erst im Morgengrauen, wenn wir die Toten voneinander trennen können, werden wir Gewissheit haben!"

Mit einer raschen Bewegung wollte Morgan sich erheben, als sich plötzlich alles um ihn drehte, und er sich mit einem Aufstöhnen an den Kopf griff. Der unerwartete Sturz von seinem Pferd war doch härter, als er es sich eingestehen wollte.

„Hast du dich überall erkundigt, Jago? Irgendjemand muss doch Baldwin gesehen haben! Oder einen seiner Gefährten! Drei oder vier Ritter verschwinden nicht einfach spurlos!"

„Ich habe mich überall erkundigt, auch bei den Kriegsknechten und den Knappen der vermissten Ritter. Niemand konnte mir Auskunft geben, der aufgewirbelte Staub machte es ja fast unmöglich, Freund und Feind voneinander zu unterscheiden. Ich fürchte, Sir Morgan, erst der morgige Tag wird uns Gewissheit verschaffen!"

Morgan erhob sich und ging mit unsicheren Schritten zum Zelteingang. Als er hinaustrat, zog er die kalte Nachtluft tief in sich ein.

Was für ein seltsames Land! Am Tag glühende Hitze, die uns zu schaffen macht, und in den Nächten Kälte, die uns zwingt, Decken umzulegen und Schutz an den Feuern zu suchen. Was machen wir hier eigentlich? Diese Gedanken wirbelten ihm durch den Kopf, während er an den Männern vorüberschritt, die sich um die Feuer versammelt hatten und aßen, tranken, und sich dabei lautstark mit ihren Taten brüsteten, die sie heute alle vollbracht hatten. *Kriegsvolk, nichts anderes gewöhnt, als zu kämpfen und zu töten! Aber wo sind meine Freunde geblieben?*

Morgan schritt auf eine Reihe von Zelten zu, die sich um das des Königs scharten. Im lauen Nachtwind wehte das Banner des Königs nur schwach. Ein Licht brannte in dessen Zelt, und die Schatten, die dadurch auf die Zeltleinwand fielen, zeigten die Menge der anwesenden Ritter.

„Morgan, du bist wieder auf den Beinen?", vernahm er eine etwas spöttisch klingende Stimme und drehte sich in die Richtung.

„Ich vermisse den Klang deiner Laute, Johel!", erwiderte der Ritter verschmitzt und schlug dem Freund auf die Schulter. Johel de Vautort, der Minnesänger, war ein Freund aus Jugendtagen. Gemeinsam mit den beiden Kriegsknechten Cyran und Rhodri war er damals im Auftrag seines Vaters im Land unterwegs, um für Recht und Ordnung zu sorgen.

Nach der erfolgreichen Rebellion Richards gegen seinen Vater, König Heinrich II., kam das Land lange nicht zur Ruhe. Banden zogen plündernd durch die Grafschaften, Verbrecher machten sich selbst zu Adligen und versuchten, sich in den Besitz verschiedener Burgen zu bringen. Oft war Johel, der ein ausgezeichneter Schwertkämpfer war, seinem Freund Morgan hilfreich zur Seite geeilt.

„Aber ganz im Ernst, Johel, du hast gehört, dass ich aus dem Sattel geholt wurde?", fuhr Morgan fort und nickte in Richtung des königlichen Zeltes.

„Ja, natürlich, ich habe von deinen draufgängerischen Taten schon längst gehört, weil dein Knappe nichts anderes zu tun hatte, als überall den Ruhm seines Ritters auszubreiten. Schließlich hat selbst Richard davon gehört und angeordnet, dass man dir von seinem Wein schickte. Ich hoffe, du hast noch etwas für mich übrig gelassen?"

Der Minnesänger lachte herzhaft auf, als Morgan bedenklich den Kopf schüttelte.

„Komm mit mir zu meinem Zelt, Johel. Was mich jedoch so unruhig umhertreibt, ist der Gedanke an Baldwin. Ich habe ihn zuletzt gesehen, als er mit ein paar Kampfgefährten auf eine Horde Sarazenen zuritt. Was er selbst nicht erkennen konnte, war die schlichte Tatsache, dass die Sarazenen einen Teil ihrer Reiter von der Gruppe gelöst hatten, die unsere Freunde von hinten umschloss. Meine Warnung hörte er nicht, und bevor ich an seine Seite eilen konnte, traf mich selbst mein Geschick."

„Ja, du hast da wohl unglaubliches Glück gehabt, Morgan. Aber was aus den Männern um Sir Baldwin wurde, konnte ich auch nicht erfahren. Wir müssen uns bis zum Sonnenaufgang gedulden, wenn wir Gewissheit haben wollen."

„Ich hatte es befürchtet. Wie ich den alten Rotschopf kenne, hat er nicht nach links und rechts geschaut und ist in die Falle der Sarazenen gegangen. Lass uns den Wein des Königs auf sein Wohl leeren, alter Freund!", schloss Morgan seine Rede mit einem Seufzer und schlug die Richtung zu seinem Zelt ein.

3.

„Verfluchte Hitze, verfluchtes Land!", schimpfte lautstark einer der Kriegsknechte und stapfte mit müden Schritten durch den Sand.

„Lass das keinen hören, sonst könnte es dir übel vermerkt werden!", antwortete mit unterdrückter Stimme sein Nachbar.

„Ach was, das kann jeder hören! Es ist eine einzige Schinderei, dieses ewige Marschieren unter glühender Sonne! Die Hölle kann nicht schlimmer sein, und wenn mich nun einer der Ungläubigen dort hinschickt, werde ich es wahrscheinlich zuerst gar nicht bemerken!"

„Du redest, wie du es verstehst!", mischte sich ein Dritter ein. „Wir haben die Sarazenen schon vernichtend geschlagen, du wirst sehen! Ich habe vorhin den Hauptmann gesprochen, und er ist davon überzeugt, dass wir heute noch die Festung erreichen werden! Dann ist es an uns, die Ungläubigen endgültig ins Landesinnere zu vertreiben, damit wir die Heiligen Stätten wieder in unseren Besitz bringen!"

„Die Heiligen Stätten! Hast du überhaupt eine Ahnung, wo Jerusalem liegt, du Schwätzer?", ließ sich jetzt der hinter ihnen marschierende Soldat vernehmen.

„Nein, natürlich nicht, aber du wohl auch nicht, oder bist du schon einmal hier gewesen?"

„Gott bewahre, nein, das nicht! Aber ich habe zugehört und kann dir berichten, dass Jerusalem das Ende der Welt bedeutet, jedenfalls von hier aus."

Einer der Männer stieß ein verächtliches Lachen aus.

„Das Ende der Welt! Ja, natürlich, und du weißt ganz genau, das dort die Heilige Stadt liegt!"

„Ruhe da vorn!", schrie eine befehlsgewohnte Stimme hinter ihnen, und erschrocken drehten sich die Marschierenden zu dem Reiter um, der langsam neben ihnen ritt.

„Großmaul!", murmelte einer der Kriegsknechte, aber der Reiter hatte ihn zum Glück nicht hören können.

Seit Tagen, nach dem ersten Sieg seit ihrer Ankunft, marschierte die Kolonne nun schon südlich an der Küste entlang, auf die Stadt Akkon zu. Niemand von ihnen hatte auch nur eine Ahnung, wo diese Stadt lag. Doch als sie am zweiten Tag ihres Marsches einen Blick von der Küste auf das Meer werfen konnten, entdeckten sie die Flotte mit den dickbauchigen Nefs, die sie von England herüber gebracht hatten.

„Warum müssen wir eigentlich in dieser Hitze marschieren, wenn doch unsere Schiffe die gleiche Richtung genommen haben? Wir wären viel schneller ... aah!"

Die Rede des Soldaten endete in einem kurzen Schrei, und erschrocken blickten die neben ihm gehenden Männer auf den Pfeil, der plötzlich in seinem Hals steckte. Gleich darauf ritten die Bogenschützen der Sarazenen an der Marschkolonne entlang und beschossen sie in rascher Folge. Aber so überraschend, wie dieser Angriff kurz hinter Tyros erfolgt war, so rasch war er auch wieder beendet. Die Ritter jagten hinter den Feinden her und töteten einige von ihnen, während die Hauptmacht der Sarazenen sich nicht sehen ließ.

So ging das Tag für Tag weiter, die Truppen Sultan Saladins griffen das Heer der Kreuzfahrer immer wieder an und verwickelten sie in kleine Gefechte. Deren Führer hielten eiserne Disziplin ein, sofern eine Aussicht auf Erfolg bestand, wurden die stets berittenen Angreifer verfolgt, aber nie über eine lange Strecke. Niemand konnte ahnen, was sich hinter dem nächsten Hügel verbarg, keiner der Ritter war jemals in diesem Land gewesen.

König Richard ließ sich immer wieder auch bei den Fußsoldaten blicken und forderte bei den abendlichen Besprechungen in seinem Zelt von den Heerführern absolute Disziplin.

Doch die täglichen Angriffe zermürbten die Männer, und so mancher von den Kriegsknechten sehnte sich den Tag herbei, an dem er in den festen Mauern einer Burg oder einer Stadt Erholung von den Strapazen des Marsches finden würde.

Den Rittern entging die zunehmende Gereiztheit unter den Soldaten nicht. Sie reagierten je nach Temperament recht unterschiedlich, entweder mit Strenge und entsprechenden Bestrafungen oder mit gutem Beispiel und den Versprechungen für eine besondere Mahlzeit am Abend oder anderen Dingen, die halfen, die Männer bei Laune zu halten.

Niemand von den Rittern konnte jedoch die Eskalation im Voraus erkennen.

Als plötzlich auf der Landseite ihres Weges eine riesige Staubwolke erkennbar wurde, nahm das Heer eine Verteidigungsstellung ein. Jeder war davon überzeugt, dass es erneut zu einer Schlacht mit den Sarazenen kommen würde. Die Größe der sich rasch nähernden Wolke ließ nichts Gutes erahnen. Als sie plötzlich sogar die gleißende Sonne verdunkelte und mit unglaublicher Geschwindigkeit über die Kreuzfahrer hereinbrach, blieb ihnen nur noch übrig, sich so flach wie möglich auf den Boden zu pressen und das Gesicht zu verhüllen.

Dann war der heiße Wüstensturm heran und überschüttete die Männer und Tiere mit einem unglaublichen Sandregen. Der auf die hilflos am Boden liegenden Männer herabprasselnde Sand schien förmlich zu glühen, und voller Verzweiflung japsten die Männer unter ihren Tüchern nach Luft. Der feine Sand drang auch jetzt wieder durch jede kleine Öffnung und Ritze, nahm den Männern mit seinem Gluthauch die Luft und ließ sie verzweifeln.

Auch Morgan japste nach Luft. Zwar hatte Jago dafür gesorgt, dass ihre Tücher rechtzeitig mit Wasser getränkt waren und dadurch das Atmen etwas erleichtert wurde, doch bereits nach kurzer Zeit war der Ritter davon überzeugt, dass dieses Sandinferno alle unter sich begraben würde. Dazu heulte und tobte der heiße Wind um sie herum, zerrte an den Gewändern und Waffenröcken, brüllte ihnen in die sandgefüllten Ohren und war plötzlich auf das Meer hinaus verschwunden, eine rötlich-gelbe Decke hinter sich an der Küste zurücklassend.

Morgan war wie betäubt und hatte in den Ohren ein so kräftiges Rauschen, dass er das Abflauen des Wüstensturmes zunächst gar nicht bemerkte. Erst, als ihn Jago anstieß und etwas rief, hob er den Kopf und riss sich gleich darauf das Tuch herunter. Sand schien nicht nur durch seine Kleidung gedrungen zu sein, sondern auch durch jede Pore seines Körpers. Wie betäubt fühlte er sich, als er auf die Knie kam und sich mit verklebten Augen umsah.

Für einen kurzen Moment glaubte er, Baldwin würde sich neben ihm den Sand aus der Kleidung schütteln. Er hatte nur etwas Rotes gesehen und stellte gleich darauf enttäuscht fest, dass der Mann neben ihm ein rotes Stofftuch um sein Gesicht gewunden hatte.

Baldwin, alter Freund und Gefährte in so zahlreichen Gefahren! Wo bist du?

Doch der hünenhafte Ritter war am nächsten Tag nicht unter den Toten auf dem Schlachtfeld gefunden worden. Es bestand allerdings noch eine winzige Hoffnung, dass er sich bei einem anderen Teil des Heeres befand. Der Anblick des Schlachtfeldes mit seinen zahlreichen Toten, die in geradezu grotesken Verrenkungen über- und untereinander lagen, dazu der vom Blut dunkel gefärbte Wüstenstand – das alles waren Bilder, die sich tief in das Gedächtnis des Ritters einbrannten.

Die französischen Ritter unter Führung König Philipps hatten sich in unmittelbarer Nähe befunden und schließlich auch in das Kampfgeschehen eingreifen können, wie Morgan später erfuhr. Auch sein Knappe musste sich überall nach dem Verschollenen erkundigen und kehrte immer wieder erfolglos zurück.

Schließlich hatte sich das Heer notdürftig vom Sand befreit. Die Hauptleute gaben Anweisung, pro Mann nur eine kleine Menge vom mit Wasser verdünnten Wein auszugeben. Als sich ein Murren zwischen den Kriegsknechten angesichts dieser Anweisung erhob, stellte sich der Grund für die Rationierung schnell heraus. Durch den Sandsturm waren die schweren Frachtwagen zurückgeblieben, und die Kundschafter, die nach ihnen Ausschau hielten, kehrten ohne Ergebnis zurück.

Murrend und stöhnend bewegte sich der endlose Tross weiter seinem Ziel entgegen. Als sich dann von Mund zu Mund die Nachricht eines vorausreitenden Spähers verbreitete, dass man die Nacht in einem verlassenen Sarazenendorf verbringen würde, schöpften einige wieder Mut. Wenn es dort ein Dorf gab, würde man sicher auch einen Brunnen vorfinden und konnte dann endlich seinen unglaublichen Durst stillen.

Doch die nächste unangenehme Überraschung erwartete die Kreuzfahrer beim Eintreffen an den ersten, niedrigen Lehmbauten. Hier hatten einige der Kundschafter auf die Ritter gewartet und sie über die Lage informiert.

„Niemand trinkt aus dem Brunnen! Das Wasser ist vergiftet!"

Diese überaus schlechte Nachricht verbreitete sich sofort wie ein Lauffeuer, und die Antwort war mehr als nur ein Murren aus den Reihen der Kriegsknechte. Einer von ihnen, ein kräftiger, untersetzter Mann mit breitem Gesicht, in dem sich tiefe Furchen eines bewegten Lebens eingegraben hatten, trat vor und rief laut über den Dorfplatz:

„Wir sind bei glühender Hitze meilenweit marschiert, haben einen Sandsturm überlebt, wie er in der Hölle nicht schlimmer toben kann, und sollen jetzt nicht trinken dürfen?"

Einer der Ritter war gerade aus dem Sattel gestiegen.

Morgan kannte ihn nur flüchtig. Sir Angus.

Der Mann war als äußerst streitsüchtig bekannt und wurde von den meisten Kreuzfahrern gemieden. Aber er war einer der Ratgeber des Königs und deshalb respektiert. Er war ebenfalls groß, jedoch nicht so hünenhaft wie Morgan und Baldwin. Mit ein paar raschen Schritten stand er vor dem Mann und musterte ihn durchdringend.

„Was hast du hier herumzuschreien, Kerl? Wir leiden alle unter dem Mangel an Trinkbarem, das kannst du mir glauben! Morgen werden die Fuhrwerke eintreffen und uns ausreichend Wein und Bier liefern! Bis dahin müsst ihr euch noch ein wenig gedulden!"

„Wer's glaubt!", rief eine trotzige Stimme aus den hinteren Reihen, und der Ritter reckte sich, um den Sprecher auszumachen.

„Wer meine Worte bezweifelt, sollte vortreten und mir das ins Gesicht sagen, anstatt sich feige hinter den anderen zu verstecken!"

Morgan spannte sich an, als plötzlich eine Woge durch die Reihen der Kriegsknechte ging. Tatsächlich bahnten sich mehrere Männer aus dem hinteren Bereich einen Weg durch den Haufen. Ein schneller Wink von ihm brachte seinen Knappen an seine Seite, und beide gingen hinüber zu dem Ritter, der die Sprecher herausgefordert hatte.

Der nickte ihnen nur stumm zu, während sich gut zehn Soldaten vor den Rittern versammelten. Aber sie schwiegen, starrten nur mit trotzigen Mienen die Ritter an und warteten ab.

„Du da, ja, du, komm her!", rief Sir Angus einen der Männer an und deutete mit dem Finger auf ihn. Nur zögernd trat der Mann nach vorn.

Einen Augenblick lang musterte ihn der Ritter mit drohender Miene, schließlich drehte er sich um und schritt auf den Brunnen zu. Ohne sich noch einmal zu dem Soldaten umzudrehen, rief er laut: „Komm zum Brunnen und überzeuge dich selbst, ob du davon trinken willst!"

Während der Mann noch etwas unsicher hinter dem Ritter zum Brunnen ging, folgten die anderen ihnen nur mit den Augen. An der Zisterne, die mit einem aus Lehm geformten Rand in der Mitte des Dorfes stand und von einem kleinen Dach beschirmt wurde, fand sich ein Seil mit einem Eimer, der offenbar gefüllt auf dem Brunnenrand stand.

„Nimm den Eimer und leere ihn hier vor deinen Kameraden aus, damit jeder den Inhalt erkennen kann!", ordnete Sir Angus mit weit hörbarer Stimme an.

Zögernd trat der Soldat heran, griff den Eimer und wandte gleich darauf angewidert den Kopf zur Seite.

„Auskippen!", befahl Sir Angus erneut.

Der Soldat entleerte den Eimer schwungvoll, und hundert Augenpaare richteten sich auf den Gegenstand, der vor ihnen in der rasch versickernden Pfütze lag. Manche begriffen nicht, was sie sahen, dann erklangen die ersten Rufe.

„Ein Hundeschädel!", rief einer der Soldaten, und die anderen drängten sich etwas näher heran, um den ekelhaften Schädelrest näher zu betrachten.

Der Hund wurde vermutlich durch einen Schwerthieb geköpft, bevor man Kopf und Körper getrennt in den Brunnen geworfen hatte. Der Zustand des halb verwesten Kopfes zeigte jedem deutlich, dass von diesem Brunnenwasser nicht getrunken werden konnte.

„Und du, Bursche!", sagte Sir Angus mit schneidender Stimme, „du meldest dich morgen früh direkt bei meinem Knappen und wirst deinen Dienst bei meinen Kriegsknechten aufnehmen, damit ich dich im Auge behalten kann. Leute wie du sind gefährlich, weil sie viel zu schnell das Maul aufreißen. Wir werden sehen, ob du auch so mit dem Schwert dreinschlagen kannst wie mit deinen Worten. Jetzt geh mir aus den Augen, oder ich vergesse mich!"

Die letzten Worte waren gefährlich leise gefallen, und der Mann zögerte keinen Augenblick, der Anweisung zu folgen.

Langsam gingen die Männer auseinander, und Morgan atmete erleichtert die angehaltene Luft aus.

Das hätte ihnen gerade noch gefehlt.

Ein Aufstand der durstenden Soldaten in unmittelbarer Nähe zu ihren Feinden.

Sir Angus hatte eine oft unangenehme Art, mit seinen Mitmenschen umzugehen. Hier aber hatte sich sein beherztes Vorgehen als Segen erwiesen. So wurde jedem verständlich aufgezeigt, warum das Brunnenwasser ungenießbar war.

Morgan nickte seinem Knappen zu und ging hinüber zu dem Platz, auf dem die Zelte für die Ritter aufgebaut werden sollten.

In diesem Moment fiel ihm erst ein, dass die Fuhrwerke unterwegs verloren gegangen waren, und mit ihnen ein großer Teil des Proviants für das Heer sowie alle Zelte der Ritter.

Nun, verhungern und verdursten würde er deshalb nicht, denn es gab immer ein paar Fuhrwerke, die nicht beim Tross waren, sondern sich in der Nähe der Ritter bewegen mussten. Man kannte solche Vorfälle wie das Versprengen des Nachschubs aus vielen anderen Kriegen und traf seine Vorkehrungen. Für das große Heer der Kriegsknechte war das allerdings nicht möglich.

Manch einer von ihnen musste heute in einem der verlassenen Lehmbauten hungrig und durstig die Nacht verbringen.

4.

Kein Windhauch war spürbar, die Sonne schien bereits kurz nach ihrem Aufgang mit einer so unerträglichen Hitze, dass die Kreuzfahrer wie gelähmt in ihren Hütten verharrten und ängstlich auf das Signal zum Sammeln warteten. Doch die Heerführer nahmen Rücksicht auf den Zustand der Männer und ordneten einen Tag Erholung an, in der Hoffnung, dass die verlorenen Frachtwagen endlich eintreffen würden.

Für den König hatte man ein einzeln stehendes Lehmhaus in aller Eile hergerichtet und mit einigen kostbaren Decken und Teppichen wohnlich gestaltet. Auch ein Vordach konnte man durch einige Zeltplanen errichten, und dort saß nun König Richard und versammelte seine Heerführer um sich.

Damit gar nicht erst wieder eine schlechte Stimmung aufkommen konnte, hatte der König angeordnet, aus seinen Vorräten und denen seiner unmittelbaren Ministerialen die Soldaten mit verdünntem Wein und Fleisch zu versorgen. Außerdem gab es noch ausreichende Mengen an getrockneten Früchten, die für solche Fälle in fest verschlossenen kleinen Fässern im königlichen Tross mitgeführt wurden.

So war die Laune der Soldaten zwar nicht gerade überschäumend, als alle einen Becher Flüssigkeit erhielten, dazu ein kleines Stück getrocknetes und gesalzenes Fleisch sowie eine Handvoll Trockenpflaumen. Das war nicht üppig und für die kräftigen, kämpfenden Männer kaum magenfüllend, aber es war ein einfacher Ersatz für das Frühstück. Da jedoch auch die großen Kochkessel fehlten, konnte man keinen Gerstenbrei für die Männer zubereiten.

„Was für ein Kreuzzug!", stöhnte Richard, dem zwei Knappen mit einem Fächer aus großen, weißen Federn Luft zufächelten. „Erst wird der Tod von Pabst Urban gemeldet, dann stirbt auch sein Nachfolger Pabst Gregor. Kaiser Friedrich Barbarossa ertrinkt im Fluss Saleph, und Sultan Saladin erobert Aleppo von seinen Gegnern und wird immer mächtiger."

„Aber Sire, mit Euch kommt doch das Kriegsglück! Wir haben Zypern erobert und werden auch die Heiligen Stätten von den Ungläubigen befreien!", meldete sich mit markiger Stimme Sir Angus. Morgan stand ziemlich weit hinten unter den anderen Rittern und konnte den König nur kurz sehen, wenn sich einer der Männer vor ihm bewegte.

„Alles richtig, Sir Angus, aber nun scheint es auch für uns Schwierigkeiten zu geben. Die ständigen Angriffe aus dem Hinterhalt zermürben die Männer. Wir haben die große Schlacht siegreich überstanden und müssen nun vor einem vergifteten Brunnen lagern. Gibt es noch keine Nachrichten vom Tross?" Richard schaute über die Köpfe seiner Ritter, als versuchte er, in der Ferne die Frachtwagen zu erkennen.

„Leider nein, Sire. Sicher werden wir auch am Ende des nächsten Marschabschnittes wieder auf Brunnen stoßen."

„Die hoffentlich nicht ebenfalls vergiftet wurden!", erwiderte Richard mit einem bitteren Lächeln.

Auf ein Zeichen seiner Hand traten die wichtigsten Heeresführer jetzt dichter an einen kleinen, klappbaren Tisch heran, auf dem sich Zeichnungen befanden. Richard deutete darauf und erklärte:

„Wir werden in den nächsten Tagen die Stadt Akkon erreichen und sofort mit der Belagerung beginnen. Die Stadt ist gut befestigt und gilt als eine wichtige Festung der Sarazenen. Sie muss eingenommen werden, und zwar um jeden Preis. Die Situation vor Ort ist jedoch verfahren und bedarf zunächst einmal der Klärung durch Kundschafter."

Als der König einen Moment nachdenklich schwieg, hob Sir Angus die Hand und bat ums Wort.

„Sire, wenn Ihr gestattet, möchte ich Euch den aktuellen Bericht meiner eigenen Kundschafter vorlegen."

„Ich bitte Euch herzlich darum, Sir Angus!", antwortete der englische König und nahm auf seinem Stuhl Platz. Die Heerführer drängten sich dazu, und jetzt hatte auch Morgan freie Sicht auf den König und seine unmittelbaren Ratgeber.

„Nach unseren eigenen Berichten, die vor Kurzem bei mir eingetroffen sind, ist die Lage vor Akkon die folgende: Einige der Herren haben sich zurückgezogen, die Herren Theobald von Blois, Stephan von Sancerre und auch Friedrich von Schwaben sind vor einiger Zeit vor den Mauern der Stadt gestorben. Heinrich von Champagn liegt schwer erkrankt danieder. Die Lage ist verzweifelt, denn Saladin hat einen Ring um den Ring der Belagerer gezogen. Nachschub von der Seeseite ist genauso ausgeschlossen wie von der Landseite. Aber jetzt die guten Nachrichten: Philipp von Frankreich ist bereits mit seinen Rittern am 20. April eingetroffen. Die Maschinen, die er mitgebracht hat, sind schon im Einsatz und haben erste Erfolge gezeigt! Der Ring der Sarazenen um die Christen ist zumindest durchbrochen worden."

Bei diesen letzten Worten war Richard aufgesprungen und starrte seinen Gefolgsmann überrascht an. Dann legte er seine Hände auf die Schultern von Sir Angus und rief laut aus:

„Das ist ja wunderbar! Hört Ihr, meine treuen Gefolgsleute? Die Belagerungsmaschinen unseres französischen Bruders haben Erfolg, es gibt erste Siege vor den Toren von Akkon!"

Lauter Jubel antwortete dem König, und Morgan klopfte seinem Knappen auf die Schulter.

„Siehst du, wir stehen kurz davor, die Stadt einzunehmen. Wir werden dabei sein, wenn sie fällt. Akkon ist der wichtigste Hafen an der Küste der Levanthe! Sie wird fallen, und dann geht es weiter nach Jerusalem! Jago – wir schaffen diese Herausforderung!"

Der Knappe schlug lachend in die dargebotene Hand seines Ritters ein und rief laut heraus:

„Deus lo vult – Gott will es!"

Und das war der Schlachtruf der Kreuzritter, als sie am 8. Juni im Jahre des Herrn 1191 vor Akkon eintrafen und auf die Sarazenen des Sultans trafen.

*

„Sieh dir das an, Jago!", rief Sir Morgan of Launceston begeistert aus.

Das gewaltige Heer der Kreuzfahrer hielt auf

einer leichten Anhöhe auf der Halbinsel im Golf von Haifa an und schaute auf die starke Deichmauer im Westen und Süden sowie den doppelten Wall mit seinen starken Türmen, der die Stadt zum Festland hin schützte.

Deutlich war die Arbeit der Wurfmaschinen zu erkennen. Die gewaltigen Bliden waren vor Ort errichtet worden, von den Blidenmeistern ausgerichtet und schossen nun bei Tag und bei Nacht mit einer ungeheuren Präzision ihre gewaltigen Steingeschosse gegen die Mauern. Die Perfektion dieser Belagerungsmaschinen war beeindruckend, denn jeder Stein schlug auf die gleiche Stelle ein wie das vorherige Geschoss. Immer wieder wurden die gewaltigen Arme der Maschinen mit Treträdern heruntergezogen, verankert und dann die löffelartigen Mulden mit den grob zurechtgeschlagenen Steinen beladen.

Die Blidenmeister lösten die Verriegelung mittels langer Seile aus, die Kästen mit den großen Gewichten – ebenfalls Felssteine, die man in reichlichem Maß hier an der Küste fand – knallten auf den Boden, und der lange Hebelarm schnellte nach oben. Das Geschoss jagte auf die Mauer zu und schlug krachend in die bereits vorhandene Bresche.

„Die Mauer fällt!", jubelte der Knappe, aber da widersprach ihm sein Ritter energisch.

„Längst nicht, Jago, lass dich davon nicht täuschen! Die Mauer ist sehr stabil gebaut, und dahinter befindet sich eine weitere. Wir werden noch einige Zeit damit zu tun haben ... warte einmal ... Was passiert dort gerade?"

Morgan hatte sich selbst unterbrochen, weil das Geschehen am Wall seine Aufmerksamkeit fesselte.

„Ein Gegenangriff der Sarazenen!", rief er aus und deutete auf die Menschen, die auf der einen Seite aus der geschlagenen Bresche der Stadtmauer quollen, um die gerade angreifenden Kreuzritter zurückzudrängen, während sich zugleich eine Gruppe mit Lanzen bewehrter Reiter, den Belagerern um König Philipp zuwandten.

„Angriff!", schrie einer dem anderen zu, Signale ertönten, und das gerade eingetroffene Heer der englischen Kreuzfahrer unter ihrem König Richard I., dem man seit seiner Eroberung von Sizilien den Beinamen *Löwenherz* gegeben hatte, setzte sich in Bewegung. Die Kriegsknechte liefen hinter den Lanzenreitern her, und als sie mit den französischen Belagerern zusammentrafen und sich die vereinten Heere auf zwei Seiten gegen die Sarazenen warfen, brach ein ungeheurer Lärm auf der Halbinsel aus.

„Gott will es!", schrie die eine Seite, „Allahu akbar!", die andere. Dann klirrte erneut Stahl auf Stahl, schrien Menschen ihre wilden Kriegsschreie, gefolgt von den Todesschreien der Getroffenen.

5.

„Sir! Sir Morgan!"

Der Knappe war in das Zelt seines Ritters geplatzt, der bei dem ersten Anruf von seinem Lager sprang und zum Schwert griff.

„Jago! Greifen die Sarazenen an?"

„Nein, Herr, auf deren Seite ist alles ruhig. Der

gestrige Beschuss ging während der Nacht weiter, und es gibt mehrere Stellen im zweiten Wall, der heute fallen wird – jedenfalls wurde das gerade verkündet."

„Gut, aber weshalb deine Aufregung?"

„Im Lager der Franzosen soll es einen schwer verletzten Ritter geben!", platzte Jago heraus. „Einen rothaarigen Ritter!"

„Baldwin!", rief Morgan aus, griff zu seinem Schwertgehänge und gürtete sich. „Sind die Pferde bereit, Jago?"

„Ja, Herr, wir müssen aber zum Hospital der Franzosen reiten. Es liegt einige Meilen von hier zurück auf dem Festland, unmittelbar an der Stelle, an der die Halbinsel endet!"

„Es ist gut, Jago, ich gehe zum König und bitte um die Genehmigung, das Lager verlassen zu dürfen: Du holst unsere Pferde und wartest hier auf mich!"

Morgan spürte, wie ihn die Aufregung in wahrhaft fiebrigen Schüben durchfuhr. Jetzt kam es darauf an. War der rothaarige Verwundete wirklich Sir Baldwin of Dartmoor? Wie schwer mochte er verwundet sein? Und warum gab es erst jetzt Nachrichten von ihm, nachdem man ihn doch bereits vor Wochen bei dem Gefecht vermisst hatte?

Morgan verdrängte diese Gedanken und ließ sich beim Truchsess des Königs melden.

„So früh am Tage, Sir Morgan?", erkundigte sich der grauhaarige Ritter, als er aus seinem Zelt trat und die Hand des Blonden ergriff.

„Ja, Sir, ich habe Nachricht aus dem Hospital der Franzosen erhalten. Wenn alles zutrifft, was ich hörte, dann ist dort mein langjähriger Freund, Ritter Baldwin of Dartmoor, schwer verletzt eingeliefert worden. Ich möchte ihn gern besuchen und bitte um die Genehmigung, das Lager verlassen zu dürfen!"

Der Truchsess strich sich seinen dichten, grauen Bart und lächelte. Zahlreiche Falten um seine Augen bewiesen, dass er im Laufe seines langen Lebens sehr gern und häufig gelacht hatte, und nun drückte er dem jungen Ritter einfach die Hand.

„Geht mit Gott, Sir Morgan, aber achtet auf die Streifen der Sarazenen. Sie sind überall unterwegs, und das Hospital der Franzosen befindet sich am

Ende der Halbinsel!"

„Ich weiß es wohl und danke Euch. Hoffentlich kann ich bei meiner Rückkehr von Sir Baldwin Erfreuliches berichten!"

Damit eilte Morgan zurück, sprang in den Sattel und preschte durch das Lager, sodass die Kriegsknechte verwundert aufschauten und sich fragten, warum dieser Ritter mit seinem Knappen so eilig aus dem Lager ritt.

Die kleine Halbinsel war Dank der Küstennähe grün und fruchtbar, trotzdem gab es aber streckenweise Abschnitte mit Wüstensand. Die beiden Reiter kamen an zahlreichen Feldern vorüber und näherten sich in gestrecktem Galopp dem Übergang zum Festland, als plötzlich aus einem kleinen Wäldchen eine Reiterschar sprengte.

„Sarazenen!", rief Morgan nur kurz und zog das Schwert.

„Ich bin bereit, Sir!", antwortete Jago nur mit einem schiefen Grinsen und schloss zu seinem Herrn auf.

Beide Pferde preschten über den unbefestigten Grund, als sie erkannten, dass die Sarazenen ihnen den Weg versperren würden. Morgan lenkte sein Pferd weiter westlich, aber auch hier kamen ihnen Reiter entgegen, die schon auf große Entfernung als Feinde zu erkennen waren. Alle trugen Tücher um den Kopf gewunden, und in der grellen Sonne blitzten dazwischen die spitz zulaufenden Helme hervor.

Als Morgan die dunklen Gesichter der Reiter erkannte, rief er seinem Knappen eine erneute Warnung zu.

„Mamelucken, Jago! Das wird schwer für uns werden!"

„Nun gut, Sir, dann macht es auch mehr Spaß!"

Die Mamelucken waren ihnen schon einmal begegnet und hatten sich als harte Kämpfer erwiesen. Diese Soldaten waren Militärsklaven und für ihre Kampftechnik gefürchtet. Nun aber zählte Morgan bereits zwei Reitergruppen mit je zehn Männern – eine wirklich besorgniserregende Menge von Feinden.

Dann stürmten die ersten heran und schwangen die krummen Schwerter.

Morgan ließ keine Gelegenheit aus, um nach

links und rechts Hiebe auszuteilen und war auch bei der ersten Begegnung erfolgreich. Rasch hintereinander schlug er zwei Männer aus dem Sattel und widmete sich dem dritten Angreifer.

Sein Knappe hatte keine Mühe mit dem ersten Gegner, aber schon sein zweiter Mameluck schlug sehr hart und gewandt zu, sodass Jago alle Kräfte zusammennehmen musste, um zu bestehen. Dann gelang es ihm, eine Finte anzubringen, den Gegner zu unterlaufen und ihm das Schwert durch den Brustschutz zu stoßen.

Im nächsten Augenblick richteten sich acht Lanzen auf die beiden Kämpfer.

Die Mamelucken hatten sie umzingelt, während sie in die Einzelkämpfe verwickelt waren. Nun blieb ihnen nichts anderes übrig, als sich auf Gedeih und Verderb zu ergeben.

Kurze Zeit später waren sie entwaffnet und gefesselt. Ihre Pferde wurden mit Stricken an denen der Feinde befestigt, und gleich darauf jagte die Gruppe über das flache Land auf ein paar Hütten zu, die scheinbar abgelegen am Rande der Küste standen.

Hier mussten sie aus dem Sattel, was mit den gefesselten Händen nicht unerhebliche Schwierigkeiten für sie bot und wurden dann mit den Lanzenspitzen im Rücken auf einen Platz getrieben, der von zahlreichen Sarazenen umstellt war.

Hier schlug man ihnen die hölzernen Enden der Lanzen auf die Schultern und zwang sie auf diese Weise, zwischen einigen sitzenden Sarazenen Platz zu nehmen. Sir Morgan warf einen raschen Blick in die Runde und sagte halblaut zu seinem Knappen: „Pass auf, Jago, unsere Pferde stehen von hier aus in östlicher Richtung und etwa ein Yard hinter der großen Lehmhütte. Ein Mann hält dort Wache. Wenn wir fliehen, müssen wir nach Süden reiten, zurück zu unserem Lager. Die anderen Wege sind uns durch die Sarazenen verlegt."

„Ja, Sir, aber zunächst einmal sollten wir die Gastfreundschaft dieser Leute genießen!"

Bei diesen Worten fletschte Jago grinsend die Zähne und deutete mit den Augen auf seine Bruche, an der die Beinlinge befestigt waren. Morgan folgte seinem Hinweis und erhaschte einen kurzen Blick auf den Messergriff, der aus dem knöchelhohen Stiefel hervor sah, bevor sein Knappe die Sitzhaltung veränderte und das Messer unter den Beinlingen wieder verschwand.

Zunächst aber blieben die beiden Gefangenen unbeachtet. Mitten zwischen den Sarazenen fürchtete wohl niemand einen Ausbruchsversuch, sodass sich die beiden nicht nur die Menschen näher ansehen konnten, sondern sich auch ein gutes Bild von diesem Lager verschafften.

Jago war verblüfft, dass so viele Schattierungen der menschlichen Haut vertreten waren. Von ganz dunkel bis zu einem leichten Braunton, der sich kaum von ihrer Sonnenbräune unterschied, war hier alles vertreten. Dabei konnten die Gefangenen von ihren Wärtern wenig mehr als die Gesichter sehen, die zumeist noch mit einem starken, schwarzen Bart umrahmt waren.

Turbane, Tücher und Kettenschutz um Kopf und Schultern verstärkten den grimmigen Eindruck, den die Mamelucken auf sie machten, aber weder Jago noch sein Ritter zeigten sich sonderlich beeindruckt. Zu oft hatten sie in ähnliche Gesichter geblickt, von Wut und Vernichtungswillen gegen die Christen verzerrt. Es waren jdoch immer nur kurze Momente, ehe der nächste Schlag, der nächste Hieb die Entscheidung bringen musste und der nächste Gegner ihre Aufmerksamkeit erforderte.

Plötzlich kam Bewegung zwischen die Wartenden, die sich in ihrer für europäische Ohren seltsamen Sprache unterhielten und dabei auch immer wieder ihre Gefangenen musterten. Ein paar der Männer sprangen auf, als offenbar eine Delegation eintraf. Morgan sah hoch und bemerkte mit einem Blick die kostbaren Gewänder der neu Eingetroffenen. Die Gruppe wurde ehrerbietig von allen begrüßt, und gleich darauf stand ein älterer Mann mit einem hochnäsigen Gesichtsausdruck vor den Gefangenen. Er bot ein imposantes Bild, hielt sich kerzengrade und strich sich mehrfach über seinen von grauen Fäden durchzogenen Bart.

Dunkelbraune Augen musterten rasch den Ritter und seinen Knappen, dann sprach er ein paar Worte zu den Männern, die ihn begleiteten.

„Vermutlich ein hoher Würdenträger", raunte Morgan seinem Knappen zu. „Sie sind wohl gekommen, um den Wert ihrer Ware zu taxieren. Na, wenn ihr euch da mal nicht getäuscht habt, Freunde!"

Äußerlich ließ sich keiner der beiden etwas anmerken, aber beide fühlten doch, dass es zu einer Entscheidung kommen musste, denn auf ein Zeichen des Alten sprangen zwei Mamelucken herbei und rissen die Gefangenen hoch. Der Alte trat einen Schritt vor und starrte Morgan mit stechendem Blick direkt in die Augen.

„Ihr solltet *Al-Adil* Euren Respekt erweisen!", vernahm Morgan die in englischer Sprache vorgetragenen Worte eines jungen Mannes, der eben an die Seite des Alten trat. Verwundert sah der Ritter in das fast weiche Gesicht eines Jünglings, der ihn mit seinen großen Augen nicht unfreundlich zu mustern schien.

„Al-Adil?", wiederholte Morgan.

„Abu-Bakr Malik al-ʿAdil I., um genau zu sein, wenn du weißt, wer das ist!"

Morgans Blick wanderte von dem Jüngling zu dem Alten und wieder zurück. Dann deutete er eine ganz leichte Neigung seines Kopfes an und richtete den Blick wieder auf den Würdenträger.

„Abu-Bakr Malik al-ʿAdil, ich grüße dich. Ich bin Sir Morgan of Launceston, und ich bedaure sehr, dir nicht die Hand reichen zu können, weil man mich gefesselt hat."

Der Jüngling übersetzte seine Worte, und auf ein rasches Handzeichen des Alten wurden die beiden von ihren Fesseln befreit.

„So ist es schon besser!", fuhr Morgan fort, ohne dass einer der anderen Begleiter des Alten auch nur ein Wort erwidert hatte. Dann legte der englische Ritter seine rechte Hand auf sein Herz und verbeugte sich erneut, wobei Jago sich beeilte, die Geste seines Herrn ebenfalls auszuführen.

Als Morgan sich wieder aufrichtete und dem Alten ins Gesicht sah, war es ihm, als wäre dort die Andeutung eines Lächelns zu erkennen gewesen. Dieses verschwand so schnell wieder, dass er sich nicht sicher sein konnte.

„Ich merke, dass Ihr nichts mit dem Namen anzufangen wisst, Sir Morgan!", fuhr der Dolmetscher fort, der ein erstaunlich gutes Englisch sprach. „Nun, so nehmt zur Kenntnis, dass vor

Euch der Gouverneur von Aleppo steht, der Bruder unseres gnädigen Herrschers *Salah ad-Din Yusuf ibn Ayyub ad-Dawīnī,* von euch Christen allgemein als Sultan Saladin bezeichnet."

Das überraschte die beiden Gefangenen nun doch. Der Bruder des Sultans! Was hatte das zu bedeuten? Al-adil begab sich damit in große Gefahr, auch wenn zwischen den Belagerern und der Stadt noch der zweite Ring der Sarazenen bestand, so wurde doch das Heer der Kreuzfahrer durch die ständig hinzukommenden Gruppen aus Frankreich und Italien immer größer und die Lage für die Sarazenen damit gefährlicher.

Morgan hatte auch mit Wohlwollen vermerkt, dass der junge Mann nicht von *Ungläubigen* gesprochen hatte, als er sie meinte. Als der junge Sarazene wieder sprach, riss sich Morgan aus seinen Gedankengängen und bemühte sich um ein freundliches Lächeln. Sie sollten der Gruppe folgen und gemeinsam mit dem Bruder Saladins zu einem der anderen Häuser gehen, um mit ihm über einen Vorschlag zu sprechen.

Dort bot man ihnen zunächst einmal Platz auf

ein paar Matten an, dann wurde ihnen in einer besonderen Zeremonie ein Getränk zubereitet, bei denen die beiden Engländer fasziniert zusahen. Auf einem kleinen Feuer standen zwei Kupferkannen, die größere war offenbar mit Wasser gefüllt, in der kleineren darüber befanden sich seltsame Blätter, die mit etwas Wasser angefeuchtet wurde. Sir Morgan konnte nur vermuten, dass es sich um einen wohlschmeckenden Kräuteraufguss handelte, und war zunächst ein wenig misstrauisch. Warum wurden sie als Gefangene auf diese Weise geehrt? Was versprach sich der Gouverneur von ihrem Gespräch?

Vorläufig sollte es keinen Aufschluss für ihn geben.

Als das Wasser in der unteren Kanne kochte, nahm einer der Sarazenen die Kanne mit einem Tuch auf und füllte etwas von dem kochenden Wasser in die obere Kanne, stellte die große wieder auf das Feuer und schwenkte die kleinere Kanne hin und her. Dann griff er zu sehr schmalen Tongefäßen, in die er mit gekonntem Schwung etwas von der Flüssigkeit einfüllte, anschließend die

Kannen wieder zurückstellte und abwartete, bis Al
-adil eines der Gefäße aufnahm und an die Lippen
führte. Er kostete vorsichtig und lächelte den Jüngling an.

Das war offenbar das Zeichen für die anderen, ebenfalls etwas davon aufzunehmen. Beim ersten Schluck verbrannte sich Morgan die Zunge und hätte das Gebräu am liebsten wieder ausgespuckt. Aber das ging natürlich nicht, und als er bei den nächsten Schlucken behutsamer war und kräftig pustete, entfaltete sich ein seltsames Aroma in seinem Mund.

Rasch wechselte er einen Blick mit Jago, der sich beherrschen musste, um sein Gesicht nicht angewidert zu verziehen. Tapfer schluckte auch er das Getränk und stellte das Gefäß wieder zurück. Sofort wurde ihm und danach auch Morgan nachgeschenkt, und wohl oder übel mussten die beiden erneut trinken.

Dann sprach der alte Graubart rasch und hatte seinen Blick direkt auf den Ritter gerichtet, der dem seltsamen Klang der Stimme lauschte und zugleich aufpassen musste, was ihm der Jüngling übersetzte. Zwischendurch nippte er immer wieder an der Flüssigkeit und wunderte sich, dass ihm immer wieder nachgeschenkt wurde. Auch Jago traute sich kaum noch, das Gefäß zurückzustellen, weil sofort der Diener mit der Kanne zur Stelle war.

Als er ihm mit einem Zeichen klar machen wollte, dass er genug habe, erhielt er dafür einen so wütenden Blick, dass er unwillkürlich zurückzuckte und erneut die Flüssigkeit trinken musste. Auch der Alte nahm immer wieder einen Schluck und hob dabei das kleine Gefäß zwischen Daumen und Mittelfinger auf eine ganz eigene Art. Er schien den beiden Christen damit immer wieder zuzuprosten, plötzlich schwieg er, schwenkte das kleine, erneut geleerte Gefäß dreimal und stellte es zurück. Morgan sah ihm fasziniert dabei zu und bemerkte, dass nun nicht mehr nachgeschenkt wurde.

Er hatte verstanden.

Dreimal schwenkte er das kleine Gefäß auf die gleiche Weise und stellte es zurück. Der Diener mit der Kanne schenkte ihm ein Lächeln und verneigte sich.

Da der Alte schwieg und der junge Mann nicht mehr übersetzte, dachte Morgan einen kurzen Moment angestrengt nach. Die Zeremonie mit dem seltsamen Getränk hatte ihn abgelenkt, der Geschmack lag ihm noch auf der Zunge und schien ihn auf gewisse Weise sogar erfrischt zu haben. Durst verspürte er jedenfalls nicht mehr. Was er jedoch nicht verstand: Warum tranken die Sarazenen bei der herrschenden Hitze auch noch etwas Heißes? Er hatte das Gefühl, dass ihm der Schweiß aus allen Poren brach, aber das war nur ein kurzer Moment. Gleich darauf fühlte er sich sehr angenehm erfrischt.

„Hat dir der *Çaydanlık* geschmeckt, Morgan?", erkundigte sich der Übersetzer, und Morgan beeilte sich mit seinem Dank.

„Überaus … interessant, vielen Dank. Wenn ich zusammenfassen darf, was du mir übersetzt hast, so sollen wir bei König Richard eine Audienz vermitteln. Ihr wisst, dass die Stadt Akkon nicht mehr zu halten ist und bietet Verhandlungen an. Was ich nicht verstanden habe, ist die etwas verschwommene Andeutung über eine Hochzeit. Wer soll denn heiraten? Und welche Rolle spielt König Richard dabei?"

Anstelle einer Antwort erhob sich der Graubärtige plötzlich mit einer Schnelligkeit, die man ihm nicht mehr zugetraut hätte. Er sprach nur noch einen einzigen Satz, dann machte er seinen Begleitern ein Zeichen mit dem Kopf, und die Sarazenen schritten würdevoll zu ihren Pferden zurück, die von den Mamelucken bewacht wurden.

„Habe ich etwas Falsches gesagt?", erkundigte sich der Ritter besorgt, und der junge Sarazene beschwichtigte ihn sofort.

„Nein, aber Al-adil hat alles gesagt, was erforderlich ist. Die Soldaten haben euch nur aus einem Grund gefangen genommen. Ihr sollt eurem König Richard die Nachricht überbringen, dass der Sultan – Allah schütze ihn – mit ihm reden möchte. Sein Bruder hat dabei auch die Möglichkeit einer Heirat angesprochen, die einen dauerhaften Frieden für unser Land besiegeln könnte."

„Eine Heirat? Zwischen … wem soll das geregelt werden?", fragte Morgan verblüfft, denn eine

Ehe zwischen einer Christin und einem ungläubigen Sarazenen oder umgekehrt kam ihm so unmöglich vor wie ein Bruderkuss zwischen König Richard und Sultan Saladin.

„Nun, das müssen wir nicht miteinander bereden, dazu sind wir zu unwichtig, Sir Morgan. Aber ich werde bei den Gesprächen dabei sein, wenn du sie vermittelt hast. Denn ich bin die Einzige im Gefolge des Sultans, die eure Sprache beherrscht."

„Das hat mich schon zu Beginn verblüfft, wie ist das möglich?"

Der junge Mann errötete tatsächlich und zog sein Kopftuch etwas weiter herunter.

Mit leiser Stimme kam die Antwort:

„Du weißt nichts über mein Volk, aber du führst Krieg gegen uns. Ich bin Nazeera, die jüngste Tochter eines Verwandten des Sultans, und habe einen Lehrer aus dem Abendland gehabt, der das Leben bei uns dem Leben bei euch vorgezogen hat."

Morgan war erschrocken aufgesprungen. Eine Frau! Wo hatte er seine Augen gehabt! Der Jüngling war eine Frau, und deshalb diese weichen Gesichtszüge!

Verwirrt stammelte er: „Du bist ... Ihr seid ... eine Frau? Zwischen all diesen Männern, im Lager der ..."

„Ungläubigen?", antwortete Nazeera mit einem Lächeln, das Morgan noch mehr in Verwirrung stieß.

„Nein, natürlich nicht, ich meine – zwischen all diesen Kriegern, die uns töten und in ihrer Wildheit schon so manchen von uns ... aber lassen wir das. Ich bin entzückt, eine so schöne, junge Frau in dieser Wüste kennenzulernen. Nazeera, danke für deine Worte. Was wird jetzt mit uns geschehen?"

Die junge Frau hatte sich ebenfalls erhoben, während Jago sie unverhohlen, schweigend musterte. Ihm wollte es nicht in den Kopf, dass zwischen diesen dunklen Stoffen, die ihren Körper umgaben, eine Frau stecken sollte. Aber ja, natürlich, sie war klein und zierlich, doch ihre Bewegungen waren außerordentlich schnell und zeugten von ihrer Gewandtheit. Aus dem Sitz sprang sie wie eine Feder auf, und Jago musste ihr unwillkürlich Respekt zollen.

„Dort drüben stehen eure Pferde, sie sind inzwischen getränkt und gefüttert worden. Reitet zurück zu eurem König und berichtet ihm. Von heute in zwei Tagen erwarten wir euren Boten mit der Antwort."

„Wir können einfach so wegreiten?"

„Natürlich. Aber nur zurück in euer eigenes Lager."

Sir Morgan zögerte und räusperte sich schließlich, weil es ihm unangenehm war, diese junge Frau um etwas zu bitten, was sie vermutlich nicht verstehen würde.

„Das geht nicht, Nazeera. Ich suche einen Freund von mir, der sich vielleicht im Hospital der Franzosen befindet. Deshalb waren wir heute unterwegs. Wir müssen erst zu unseren Verbündeten reiten."

Plötzlich hatte sich das Gesicht, die ganze Haltung der jungen Frau verändert. Das Lächeln war verschwunden, ihre Körperhaltung schien kampfbereit, als erwarte sie Widerstand der Engländer.

„Das ist vollkommen ausgeschlossen, Morgan! Ihr müsst sofort zurück und eurem König melden, was euch aufgetragen wurde. Handelt ihr dieser Anweisung zuwider, kann ich für euer Leben nicht mehr garantieren!"

Morgan hatte eine heftige Erwiderung auf den Lippen, aber Nazeera drehte sich brüsk um und ging zu den Mamelucken hinüber.

„Tja, das war nun wohl eindeutig, Sir Morgan. Aber halten wir uns daran?"

Der Ritter eilte bereits hinüber zu ihren Pferden, drehte sich im Gehen nur kurz um und antwortete seinem Knappen:

„Auf gar keinen Fall. Nicht, bevor ich mich im Hospital überzeugt habe, ob mein Freund Baldwin dort ist."

6.

Sir Morgan griff zu einer List. Sie stiegen auf ihre Pferde und ritten aus dem kleinen Ort, ohne dass ihnen jemand ein Hindernis in den Weg legte.

Zwar sahen ihnen die Mamelucken nach, aber niemand hatte einen Gruß für sie. In einem weiten Bogen ritt Morgan zunächst in Richtung der Stadt Akkon davon, um dann das Dorf zu umgehen und seinen ursprünglichen Weg zum Lager der Franzosen fortzusetzen.

Als sie in Sichtweite eines fast ausgetrockneten Flussbettes gelangten, bemerkten sie ihre Feinde zu spät.

Wie aus dem Nichts erschienen plötzlich am Uferrand des kleinen Flusses fünf Reiter, alle schwarz gewandet, mit schwarzen Turbanen, aus denen die Helmspitzen hervorsahen. Sie ritten auf wunderbaren Pferden, deren Muskelspiel auf ihre Ausdauer und Stärke deuteten. Doch für solche Betrachtungen blieb den beiden Christen wenig Zeit, denn mit dem Schlachtruf „Allahu akbar!", stürzten sich die fünf Männer mit gezogenen Krummschwertern auf sie.

Es wurde ein harter und sehr schneller Kampf, bei dem es Sir Morgan gelang, zwei der Angreifer in kürzester Zeit zu töten. Doch dann geriet er selbst in arge Bedrängnis, denn während sein

Knappe den geschickten Streichen eines Gegners ausweichen musste und seine liebe Not hatte, sie zu kontern, griffen die beiden anderen den Ritter gleichzeitig an. Morgan schlug rasch das Schwert nach rechts, dem Pferd des Angreifers auf den Kopf, sodass es wiehernd mit den Vorderbeinen einbrach und sein Reiter in den Wüstensand stürzte. Aber sofort war er wieder auf den Beinen, und während Morgan den anderen in einen Kampf band, näherte sich der Abgeworfene und stach seinem Pferd in die Eingeweide.

Morgan konterte gerade mit einer kraftvollen Krauthacke, bei der das Schwert rasch von oben und unten geführt wird. Tatsächlich konnte er seinen Gegner mit diesem raschen Hieb kampfunfähig machen, als sein Pferd unter ihm zusammenbrach und er seinen Fuß nicht mehr rechtzeitig aus dem Steigbügel frei bekam. Der Aufprall war sehr schmerzhaft und seine Lage dadurch fatal. Denn im nächsten Augenblick stand der Sarazene über ihm, das Krummschwert blinkte in der Sonne auf, und als es herniederfuhr, schnellte sich Morgan im letzten Augenblick zur Seite, auch wenn er dabei auf sehr schmerzvolle Weise seinen rechten Fuß verdrehte.

Doch schon war sein Gegner erneut bei ihm.

Das Schwert hatte er bei dem Sturz nicht verloren und konnte den nächsten Hieb abwehren, doch als er aufstehen wollte, knickte er mit dem rechten Fuß wieder ein, und ein höllisch scharfer Schmerz raste seinen Rücken entlang.

Der Sarazene erkannte seine Chance und holte erneut aus, als ein durchdringender Schrei ihn aufhielt.

Erstaunt drehte er sich um und sah drei junge Krieger vor sich, die ihre Lanzen zum Wurf bereithielten. Ein kurzer Wortwechsel zwischen ihnen, und der Mann wandte sich von Morgan ab, steckte sein Schwert in den aus einem gedrehten Stück Stoff bestehenden Gürtel und ging ein wenig abseits.

„Du wolltest nicht hören, Morgan, und das kann hier schnell den Tod bedeuten!", sagte eine vertraute Stimme, und der Ritter blickte in das Gesicht von Nazeera.

„Ich muss aber …"

„Nein!", schnitt sie ihm kurz das Wort ab. „Ich habe Verständnis für einen Mann, der sich um seinen verletzten Kameraden kümmern will. Aber hier geht es um mehr, Sir Morgan, hast du das nicht begriffen? Ich werde dich deshalb selbst zu eurem Lager geleiten müssen, und ich rate dir gut, keinen Widerstand zu leisten!"

Mühsam erhob sich der Ritter und humpelte ein paar Schritte zu dem Pferd seines Knappen, an das Jago erschöpft lehnte. Der Sand um sie herum war aufgewühlt und vom Blut rot gefärbt.

„Blut ist eine seltsame Farbe, Morgan, findest du nicht auch?", hörte er die junge Frau, als er auf die dunklen Stellen starrte. „Eben war es noch von leuchtender Farbe und floss durch den Körper dieser Krieger. Jetzt versickert es dunkel und schwer im Sand und kündet vom Sieg der Christen in einem kleinen Gefecht."

„Aber das war nicht unsere Schuld, Nazeera, die Männer …"

„Schweig, Christ!", herrschte ihn die junge Frau an. „Es ist deine Schuld, weil du nicht gehorcht hast! Diese Männer haben auf eigene Faust gehandelt, aber ihr Tod ist trotzdem unverzeihlich. Ihr hättet beide euer Leben verwirkt, hätte mich nicht Al-adil dazu verpflichtet, euch unter allen Umständen in das Lager des Königs zu bringen. So muss ich mit ansehen, wie meine Verwandten getötet werden. Erwarte keine Schonung von mir, Morgan, solltest du einen Fluchtversuch wagen. Und vergiss nicht, dass dort drüben Maguib steht, dessen Brüder du getötet hast. Blut gegen Blut, so heißt es bei uns. Hüte dich, ihm jemals allein gegenüberzustehen!"

Morgan warf einen Blick zu dem Krieger, der in einiger Entfernung die Arme vor der Brust gekreuzt hatte und das Geschehen mit finsteren Blicken verfolgte. Dann mussten die beiden auf die überlebenden Pferde steigen und ritten in der Eskorte der jungen Frau zurück zu ihrem Lager.

Als sich Morgan einmal umdrehte, sah er, wie der überlebende Maguib die Hand zum Himmel streckte, als würde er einen Schwur leisten.

Niemals konnte der Ritter auch nur ahnen, unter welchen Umständen er diesem Sarazenen wieder begegnen sollte.

7.

„Hurra für König Richard – hurra Richard Löwenherz!"

Der König ritt zwischen der geborstenen ersten Mauer und der Reihe seiner Ritter entlang und hatte die Hand zum Gruß erhoben.

Der Ruf wurde von den Kriegsknechten aufgenommen und flog von Mund zu Mund weiter, bis er auch die Ritter auf ihren stolzen Schlachtrössern erreichte. Sir Angus war der Erste unter ihnen, der den Ruf ebenfalls aufgriff und mit Begeisterung wiederholte, sodass nun alle Ritter einstimmten.

Aus der gebrochenen Wallmauer der Stadt Akkon strömten die Verteidiger wie eine menschliche Flut heraus. Noch warteten die Kreuzfahrer auf das Signal, und als es endlich laut über ihre Reihen ertönte, folgte der Kampfschrei „Gott will es!" Damit wurden die Lanzen eingelegt, und die Ritter trieben ihre Pferde in schnellem Galopp den angreifenden Sarazenen entgegen, fegten durch ihre Reihen und hinterließen eine breite Spur des Todes.

Dann waren die Kriegsknechte heran, und die Überlebenden des ersten Angriffs warfen sich ihnen mit dem Mut der Verzweiflung entgegen. Die Schwerter schlugen aufeinander, hell blitzte die Sonne auf den Klingen und Helmen der Kämpfenden. Blut floss erneut reichlich und tränkte den Boden vor der zerborstenen Mauer. Aber noch einmal zogen sich die Ritter zurück, und langsam, Schritt für Schritt, zogen sich auch die Kriegsknechte zurück.

Die Sarazenen waren schlau genug, ihnen nicht zu folgen. Sie eilten vielmehr durch die zerbrochene Mauer zurück, und gleich darauf versuchten einige von ihnen, mit den herausgebrochenen Steinen die breite Lücke wieder zu füllen.

Aber die Bliden waren präzise und genau, und der kurze Rückzug der Angreifer hatte nur eine einzige Aufgabe: Die Belagerungsgeschütze noch einmal zum finalen Schlag einzusetzen. Kaum war das christliche Heer ausreichend zurückgewichen, flog schon der erste, gewaltige Stein über ihre Köpfe und schlug krachend an einer nur etwa einen Yard von der Bresche entfernten Stelle ein. Dann wurde der lange Wurfarm wieder mit Hilfe der beiden großen Laufräder heruntergezogen, die Knechte wälzten den nächsten Stein heran, und kurze Zeit später später kam auch dieses Geschoss herangeflogen und schlug in die Wallmauer ein. Der dritte Schuss vollendete das Werk der bereits vorangegangenen Geschosse.

Jetzt fiel ein sehr großer Teil der Ummauerung unter dem brüllenden Jubel der Kreuzfahrer. Anschließend setzten sich die Ritter erneut in Bewegung, und nun zeigte es sich, dass der heutige Tag die Entscheidung bringen musste.

Auch der zweite Wall war am gestrigen Tag in einer Breite gefallen, die das gleichzeitige Passieren von fünf oder sechs Reitern ermöglichte.

Wie eine alles vernichtende, bunte Welle preschten die Ritter heran, die Lanzen eingelegt, den Schild griffbereit an der Seite des Pferdes. Die Sarazenen, die sich zwischen den beiden Mauern aufgehalten hatten, um die Ritter zunächst vorüber zu lassen und sie dann anzugreifen, sahen sich getäuscht. Diesmal hatten sich die Kriegsknechte in ihrem Anlauf schon an die zerschossene Wallmauer begeben, und als die Sarazenen aus ihrer Deckung kamen, standen sie einer Übermacht von Schwertkämpfern gegenüber, während die Ritter die letzten Verteidiger vor den Toren der Stadt töteten.

Es war der 3. Juli im Jahr 1191, aber es war nicht der Tag, an dem die Stadt fiel.

Noch einmal drängten die Verteidiger der Stadt das christliche Heer zurück, und Richard befahl seinen Rittern den geordneten Rückzug, um keine unnötigen Verluste mehr hinnehmen zu müssen. Es war nach über zwei Jahren der Belagerung und des verlustreichen Krieges um diese wichtige Hafenstadt jetzt nur noch eine Frage der Zeit, wann die Sarazenen die Tore öffneten.

Die Wende schien sich am folgenden Tag abzuzeichnen.

Kaum zeigte sich die Sonne mit einem ersten, goldenen Schimmer am Horizont, als die Wachen Alarm gaben. Die vordersten Posten standen fast vor dem zerborstenen Wall, und aus der Stadt näherte sich eine Gruppe von zehn Sarazenen zu Fuß. Sie trugen eine weiße Fahne und wurden sofort König Richard gemeldet, der aus seinem Zelt trat und, umgeben von seinen Ministerialen, der Ankunft der Parlamentäre gespannt entgegen sah.

Sir Morgan war an diesem Vormittag erneut zum König bestellt worden und hielt sich in der Nähe auf, als die Sarazenen mit würdevollem, langsamen Gang durch die Reihen der Ritter schritten, die alle aus ihren Zelten getreten waren. Es herrschte eine gespannte Stille über dem Lager der Kreuzfahrer, als König Richard die Delegation begrüßte.

„*Salam aleikum* – Friede sei mit Euch!", sprach der König zum Erstaunen der meisten Ritter.

„*wa aleikum as-Salam* – Frieden auch mit Euch!", lautete die Antwort eines großen, hageren Mannes in einem Gewand aus edlem Stoff und einem sehr großen, kunstvoll gewundenen Turban.

„Nehmt Platz und seid meine Gäste!", erwiderte der König und deutete auf einen Tisch und ein paar rasch darum gestellte Stühle, die durch

Knechte herausgeschafft wurden. Damit zwang Richard die Sarazenen, ihm gegenüber Platz zu nehmen. Sie hatten dadurch zwar das Privileg, auf Augenhöhe mit dem König zu sprechen, aber konnten nicht mehr darum bitten, nach ihrer Sitte auf Matten oder Teppichen zu sitzen.

Richard gab den Dienern ein Zeichen, und es wurden Krüge mit Bier und Wein auf den Tisch gestellt, auf die der König anschließend mit einem entschuldigenden Lächeln wies.

„Euer Glaube verbietet euch den Genuss von Wein und Bier, aber etwas anderes können wir euch hier nicht anbieten. Das Wasser ist leider aus den bekannten Gründen nicht genießbar."

Damit hatte er gleich das Gespräch auf das Thema der seit Monaten herrschenden Wasserknappheit gebracht. Es war allen bekannt, wie sehr die Bewohner der belagerten Stadt unter dem Wassermangel litten, denn die kleinen Bäche, die zu dieser Zeit noch Wasser in die Stadt brachten, waren durch das Heer der Kreuzfahrer längst verunreinigt. Und die wenigen Brunnen in Akkon waren nicht in der Lage, die Bevölkerung ausreichend zu versorgen.

Schon bei der kurzen Rede des Königs wurde allen Anwesenden bewusst, dass keiner der Sarazenen ihre Sprache verstand. Hilfesuchend drehte Richard sich zu Sir Angus um und sagte: „Wie sollen wir Verhandlungen führen, wenn wir uns nicht sprachlich verständigen können! Wo ist der Übersetzer, den wir mit unserem Heer führen, Sir Angus?"

Der Gerufene verbeugte sich mit sichtlich verlegener Miene.

„Sire, ich bin untröstlich. Als ich eben nach ihm rufen ließ, wurde mir mitgeteilt, dass er bereits vor zwei Tagen verstorben ist."

„Oh – das ist ja nun besonders schlecht. Aber versuchen wir es zunächst einmal mit Zeichen", antwortete König Richard.

Mit viel Mühe konnte man der Delegation schließlich verständlich machen, dass man ihre Vorschläge zur Übergabe der Stadt erfahren wolle. Der große Sarazene zog darauf eine Pergamentrolle aus seinem Gewand und rollte sie auf dem Tisch aus. Ein Blick des Königs auf die Karte zeigte, dass die Sarazenen sich zu helfen wussten. Der größte Teil des Textes war zwar in arabischen Schriftzeichen aufgesetzt, aber dazu hatte ein geschickter Schreiber ein paar Zeichnungen angefügt und sogar ein paar lateinische Begriffe dafür aufgeschrieben.

„Sire, ich glaube, dass uns die Sarazenen noch Zugeständnisse abverlangen wollen! Das hier ist zweifellos die Stadt Akkon an der Küste, hier ist das Meer zu erkennen, dort die doppelte Wallanlage mit den Türmen."

Jetzt beugten sich alle, die an dem Tisch Platz gefunden hatten, über die Darstellung. Morgans Neugierde war geweckt, und wenn er auch nicht zu dem inneren Kreis des Königs gehörte, so hatte er doch den Bemerkungen der umstehenden Ritter entnommen, dass man wohl die Stadt nicht so ohne Weiteres übergeben wollte. Und er hörte vom Problem des fehlenden Übersetzers. Also trat er dicht an die anderen heran und erfuhr auf diese Weise einiges von den Deutungen der Zeichnungen.

„Das ist ungeheuerlich, Sire!", hörte er gerade

Sir Angus erregt ausrufen. „Wenn ich das hier richtig verstehe, so wollen sie nicht nur freien Abzug unter Waffen, sondern auch noch eine Entschädigung in von uns zu bezahlendem Vieh. So deute ich jedenfalls hier unten die Gruppe, in der ich um mehrere Rinder Christen und Sarazenen versammelt sehe."

„Was bilden diese Heiden sich eigentlich ein?", empörte sich ein ziemlich beleibter Ritter, als Morgan sich plötzlich am Ärmel gezupft fühlte und erstaunt zu seinem Nachbarn blickte.

Johel de Vautort stand neben ihm und lachte über das ganze Gesicht.

„Du müsstest mal sehen, wie du deinem besten Freund gegenüberstehst!", sagte der Minnesänger und drückte Morgan die Hand.

„Wieso, Johel? Ich verstehe deine Kritik nicht!"

Sein Gegenüber hob nur die Hand und deutete auf die zahlreichen dunklen Flecken auf dem Waffenrock seines Freundes. Verdutzt schaute Morgan an sich herunter und zuckte die Schultern.

„Das ist der Unterschied zwischen einem Ritter,

der lieber bei den schönen Damen sitzt und ihnen schmachtende Lieder vorträgt, und einem Ritter, dessen Lied mit dem Schwert geschlagen wird!", erwiderte er dann. Beide brachen in ein lautes Lachen aus, sodass sich die ihnen am nächsten Stehenden empört umdrehten.

„Aber ich habe wirklich die Nachricht einer schönen Frau für dich, Morgan!", setzte Johel dann in leisem, vertraulichem Ton hinzu.

„Unsinn, Johel, ich kenne hier bestimmt keine einzige Frau, schon gar keine schöne!"

„Nun, wenn ich dir den Namen nenne, wirst du gleich loslaufen, als wäre der Leibhaftige hinter dir her!"

„Der Leibhaftige? Ja, warum auch nicht, hier im Morgenlande hätte er wohl genug zu tun, und das nicht nur bei den Ungläubigen!", entgegnete Morgan, während ihn der Minnesänger am Arm ergriff und ein wenig beiseite führte.

„Die junge Frau ist wirklich mal ein netter Anblick, wenn man die üblichen braunen Gesichter der Sarazenen gewohnt ist. Sie heißt übrigens Nazeera und soll dich angeblich vor ihren eigenen

Landsleuten gerettet haben!"

Morgan blieb unvermittelt stehen und sah den Freund verwundert an.

„Wie bitte? Du hast Nazeera getroffen und mit ihr gesprochen?"

„Sie spricht ja ein wundervolles Englisch, nicht wahr? Mit einem wirklich niedlichen Akzent, ich verstehe da schon deinen Geschmack!"

„Johel, jetzt wirst du unverschämt! Du weißt sehr wohl, dass ich mit Lady Miriam of Cadeleigh verlobt bin und auch gedenke, sie sofort nach meiner Rückkehr zu heiraten!"

Der Minnesänger schwieg und deutete stattdessen zu dem Vorposten, den sie am Rand des Lagers erkennen konnten. Eilig schritten die beiden an den Wachen vorüber, die ihnen einen seltsamen Blick zuwarfen und überquerten das freie Feld zwischen dem Lager sowie dem Vorposten. Schon von Weitem erkannte er die schlanke Gestalt mit dem dunklen *ǧallāba,* dem weit geschnittenen Gewand, das durch einen kräftigen Gürtel geteilt wurde. Offenbar hatte Nazeera dort eine Vorrichtung für ihr Krummschwert, das man ihr aber auf dem Vorposten abgenommen hatte. Erfreut trat sie den beiden Männern entgegen.

„Salam!", grüßte sie kurz. „Ich hatte nicht erwartet, dich schon so schnell wiederzusehen, Morgan. Aber die Umstände haben es so ergeben."

„Die Umstände?", echote der Ritter, aber als er den bitteren Zug um den Mund der jungen Frau bemerkte, verstummte er.

„Wir sind bei unserer Rückkehr einer Schar französischer Ritter in die Hände gefallen. Die Männer haben gekämpft, bis plötzlich mein Onkel mit etwa fünfzig Reitern auftauchte und die Kämpfenden trennte. Meine Sorge galt deiner Botschaft, denn sicher werdet ihr von den Franzosen über diesen Vorfall unterrichtet werden. Mein Onkel bittet dich, den König darüber aufzuklären, dass wir uns nur gewehrt haben – es hat nichts mit dem Gespräch zu tun, um das er den König gebeten hat. Allen Kriegern wurde verboten, in den nächsten drei Tagen einen Ritter anzugreifen oder gar zu töten, nichts soll die Zeit der Gespräche stören!"

Morgan nickte zu ihren Worten.

„Es ist gut, dass du hier bist, Nazeera. Unser Übersetzer ist gestorben, und eine Delegation aus der Stadt hat König Richard aufgesucht, um eine Übergabe zu besprechen. Leider spricht niemand der anwesenden Ritter eure Sprache, und in der Stadt ist offenbar auch niemand, der unsere Sprache versteht. Deshalb kommst du gerade jetzt sehr gelegen, ich möchte dich zum König bringen."

Einen Augenblick lang dachte Morgan, dass sich die Sarazenin weigern würde. Sie machte eine seltsame Miene zu seiner Bitte, aber dann ging ein Ruck durch ihren Körper, und sie richtete sie straff auf, nickte ihm schweigend zu und wurde gleich darauf von den beiden Rittern flankiert.

„Augenblick noch, Sir!", rief da eine der Wachen aus dem Vorposten. „Die Frau ist eine Sarazenin und kam sogar bewaffnet hierher. Wohin wollt Ihr jetzt mir ihr?"

„Zu König Richard, guter Mann!", antwortete Morgan. „Ich bin Sir Morgan of Launceston und beauftragt, König Richard die Einladung zu einem Gespräch mit Sultan Saladin zu überbringen. Diese Frau spricht unsere Sprache und wird jetzt sofort bei den Verhandlungen mit den Delegierten aus Akkon benötigt!"

„Gut, Sir, ich hatte sie schon nach dem Zweck ihres Besuches befragt und konnte nicht glauben, dass eine Sarazenin unsere Sprache spricht und zum König will. Wenn Ihr für sie bürgt, ist alles in Ordnung!"

Wenig später erreichte die seltsam wirkende Gruppe von zwei Rittern und einem Sarazenen den Tisch, vor dem noch immer die Ritter standen und sich gedämpft unterhielten.

„Sir Morgan!", rief ihm Angus zu, als er den Ritter mit dem roten Löwenwappen auf dem Waffenrock erkannte. „Was habt ihr da mitgebracht? Einen Spion?"

Alle drehten sich rasch zu der kleinen Gruppe um und musterten den Sarazenen misstrauisch.

„Ich bringe dem König jemand, der unsere Sprache fließend spricht!", antwortete Morgan.

„Erstaunlich, aber tretet doch näher!"

Bereits kurze Zeit danach stand fest, dass die Ritter das Dokument richtig gedeutet hatten. Die Delegation aus Akkon stellte Bedingungen, die in dieser Form unannehmbar waren. Enttäuscht standen die Sarazenen auf und verließen das Lager der Kreuzfahrer, schritten mit erhobenen Häuptern durch die Bresche ihrer Mauer und kehrten in die Stadt zurück.

8.

Die Sonne ist nach der Rückkehr der Unterhändler nur ein kleines Stück am Horizont weitergewandert, als ein unangenehmes Krachen und Bersten die Aufmerksamkeit der Ritter auf sich zog. Der erneute Beschuss der Stadt begann, aber die Zwischenzeit hatten die Blidenmeister dazu genutzt, die Belagerungsmaschinen neu einzustellen. Jetzt flogen die Steine direkt in die Stadt und trafen mit der gleichen Präzision wie zuvor beim Beschuss der Wallmauern die Gebäude in Akkon.

Zum Abend erhob sich zwar eine leichte Brise, die vom Meer herüberstrich und etwas von der noch immer brütenden Hitze nahm, aber trotzdem litten die Kreuzfahrer Durst. Das führte auch zu ständigen Problemen, denn viele der Kriegsknechte suchten sich Gelegenheiten, um an die Weinfässer zu gelangen und sich eine Extraportion zu holen. Nachdem man an einem Morgen mehrere sturzbetrunkene Kriegsknechte neben den Fässern gefunden hatte, mussten die Ritter sich bei unregelmäßigen Nachtkontrollen davon überzeugen, dass die dafür eigens abgestellten Wachen auf dem Posten waren und nicht etwa nach Wein rochen.

Sir Morgan hatte seinem Knappen frei gegeben und schlenderte gemächlich durch das nächtliche Lager, das allmählich ruhiger wurde. Ein paar Schnarchtöne aus den Zelten kündeten davon, dass sich einige Ritter bereits zur Ruhe begeben hatten. Morgan verstand die Kampfgefährten nicht, die sich offenbar so gut mit Wein und Bier versorgten, dass sie keine Probleme mit dem Einschlafen hatten. Anstatt ihren Soldaten ein Vorbild zu geben, schwankten viele am anderen Morgen so bedenklich in ihren Sätteln, dass man befürchten musste, einige würden noch vor dem Verlassen des Lagers vom Pferd fallen.

Morgan hatte den Kopf voller Gedanken, und

durch das Gespräch mit seinem alten Freund Johel waren Erinnerungen aufgestiegen, die er schon glaubte, weit verbannt zu haben. Die schönen Augen der Lady Miriam schienen ihn zu verfolgen, und mit einem Seufzen versuchte er, sich auf seine Umgebung zu konzentrieren, anstatt sich mit Traumbildern zu beschäftigen.

Aber die Erinnerung an seine Verlobte ließ sich nicht so einfach beiseite drängen, denn die Sehnsucht nach ihr verschwand eigentlich nur dann für eine Weile, wenn ihn das Tagesgeschehen so stark einband, dass er keinen anderen Gedanken zulassen konnte.

Plötzlich vernahm sein scharfes Ohr das Poltern eines Steines, und sofort waren seine Instinkte geweckt. Er war schon eine Weile außerhalb des Lagers auf die Küste zugegangen, als sich das leise Poltern erneuerte. Kein Zweifel, da schlich jemand an der Mauer der Stadt entlang, der nicht gesehen werden wollte.

Morgan zog sein Schwert und suchte Deckung im Schatten einiger größerer Steine, die von den Blidenknechten bereits herangerollt und für den nächsten Beschuss vorgesehen waren. Im hellen Mondlicht zeichnete sich deutlich eine Gestalt vor ihm ab, die offenbar aus der Stadt kam und versuchte, an den Posten der Kreuzritter vorbei das Landesinnere zu erreichen.

Gerade wollte er das vor ihm liegende freie Feld im raschen Lauf überqueren, als ihm zwei weitere Schatten auffielen, die sich von der anderen Seite näherten. So duckte er sich erneut hinter den Stein und wartete das Geschehen ab.

Dann vernahm er einen unterdrückten Schrei und gleich darauf heftige Stampfgeräusche, die von einem Kampf kündeten. Mit drei, vier großen Sprüngen war Morgan heran und versuchte, Einzelheiten zu unterscheiden.

„Hast du sie?", hörte er eine halblaute Stimme, erneutes dumpfes Stampfen und Klopfen, dann kam die Antwort:

„Sieh dich vor, das ist eine kleine Wildkatze! Aber jetzt habe ich sie fest."

„Ich will sie zuerst, es war mein Plan!", sagte jetzt der andere, als ein seltsamer Laut die eingetretene Stille unterbrach.

Da zerriss offenbar jemand Stoff, und als sich Morgan erhob, um einzugreifen, vernahm er erneut einen unterdrückten Schrei, der gleich darauf von einem deutlich lauteren abgelöst wurde. Eine der dunklen Gestalten erhob sich taumelnd und schrie noch einmal laut heraus.

„Diese … Hure! Sie hat … ein Messer!"

Damit stürzte die Gestalt nach vorn und rührte sich nicht mehr.

Morgan konnte den zweiten Mann von der am Boden liegenden Gestalt zurückreißen. Der Mann versuchte, seinen Griff von der Schulter abzuschütteln und rief laut: „Verdammt, wer bist du? Ich werde dir helfen, mich hier zu stören …"

Ein Schlag mit dem Schwertgriff ließ den Mann verstummen und neben den Körper stürzen, der sich zugleich rasch zur Seite rollte und dann hochsprang.

Morgan sah das Messer kurz aufblitzen und sagte laut:

„Ich bin ein Freund, steck das Messer weg!"

„Damit du das machen kannst, was die beiden schon wollten? Das wird dir nicht gelingen, du

Kāfir!", schnaubte die Frau verächtlich und wich einen Schritt zurück.

„Dass ich in deinen Augen ein Ungläubiger bin, weiß ich wohl. Aber wir nennen euch Sarazenen genauso, und ich könnte nicht einmal erklären, wer von uns beiden im Recht ist, Nazeera. Was machst du um diese Zeit hier draußen?"

„Morgan?", kam die Antwort verwundert zurück, aber sogleich wechselte ihre Tonlage. „Das geht dich überhaupt nichts an."

„Ich denke schon, zumal ich dich gerade vor diesen beiden Kerlen gerettet habe!", antwortete er gelassen.

„Ach, glaubst du das wirklich? Es hätte nicht viel gefehlt, und der andere hätte mein Messer ebenso gespürt wie der Erste!" Mit einem unverständlichen Wortschwall trat sie nach dem Mann, dem sie ihr Messer in den Bauch gestoßen hatte.

„Ich muss dich festnehmen, Nazeera, denn wer hier nachts heimlich herumschleicht, kann nichts Gutes im Schilde führen. Gib mir also dein Messer und folge mir zurück ins Lager!"

„Niemals!", zischte die junge Frau und nahm

eine geduckte Kampfhaltung ein. Doch der Ritter blieb regungslos vor ihr stehen, das Schwert gesenkt, die andere Hand ausgestreckt.

„Gib mir dein Messer, und ich garantiere dir dafür, dass dir nichts geschieht. Aber diesen Vorfall können wir nicht vertuschen, ohne deine Landsleute in der Stadt zu gefährden. Wird der Tote morgen entdeckt, glaubt man an einen Ausfall aus der Stadt und wird die Bewohner dafür verantwortlich machen. Also gib mir endlich das Messer und komm mit mir hinüber zum Lager."

Die Sarazenin zögerte noch, dann entspannte sie sich und händigte Morgan das kleine, scharfe Messer aus.

Gemeinsam kehrten die beiden in das Lager zurück, und der Ritter informierte die Wachen über den Vorfall und ordnete an, dass man sowohl den Ohnmächtigen als auch den Toten ins Lager zu schaffen hatte. Am nächsten Tag sollte der Fall verhandelt werden.

9.

Doch am darauffolgenden Tag war keine Zeit, um Gericht zu halten. Schon früh gellten die Alarmhörner durch das Lager, und in aller Eile liefen die Kriegsknechte zusammen, und die Ritter bestiegen ihre Pferde, die von den Knappen im Laufschritt herangebracht wurden. Noch ehe man sich verständigen konnte, meldeten die Hörner den Angriff der Sarazenen aus der Stadt, und damit lösten sie einige derbe Flüche in den Reihen der Kreuzfahrer aus.

„Sie haben wohl nie genug!", rief einer der Ritter in die Richtung von Sir Angus, der nur die Augenbrauen hochzog.

„Noch scheinen sie über ausreichende Kräfte zu verfügen!", antwortete der Ratgeber des Königs. „Vorwärts, da vorn laufen schon die ersten Sarazenen! Drauf, Brüder, schont sie nicht! Für König Richard! *Deus le vult* – Gott will es!"

Damit donnerten die Hufe der Reiter über den von den zahlreichen Kämpfen bereits festgestampften Boden vor der Mauer, und gleich darauf prallten erneut Schilde und Lanzen aufeinander, wurden Klingen gekreuzt, erschallten die Schmerzensrufe der Verwundeten und die lang gezogenen Schreie der Sterbenden.

Wieder war ein Gefecht ausgebrochen, das keine Änderung der Situation erbringen würde. Man schrieb den 11. Juli, acht Tage waren nach dem letzten Gefecht vergangen, sieben Tage nach der ersten Verhandlung mit der Delegation, die sich nicht verständigen konnte.

Als sich die Kreuzritter an diesem Tag zurückzogen, gab es kaum noch Sarazenen, die von der Kampfstätte in die Stadt zurückkehren konnten. Das Schlachtfeld rund um die Mauerbreschen war erneut vom Blut getränkt. Ein widerlicher, metallischer Geruch breitete sich bei Sonnenaufgang aus und erfüllte auch das Lager der Kreuzfahrer auf unangenehme Weise.

„Ich bekomme diesen Gestank gar nicht mehr aus der Nase!", beklagte sich Jago bei seinem Herrn. „Selbst, wenn man sich waschen könnte, wird man das Zeug nicht mehr los. Ich glaube, meine Haut wird nie wieder anders als nach dem

Blut meiner Feinde riechen!"

Sir Morgan wirkte erschöpft und blutete aus einem Riss an der Wange. Außerdem fiel dem Knappen der schwerfällige Gang seines Ritters auf. Er hatte im Kampfgeschehen an dessen Seite selbst nicht bemerkt, dass Morgan verwundet wurde, und als er sich nach dem Riss erkundigte, machte der nur eine müde Handbewegung. „Ein Kratzer, weiter nichts. Ich habe noch nicht einmal gespürt, auf welche Weise ich ihn erhalten habe."

„Von zwei Knappen wurde berichtet, dass König Richard morgen erneut eine Delegation der Stadt erwartet. Sonst wird der Befehl zum Sturm gegeben."

Morgan nickte müde und warf einen Blick zurück auf die zahlreichen Toten, die eben von den Hospitalitern fortgeschafft wurden.

„Das wird auch höchste Zeit, ich bin das Kämpfen vor diesen Mauern nun wirklich leid geworden. Akkon wird fallen, und zwar in den nächsten Tagen. Niemand, der Augen hat zum Sehen, wird das leugnen können!"

„Sir Morgan? Der König erwartet Euch!"

„Jetzt? Verdreckt, verschwitzt und voller Blut, wie ich gerade vom Kampf komme? Er war doch selbst in der vordersten Reihe und wird kaum besser aussehen! Ja, ist schon gut, ich komme!", antwortete Morgan missgestimmt dem Knappen, der die Botschaft ausgesprochen hatte.

Er folgte ihm, betrachtete unterwegs seine Hände und ekelte sich ein wenig vor sich selbst, denn an den Händen klebte noch Blut, sein Waffenrock war nur noch ein Fetzen, aber der König war darauf erpicht, ihn sofort zu sprechen. Nun gut, dann musste er mit diesem Anblick zurechtkommen.

Sir Morgan war dann aber doch überrascht, dass der König ihn mit einem freundlichen Lächeln bat, an dem Tisch Platz zu nehmen, an dem vor Kurzem noch die Delegation aus Akkon gesessen hatte. Ein Blick in das Gesicht Richards, und Morgan staunte noch mehr. Der König wirkte frisch rasiert und sauber gewaschen, und wer ihn vorher in der Schlacht erlebt hatte, konnte kaum glauben, dass es unter diesen Umständen möglich war, wieder sauber auszusehen. Aber schließlich war er der König. Morgan riss sich zusammen, denn der König hatte ihm gerade eine Frage gestellt, und er bekam im letzten Augenblick noch den Sinn mit.

„Oh, das war die junge Frau, die unsere Sprache spricht, Sire. Sie wurde von einem unserer Landsleute unterrichtet, der wohl schon seit Jahren ein Leben zwischen den Sarazenen führt. Sie wollte mir jrdoch nicht den Grund für ihren nächtlichen Streifzug nennen. Die beiden Wachen, die sie überfallen haben, gehörten zur wachfreien Mannschaft des Vorpostens."

„Gut, dann ist das für mich erledigt. Der Überlebende der beiden wird hart bestraft, denn ich dulde keinerlei Übergriffe in meinem Heer. Doch jetzt zu der Mission, die Euch vorzeitig in unser Lager zurückgebracht hat. Wisst Ihr Einzelheiten über den Vorschlag, den Saladins Bruder mir unterbreiten will?", erkundigte sich König Richard.

Etwas verlegen antwortete Morgan: „Es war die Rede von einer möglichen Hochzeit, Sire."

Der König lachte.

„Eine Hochzeit? Wunderbarer Gedanke. Soll ich vielleicht die Tochter Saladins heiraten?"

„Ich weiß noch nicht einmal, ob er eine Tochter hat, Sire, denn Namen wurden dabei nicht erwähnt. Vielleicht weiß aber die gescheite Sarazenin mehr darüber, soll ich sie rufen lassen?"

„Das ist nicht erforderlich, Sir Morgan, Dank für Euren Einsatz, doch Nazeera war bereits bei mir und wird bei den nächsten Verhandlungen mit der Stadt Akkon an meiner Seite sein." Der König beugte sich ein wenig über den Tisch und sprach mit gedämpfter Stimme weiter. „Sie ist ja ein recht merkwürdiges Geschöpf, dachte ich mir. Sie sieht nicht aus wie ein Mann und auch nicht so richtig wie eine Frau. Und ich hörte, dass sie mit dem Schwert wie ein Mann kämpft!"

„Das trifft wohl zu, Sire. Aber in jedem Fall ist sie Gold wert, denn sie spricht unsere Sprache geradezu perfekt."

„Danke, Sir Morgan!"

König Richard lehnte sich zurück, und Sir Morgan fühlte, dass er entlassen war. Ein wenig verwundert erhob er sich, als ihn ein Ruf des Königs noch einmal festhielt.

„Ich möchte gern, dass Ihr bei den Verhandlungen mit dabei seid, Sir Morgan!"

„Danke, Sire, das will ich gern tun!"

10.

Tatsächlich kam, wie schon beim ersten Mal, die Delegation aus der Stadt am nächsten Tag mit einer weißen Fahne. Das ganze Zeremoniell wiederholte sich, man grüßte einander achtungsvoll, nahm an dem Tisch Platz und bereitete Pergamente darauf aus.

Doch heute stand an der Seite des Königs die Sarazenin, die die Sprache der Franken auf so wunderbare Weise verstand. Die Verhandlungen dauerten sehr lange und wurden gegen Mittag für ein gemeinsames Essen unterbrochen, das mit Rücksicht auf die Sarazenen nur aus Hammelfleisch und einem Gerstenbrei bestand. Auf Befehl König Richards wurde für die Gäste kristallklares Wasser aus seinen Vorräten ausgeschenkt, und man sah es an den leuchtenden Gesichtern der Männer, wie sehr sie diese Geste zu schätzen wussten. An der Tafel war nicht ausreichend Platz, um alle Ritter dazu zu bitten, deshalb stand Morgan zusammen mit einigen anderen, dazu eingeladenen Rittern, in einer Reihe hinter dem König. Zufällig wurde der Blick Morgans abgelenkt, als er am Rande der Tafel eine seltsame Bewegung bemerkte. Er konnte sich nicht recht erklären, weshalb der dort sitzende Mann – ein breitschultriger und sehr muskulös wirkender, dunkelhäutiger Sarazene, so seltsam schräg auf der langen Bank saß, die man für die Gäste dazu geholt hatte.

Nach dem gemeinsamen Mahl erhob sich der König, was sofort bewirkte, dass sich auch alle anderen ebenfalls erhoben. In dieser allgemeinen Bewegung fiel es nicht auf, dass der Dunkelhäutige einen Schritt an der Tafel vorbei machte, und das in dem Augenblick, in dem der König in sein Zelt treten wollte.

Sir Morgan erahnte mehr, als dass er es wirklich sah, dass der Mann ein großes Messer in der Hand hielt und eben auf König Richard zusprang. Ihn trennten von dem Sarazenen nur wenige Schritte, und mit einem Ausfallschritt stand er neben dem

Mann und stieß ihm das Schwert in den Leib, als der den Arm mit dem Messer hob.

Ein allgemeiner Schreckensruf entfuhr den Umstehenden, denn offenbar war das ein doppelter Attentatsversuch.

Als nämlich Sir Morgan den Attentäter mit einem Schwertstoß tötete, hatte auch die junge Sarazenin in ihr Gewand gegriffen, ein Messer herausgerissen und es in die Richtung geschleudert, in der eben noch König Richard stand.

Sofort war Sir Angus neben ihr und berührte mit seiner Schwertspitze ihren Hals. Nazeera blieb wie versteinert stehen, als ein weiterer Schrei den Ratgeber des Königs davon abhielt, zuzustechen. Dieser Schrei kam von Sir Morgan, der sich nach dem Schwertstoß schützend auf den König geworfen hatte und mit ihm zu Boden gegangen war.

Nun standen alle Ritter mit gezückten Schwertern um die Sarazenen, die mit schreckgeweiteten Augen das Geschehen verfolgten, aber noch nicht begriffen hatten.

„Das bereust du, Verräterin!", schrie Sir Angus die Sarazenin an, die trotz ihrer leichten Hauttönung kreidebleich schien.

Morgan half dem König wieder auf, der sich kurz abklopfte und dann die Hand seines Lebensretters kräftig drückte. Noch hatten die Ritter gar nicht das tatsächliche Geschehen bei diesem Anschlag begriffen. Nur Morgan hatte es aufgrund seines blitzschnellen Eingreifens richtig eingeschätzt. Nun trat er neben Sir Angus und drückte seinen Schwertarm herunter. Ein kleiner Blutstropfen trat am Hals von Nazeera hervor und lief in den Halsausschnitt hinunter. Sie bewegte sich noch immer nicht, selbst ihre Augen schienen wie erstarrt auf den König zu blicken.

„Es ist gut, Männer, Sir Morgan hat mir das Leben gerettet!", sagte König Richard leichthin. „Schafft den Toten hier weg!"

„Die Frau hat es allerdings auch versucht, Sire!", sagte Morgan und deutete mit dem Kopf zu der wie erstarrt Stehenden.

Da niemand etwas sagte, trat der Ritter an den Toten und drehte ihn herum. Jetzt konnte jeder erkennen, dass in seiner linken Schulter ein Messer steckte, auf das Morgan deutete und den Verblüfften dann erklärte:

„Der Tote hier war mir schon vorher einmal aufgefallen, weil er irgendwie schief am Tisch saß. Der Grund ist nun klar, er hatte das Messer unter seiner Kleidung verborgen. Als er es herausriss, um damit unseren König zu töten, erkannte ich seine Absicht und durchbohrte ihn mit dem Schwert. Nazeera hier ist aber keine Verräterin. Sie musste ebenfalls die Absicht des Meuchelmörders erkannt haben und hat versucht, ihn mit ihrem Wurfmesser zu töten. Durch meinen Stich krümmte sich der Mann jedoch etwas zusammen, sodass ihr Messer nicht das Herz, sondern etwas höher die Schulter traf!"

Einen Atemzug lang herrschte völlige Stille, dann brach lauter Jubel aus. Man klopfte Sir Morgan auf die Schulter und wollte sich auch bei der Sarazenin bedanken, die noch immer wie abwesend auf einen fernen Punkt starrte. Dann, als Richard selbst auf sie zutrat, um ihr zu danken, fuhr sie auf dem Absatz herum und lief, so rasch sie konnte, zwischen den Männern hindurch und war verschwunden, noch ehe jemand eine Bewegung machen konnte, um sie festzuhalten.

„Lasst sie, der Mordversuch wird ihr einen Schock versetzt haben. Ihr aber, ihr Verräter, kehrt zurück in eure Stadt und berichtet, dass wir keinen Menschen mehr am Leben lassen werden, wenn wir morgen das Tor aufsprengen müssen!"

Die Sarazenen redeten wild durcheinander, aber es nutzte ihnen nichts mehr. Auf einen Wink von Sir Angus eilten Kriegsknechte mit ihren Lanzen herbei und trieben die Delegation zurück zu ihrem Stadttor.

Zwar wollte der große Mann, der schon bei der ersten Verhandlung anwesend war, offenbar etwas erklären, aber niemand verstand ihn – und niemand hatte auch Lust, sich länger mit diesen Menschen zu beschäftigen.

Eben hatten sie noch mit ihnen gegessen – dann folgte der Attentatsversuch. *Was waren das für Menschen*, fragten sich die Ritter.

11.

In dieser Nacht kam keiner der Kreuzfahrer zur Ruhe.

Wälzten sich einige gegen Mitternacht unruhig und schwitzend auf ihrem Lager hin und her, so weckte ein Alarmhorn alle kurz nach Mitternacht. Die Sarazenen griffen erneut an, und das zum ersten Mal mitten in der Nacht. Offenbar war das missglückte Attentat der Grund, aber diesmal kamen die Angreifer gar nicht aus der Stadt, sondern griffen von der Seite an, in der man Saladins Heerlager wusste. Ihm galt natürlich die größte Aufmerksamkeit der Kundschafter, und deshalb wurde das Lager rechtzeitig geweckt, bevor die mit Fackeln bewehrten Reiter heranpreschten.

„Bogenschützen! Wo bleiben die verdammten Bogenschützen!", rief eine befehlsgewohnte Stimme, und jemand antwortete: „Wir sind vollzählig, Sir!"

„Worauf wartet ihr noch? Habt ihr noch nie auf ein so gutes Ziel geschossen?"

Ein weiterer Befehl war nicht erforderlich.

In breiter Linie donnerten die Sarazenen heran, und die hell auflodernden Fackeln gaben dieser Szene etwas Unwirkliches. Dann hörte man, fast vollkommen von den trommelnden Hufen überdeckt, das Sirren der Sehnen. Angestrengt spähten die Ritter in die Dunkelheit, und erste Freudenrufe wurden laut, als einige der Fackeln im Bogen durch die Dunkelheit flogen und dann auf dem Boden verloschen, während die reiterlos gewordenen Pferde im Verband mit den anderen weiter auf die Linie der Kreuzritter zu galoppierten.

„Bogenschützen, noch einmal!", erklang wieder die Stimme des Befehlshabers, und die Männer mit den Langbogen folgten umgehend. Ein weiterer Pfeilhagel durchschnitt zischend die Nacht und fand seine Ziele, wie erneut stürzende Fackeln bezeugten.

Dann waren sie heran, und diesmal hatten die Kriegsknechte die Aufgabe, sich den Reitern im Dunkeln entgegenzustellen. Ihr Kommandeur war Sir Angus, der den eigentlich Verantwortlichen bei diesem nächtlichen Angriff abgelöst hatte. Auf seine Anweisung hatten sich die Soldaten flach auf den Boden gelegt, bis die Reiter auf wenige Yards heran waren. Dann sprangen sie auf, die Lanzen vor dem Körper, und richteten unter den Pferden ein Blutbad an.

Grässliche Schreie der Reiter, die teilweise von ihren Pferden im Sturz mitgerissen und deren Körper oft unter den Hufen der nachfolgenden Tiere zertrampelt wurden, hallten über die Wüste. Schrilles Wiehern der sterbenden Pferde, dazu das Angriffsgebrüll der Soldaten – ein nächtliches Inferno!

Sir Morgan stand in der ersten Reihe der Ritter, die auf Anweisung König Richards auf ihre Pferde verzichtet hatten. Die Entscheidung des Königs erwies sich als richtig, denn als nun die mit Kettenhemden und Helmen geschützten Ritter langsam vorgingen, wurden sie auch von den zahlreichen Körpern, die sich auf dem Boden wanden oder bereits im Todeskampf erstarrt waren, behindert. Sie erkannten diese Hindernisse und konnten darüber springen, was jedoch vom Pferd aus zu einer Katastrophe geführt hätte.

Gnadenlos hieben die Ritter auf alles ein, was sich vor ihnen noch bewegte. Niemand schaute genau hin, ob dort nicht ein verletzter Kriegsknecht die Hand hob. – Was sich in der Dunkelheit bewegte, wurde mit dem Schwert bedacht, und als an diesem Morgen die Sonne aufging, war der Belagerungsring der Sarazenen, der ohnehin schon große Lücken aufgewiesen hatte, vollkommen zerschlagen. Man wusste, dass irgendwo dort draußen in der Ebene Sultan Saladin selbst war, aber es war ihm nicht gelungen, seine Reiterei noch einmal zu einem entscheidenden Angriff zu bringen.

Hier, vor den Toren der wichtigen Hafenstadt Akkon, hatten die Kreuzfahrer einen entscheidenden Sieg errungen. Der Boden war vom Blut der Kämpfer erneut getränkt, und mit Schaudern sah Morgan auf das Feld, das sich von der zerstörten Wallanlage der Stadt bis zum Horizont ausbreitete.

Die Stimmung der Ritter war geradezu euphorisch.

Jetzt wollte sich niemand mehr ausruhen, obwohl die Hitze allen bereits in den ersten Morgenstunden aufs Neue zusetzte. Man forderte von König Richard, die Stadt sofort zu stürmen, alle Sarazenen zu erschlagen und ihre Häuser niederzubrennen.

Doch Richard blieb gelassen, wiegelte alle Rufe ab und ließ von seinen Ministerialen verbreiten, dass die Kapitulationsvorschläge der letzten Delegation angenommen würden und man die Sarazenen abziehen lasse.

Das drückte die Hochstimmung der Ritter erheblich, und einige schimpften halblaut vor sich hin, dass der König plötzlich unangebrachte Milde diesen Verrätern gegenüber zeigte. Andere wiedernm, die das hörten, mahnten die ritterlichen Tugenden an und wiesen darauf hin, dass man einen Gegner, der bereit ist, sich zu ergeben, nicht noch weiter demütigt und auf ihn einschlägt.

Innerhalb kürzester Zeit war das Lager der Kreuzritter gespalten. Die eine Hälfte forderte den Sturm auf Akkon und das Töten aller Überlebenden, die andere Hälfte rief zur Maße und Ruhe auf.

Doch zunächst einmal ließ König Richard alle

Ritter zu sich rufen. Das galt jedoch nur für die englischen Angehörigen des Kreuzfahrerheeres, und schon bald wurde unter den in der Nähe weilenden Deutschen und Franzosen Unmut laut.

„Man will uns wohl rasch loswerden, jetzt, wo die Übergabe der Stadt eine reine Formsache ist!", wetterte Herzog Leopold von Österreich. Er hatte ohnehin schon eine große Wut auf König Richard, weil der zwar mit dem französischen König Philipp sprach und ihn in seine Pläne einbezog, nicht aber mit ihm. Herzog Leopold V., der den Beinamen *der Tugendreiche* hatte, zog sich schmollend zurück und befahl, nach Einnahme der Stadt Akkon, dort sofort bestimmte Häuserviertel zu besetzen und für sein inzwischen stark geschrumpftes Heer zu sichern.

Davon erhielt König Richard Kunde, und ballte die Faust, als der Kurier geendet hatte.

„Leopold, sieh dich vor!", murmelte er wutschnaubend. „So ein kleiner Herzog ist mir nicht gewachsen! So etwas habe ich mir früher als Knappen gehalten! Was bildet sich der Mann bloß ein!"

Der Kurier schwieg geflissentlich und sah zu, dass er so schnell wie möglich aus dem Bereich des zornigen Königs kam und meldete sich erleichtert bei seinem Hauptmann zurück.

„Sire?", ließ sich Sir Angus behutsam vernehmen. Er kannte Richard gut genug, um ihn in einer solchen Situation zu stören. Tatsächlich gab der König ein unwilliges Brummen von sich und schließlich erteilte er seinem Ratgeber einen Wink, sich zu äußern.

„Sire, ich möchte Euch vorschlagen, nach der Öffnung der Stadttore zusammen mit Philipp und Leopold einzuziehen."

„Wie meint Ihr das, zusammen?", erkundigte sich Richard unwirsch.

Der Mann verbeugte sich stumm.

„Nun? Ich erwarte eine Erklärung, Sir Angus!"

Der Ritter räusperte sich leise und antwortete: „So, wie ich es meinte, Sire. An Eurer rechten Seite der König von Frankreich. An Eurer linken Seite der Herzog von Österreich."

„Niemals!", donnerte Richard und schlug mit der geballten Faust noch bekräftigend auf den

Tisch. „Das ist ein Herzog, und der wird nicht an der Seite von Königen in eine eroberte Stadt einziehen!"

„Gewiss, Sire, ist Euer Unmut auf den Herzog verständlich, zumal er sich in der letzten Zeit auffallend mit seinen Soldaten im Hintergrund gehalten hat. Ich gebe jedoch zu bedenken, dass seine Truppen am 31. Dezember einen beachtlichen Vorstoß unternommen haben, der die Sarazenen schwächte."

„Ach, Sir Agnus, lasst doch Eure Versuche, mich mit dem Mann zu versöhnen. Er ist arrogant und anmaßend! Was hat denn der Versuch gebracht? Nichts anderes als einen Rückschlag von Saladins Seite, der schließlich zum Austausch der gesamten Garnison in Akkon führte! Anstelle eines Sieges wurde die feindliche Gegenseite noch verstärkt! Nein, Sir Agnus, verschont mich bitte künftig mit diesem Mann!"

„Wie Ihr befehlt, Sire!", antwortete Angus ergeben und zog sich mit einer tiefen Verbeugung zurück.

In der Zwischenzeit saßen Morgan und Jago in

der frischen Meeresbrise hinter ihrem prächtigen Zelt und aßen etwas kaltes Huhn, tranken einen guten Wein dazu und blickten im Übrigen dem nächsten Tag mit Spannung entgegen.

Da trat plötzlich Nazeera zu ihnen und schien etwas auf dem Herzen zu haben.

„Sprich dich aus, Nazeera, wenn du mir etwas mitteilen möchtest!", ermunterte sie Morgan. „Leider kann ich dir nur noch etwas von dem Huhn anbieten, den Wein wirst du wohl verschmähen, oder?"

Die junge Sarazenin machte eine abwehrende Bewegung.

„Ich bin nicht durstig, Morgan. Aber ich bin gekommen, um mich zu verabschieden. Leb wohl, Allah möge deinen Weg lenken und dich beschützen!"

Morgan erhob sich rasch und blickte der jungen Frau prüfend ins Gesicht. Sie hielt dem Blick stand, verzog aber keine Miene.

„Was hat das zu bedeuten, Nazeera? Du kannst uns doch nicht jetzt verlassen, wo es zu den Verhandlungen kommt! Und was ist mit dem Befehl deines Onkels? Ich denke, es sollen Gespräche über eine mögliche Hochzeit geführt werden?"

Die junge Frau senkte den Blick zum Boden, als sie mit leiser Stimme antwortete.

„Das war bis gestern so, Morgan. Nach dem Attentatsversuch hat sich vieles verändert. Mein Onkel hat mich zurück befohlen, morgen gibt es andere, die eure Sprache sprechen, und ich werde nicht mehr benötigt."

Morgan warf einen raschen Blick zu den anderen Zelten, als würde er von dort eine Abordnung des Sultans erkennen können, die zu König Richard wollte.

„Aber das ist doch vollkommen ausgeschlossen, und überhaupt – wie kann dein Onkel dir hier in unserem Lager einen Befehl übermitteln? Du hast doch bestimmt andere Gründe für deinen Aufbruch, oder?"

Die Sarazenin hob wieder ihren Kopf und sah Morgan in die Augen.

„Du hast keine Ahnung, was hier alles geschieht, Morgan. Wenn Al-adil es wünscht, spricht er noch heute mit König Richard oder König Philipp. Es gibt genügend Menschen, die für etwas Silber oder eine größere Menge von kupfernen Dirham bereit sind, ihre eigene Mutter zu verkaufen. Das ist nicht nur bei euch Christen so, auch bei uns gibt es solche Menschen, denen alles käuflich ist. Leb nun wohl, Morgan. Wir sehen uns wieder, *inschallah* – so Gott will."

Damit drehte sich die Sarazenin um, raffte ihr Gewand und war gleich darauf zwischen den Zelten verschwunden.

„Glaubst du, kann sie einfach so das Lager verlassen, Jago?", wollte der Ritter wissen.

„Ja, Sir Morgan, das weiß ich sogar. Ich habe heute gehört, dass König Richard ihr einen Passierschein ausstellen ließ."

„So, das hast du gehört? Manchmal glaube ich, dass ihr Knappen untereinander so geschwätzig seid wie ein paar alte Marktfrauen! Aber gut zu wissen, dass ihr eure Ohren offen haltet. Vielleicht weißt du ja auch den Grund, weshalb mich der König in die Gesprächsrunden der Ministerialen eingeladen hat?"

Der Knappe lächelte und schwieg.

"Nun? Heraus mit der Sprache! Du weißt doch etwas!"

"Ach, Sir Morgan, das ist doch nur – Marktgeschwätz!", lachte der Knappe, und Sir Morgan hob seinen Becher auf und tat, als würde er ihn seinem Knappen an den Kopf werfen.

12.

Als sich am nächsten Morgen die Tore der Stadt Akkon öffneten, ritt weder der englische noch der französische König an erster Stelle in die Stadt. Vielmehr stürmten einige Ritter durch das Tor, gefolgt von etwa einhundert gerüsteten Kriegsknechten. Ihr Ziel war die Garnison der Stadt, wo bereits die Verteidiger angetreten und eben im Begriff waren, ihre Waffen abzulegen.

Da war der erste Ritter, ein kleiner, untersetzter Mann mit vom Wein rot gefärbten Wangen und einer fast schon violett schimmernden Nase, beides Zeugnisse von unmäßigem Weingenuss, der sich vor dem Hauptmann der Garnison aufbaute.

Eben wollte der Sarazenen-Hauptmann sein Schwert auf die anderen legen, als dieser Ritter, der aus dem Heer Herzog Leopolds stammte, neben den Mann trat und ihm mit der flachen Klinge seines Schwertes auf die Hand schlug.

Mit einem Wutschrei ließ der Sarazene sein Schwert fallen, aber zugleich sahen sich die Ritter neben ihm einer Schar Verteidiger gegenüber, die alle noch ihre Schwerter in der Hand trugen. Sie standen in Kampfpositur den Christen gegenüber, und nun bückte sich der Hauptmann nach seinem Schwert, riss es an sich und wirbelte zu dem Rotwangigen herum. Der verstand das sofort als einen Angriff, riss seine Schwerthand hoch und wehrte damit im letzten Augenblick den Hieb des Sarazenen ab. Doch der Schlag war mit so großer Kraft ausgeführt, dass dem Mann die Klinge aus der Hand fiel und er dem nächsten Schlag des Hauptmanns nichts mehr entgegenzusetzen hatte. Er taumelte ein paar Schritte zurück, die Hände abwehrend gehoben.

„Tötet sie!", schrie einer der Kriegsknechte, und nun war ein Kampf in den Straßen von Akkon entfesselt, der die Parteien noch einmal erbarmungslos aufeinander einschlagen ließ.

Auch der Rotgesichtige griff sich wieder ein Schwert und schlug damit auf einen Gegner ein, der zugleich von einem der Kriegsknechte bedroht wurde. Als der Sarazene dem Mann Kontra bot, stach der Österreicher ihm mit solcher Wucht von hinten durch den Korbpanzer, dass die Spitze der Klinge blutverschmiert durch die Brust wieder heraustrat.

Das war das Signal für alle, die bereits ihre Schwerter abgelegt hatten.

Mit dem Ruf „Allahu akbar!" griffen sie ihre Waffen wieder auf und drangen nun verbittert auf die Soldaten ein, die sich jedoch kräftig zu wehren verstanden. Auch auf ihrer Seite gab es nun Tote. Plötzlich liefen französische Bogenschützen zur Garnison und gaben den Ausschlag. Nach einigen wohlgezielten Schüssen ergab sich die Mannschaft der Garnison, und als weitere Ritter die Straße zur Garnison hinaufritten, bot sich ihnen ein seltsames Bild.

In der vorderen Reihe ritt Sir Morgan neben seinem Freund Johel.

„Warum wurden diese Männer getötet?", rief er über die Köpfe der Soldaten, und der Rotwangige drängte sich nach vorn.

„Sie haben uns nicht gehorcht, wollten ihre Waffen nicht abgeben und haben uns schließlich angegriffen!", erklärte der Mann mit einem feisten Grinsen in seinem breiten Gesicht.

„Sie haben Euch angegriffen, ist das so? Und in welcher Sprache habt Ihr mit ihnen gesprochen?", ereiferte sich Sir Morgan.

„Und was geht das Euch an, he? Habt Euch wohl vornehm zurückgehalten und erst einen Harem aufgesucht, während wir hier den letzten Widerstand unter Einsatz unseres Lebens brechen mussten!", entgegnete der Mann frech.

Morgans Hand umklammerte den Schwertgriff, und Johel, der diese Bewegung sah, drängte sein Pferd an die Seite des Freundes, legte ihm die Hand auf den Unterarm und erreichte damit, dass Morgan sein Pferd wortlos wendete und dem großen Platz zustrebte, auf dem sich die Amtsträger der Stadt Akkon versammeln sollten.

In diesem Augenblick bemerkte er eine Bewegung auf dem Dach des gegenüberliegenden Hauses und warf sich instinktiv auf die Seite. Tatsächlich wurde von dort ein Pfeil in seine Richtung abgeschossen, aber er galt nicht ihm.

Mit einem gurgelnden Laut brach der Rotgesichtige hinter ihm zusammen, und Morgan sah den Pfeil, der dem Mann durch den Hals geschlagen war. Kaum war der Ritter auf dem Pflaster zusammengebrochen, als eine Handvoll Kriegsknechte in das Haus stürmte und gleich darauf auf dem Dach erschien. Es gab ein kurzes Handgemenge, dann flog ein Körper über die niedrige Dacheinfassung und schlug auf das Pflaster der Straße.

Angewidert drehte sich Sir Morgan von dieser Szene ab, ließ sein Pferd in einen leichten Trab fallen und war gleich darauf auf dem Marktplatz, wo bereits Kriegsknechte mit Lanzen einen Teil des Platzes absperrten.

Hier erkannten die beiden Ritter die Würdenträger, die man dort versammelt hatte. Es war nicht klar, ob sie bewacht wurden oder vor Übergriffen geschützt werden sollten.

Doch dann verkündete ein Hörnersignal die Ankunft der beiden Könige, und die Versammelten wurden angewiesen, in die Knie zu sinken. Wer diesen Befehl nicht verstand, bekam es mit ein paar Hieben der Lanzenenden von den Soldaten erklärt. Als Philipp und Richard mit ihrem Gefolge vor den Menschen hielten und die Menge überflogen, herrschte eine geradezu gespenstische Stille auf dem Platz. Nur aus der Ferne klangen Rufe herüber, die vom Ärger der Hausbewohner zeugten, die sich über das Verhalten der Soldaten lautstark beschwerten.

„Mit dem heutigen Tag ist die Stadt Akkon wieder in der Hand der Christen!", rief König Richard mit donnernder Stimme über die Köpfe der knienden Menge. „Wer verblendet genug ist, und jetzt noch zur Waffe greift, wird durch die Waffe sterben. Alle anderen können die Stadt verlassen, nur die Garnison wird vollständig in Gefangenschaft gehen."

Beide Könige winkten huldvoll mit ihren Händen, und die Ritter aus ihrem Gefolge stimmten donnernde Vivat-Rufe auf die beiden Herrscher an. So erfuhr auch Herzog Leopold V. von Österreich, wie die beiden Könige empfangen wurden. Vielleicht war das der Zeitpunkt, an dem er Rache schwor. Wie süß sie ihm später werden sollte, konnte er allerdings an diesem Tag nicht ahnen.

Dieser Tag wurde aber auch für die Sarazenen in der Stadt Akkon zu einem Menetekel, das sich in ihre Gehirne einbrannte und sie noch nach Jahren schreiend aus dem Schlaf aufschrecken sollte.

Die Soldateska der Kreuzfahrer tobte in der Stadt, aber die obersten Heerführer nahmen es nicht zur Kenntnis. Nicht die Schreie der leidenden Frauen, nicht die stummen Bitten der Männer, nicht das Stöhnen der Gequälten und Sterbenden.

Akkon war an diesem Tag die Hölle auf Erden.

Zwei Männer machten schon nach kurzer Zeit kehrt und ritten aus der Stadt.

13.

„Werdet Ihr nach diesen Erlebnissen in die Heimat zurückkehren, Sir Morgan?"

Die beiden Männer hatten ihre Pferde angepflockt und saßen an einem kleinen Feuer, über dem ein Wasservogel briet.

Wie aus tiefen Träumen aufgeschreckt, sah ihn sein Ritter an.

„In die Heimat, Jago? Wir kehren zurück, wenn der Kreuzzug beendet ist!"

„Aber Sir – was wir heute gesehen haben, hat doch nichts mehr mit der Befreiung der Heiligen Stätten zu tun! Wir haben gesehen, was unsere Soldaten den Frauen angetan haben, wie in den Straßen vergewaltigt und gemordet wurde. Das hat nichts mit unserer vom Pabst gestellten Aufgabe, der Befreiung Jerusalems und der Stätten im Gelobten Land zu tun!"

Morgan fuhr herum und schlug dem Knappen kräftig auf die Schulter.

„Das stimmt, Jago, aber es ist nur ein kleiner Punkt, den wir schlucken müssen. Das Ziel hat uns der Pabst vorgegeben, das hast du richtig erkannt! Es geht um die Befreiung Jerusalems von den Heiden, wir müssen diese Stadt von ihnen zurückholen, und sei es, Stein für Stein, verstehst du das nicht, Jago? Und das geht nur mit Härte gegenüber den Sarazenen!"

Der Knappe machte eine rasche Bewegung, um die Hand seines Ritters abzuschütteln.

„Nein, Herr, das verstehe ich nicht. Das alles kann nicht im Namen unseres Herrn geschehen, denn so …"

Er stockte mitten im Satz, denn hinter Sir Morgan schien ein Schatten ins Riesenhafte anzuwachsen, und noch ehe einer von beiden der drohenden Gefahr entgegengehen konnte, sank sein Ritter lautlos nach vorn.

Im nächsten Moment traf ihn ein harter Schlag auf den Kopf, und auch Jago stürzte in die Dunkelheit.

Morgan spürte den rasenden Schmerz, als er versuchte, die Augen zu öffnen.

Schlagartig wurde ihm klar, was geschehen war.

Die Sarazenen aus dem Lager Saladins hatten

sich angeschlichen und sie am Feuer niedergeschlagen. Zwei Mann konnte er von den Umrissen erkennen, die das noch immer brennende Feuer beleuchtete. *Also nur zwei Gegner,* dachte er, aber dann hörte er das Knirschen von Schuhen auf dem Sand und korrigierte sich: Drei Gegner.

Lachen drang an sein Ohr, und ganz vorsichtig drehte er den Kopf vom Feuer weg, um seine Augen wieder an die Dunkelheit zu gewöhnen.

Etwas stieß gegen seinen linken Fuß, ganz behutsam, wie unbeabsichtigt.

Jago! Er musste direkt neben ihm liegen, auf der dem Feuer abgewandten Seite!

Morgan drehte seinen Fuß behutsam, um sich mit keiner raschen Bewegung zu verraten. Er traf auf ein Hindernis, das sich sofort bewegte und wieder gegen ihn stieß.

Morgan hätte laut aufjubeln mögen. Jago lag direkt neben ihm und hatte verstanden!

Vor gar nicht so langer Zeit befanden sie sich noch in einer ähnlichen Situation, und Jago hatte ihn auf das Messer in seinem Stiefel aufmerksam gemacht.

Durch die veränderte Lage beim Eintreffen des hohen Würdenträgers, der sich als Bruder des Sultans entpuppte, konnten sie auf eine gewaltsame Befreiung verzichten. Aber seit dieser Zeit trug Morgan ebenfalls ein schmales, dünnes Stiefelmesser, das bei einem flüchtigen Abtasten unbemerkt bleiben konnte. Er verstärkte jetzt den Druck seines Fußes an die Außenseite seines Stiefels und bemerkte, dass man das Messer nicht gefunden hatte.

„Jago?", hauchte er nur, und gleich darauf kam die Antwort: „Herr?"

„Drei Mann?"

„Vier. Einer bei den Pferden."

Eben wollte Morgan hinzufügen, dass er leise bis drei zählen wollte, bevor sie aufsprangen und sich auf die hoffentlich vollkommen überraschten Sarazenen stürzen konnten, als er stocksteif verharrte.

Da war ein Laut an sein Ohr gedrungen, für den er einen Moment benötigte, um ihn richtig einzuordnen. Schließlich hätte er laut auflachen mögen

Das waren keine Sarazenen! Die Männer unterhielten sich zwar nur im Flüsterton, aber sie sprachen englisch!

Also wechselte Morgan die Taktik.

Mit einem langen Stöhnen signalisierte er den Männern am Feuer, das er zu sich gekommen war. Dann hauchte er mit heiserer Stimme: „Wasser! Gebt mir Wasser!"

„Ich werde dir gleich ...!", kam die unwirsche Antwort vom Feuer, unterbrochen von einem heftigen Klatschen.

„Du Idiot!", fauchte eine nur mühsam unterdrückte Stimme. „Sprich nicht, wenn diese Tölpel wach sind! Sie sollen uns für Sarazenen halten!"

Der Rest ging in einem unverständlichen Murmeln unter, aber Morgan wusste jetzt, dass es sich tatsächlich um Landsleute handelte, die vermutlich versprengt nach einer Schlacht in der Gegend umherzogen und sich von Raub und Mord ernährten.

Ob Sarazenen oder Wegelagerer – sie befanden sich in einer unangenehmen Lage und mussten zusehen, wie sie sich selbst halfen.

Glücklicherweise kam keiner der Männer zu ihnen herüber, um sich zu überzeugen, dass ihre Riemen noch fest saßen, mit denen man ihnen die Hände gefesselt hatte. Allerdings waren sie nicht auf den Rücken gezogen worden, sondern lagen auf dem Bauch, sodass Morgan keine Probleme hatte, sich ganz behutsam und so langsam wie möglich, zu bewegen.

Allmählich nahm er eine gekrümmte Haltung ein, sodass er leichter an seine Stiefel gelangen konnte. Es erschien ihm wie eine Ewigkeit, als er endlich mit den Fingerspitzen den Messergriff ertastete. Noch eine Anstrengung war erforderlich, dann hatte er Daumen und Zeigefinger am Messer und zog es behutsam heraus. Angestrengt lauschte er hinüber zu den Männern am Feuer, die offenbar jetzt mit ihrem Essen beschäftigt waren.

Endlich lag der Messergriff zwischen seinen Fingerkuppen, und mit langsamen Bewegungen begann er, die Fesseln zu durchtrennen. Tief aufatmend hielt er inne, als er nach einer Weile, die ihm wie eine ganze Ewigkeit erschien, die Hände befreit hatte. Noch einmal lauschte er zu den Männern am Feuer, dann flüsterte er seinem Knappen zu: „Bereit?"

„Ja, Sir!"

„Also – eins, zwei ..."

Erschrocken fuhren die drei am Feuer hoch, als plötzlich zwei dunkle Schatten zwischen sie sprangen. Ein paar gezielte Faustschläge, und die Männer waren ausgeschaltet. Aber da raschelte etwas dicht neben ihnen, und Jago flüsterte:

„Verflucht, er hat einen Bogen, Sir!"

Morgan hatte zugleich mit dem Einschlag des Pfeiles dicht neben seinem Standort am Feuer geschaltet und sich ins Dunkle geworfen. Von hier aus genügte ein schneller Blick zu den unruhig schnaubenden Pferden, und er hatte den Umriss des vierten Mannes ausgemacht.

Keine Zeit, sich mit Jago zu verständigen.

Wie eine Schlange glitt der Ritter durch den Sand, umrundete ein kleines, verkümmertes Gebüsch und verharrte lauschend.

Ein leises Scharren direkt vor ihm zeigte die Stelle an, an der der Bogenschütze den Moment für einen Schuss abwartete.

Sir Morgan sprang wie eine Raubkatze seinen

Gegner an, stieß hart mit ihm zusammen und griff sofort an den Kopf des Mannes, der mit ihm umgekippt war. Noch ehe der Bogenschütze einen Laut ausstoßen konnte, hatte Morgan ihm die Hände um den Hals gelegt und drückte zu.

Sein Gegner strampelte heftig unter ihm und versuchte, dem eisernen Griff durch Hin- und Herwerfen zu entgehen. Vergeblich. Noch einen kurzen Moment, und ihm schwanden die Sinne. Der Körper lag gleich darauf wie erstarrt, und Morgan atmete erleichtert aus.

„Ich habe ihn!", rief er halblaut und erkannte erst jetzt, dass sein Knappe unmittelbar neben ihm hockte und sich jetzt erhob.

Innerhalb kürzester Zeit hatten sie die drei gefesselt und über die Pferde gelegt, das Lagerfeuer mit Sand gelöscht und waren aufgebrochen, die Pferde dabei zunächst an einem Führstrick hinter sich in einer Linie, damit später nur eine nicht sofort zu definierende Spur entstand.

Nach einer guten Wegstrecke blieb Sir Morgan abrupt stehen.

„Vor uns ist das Lager!", flüsterte er seinem

Knappen zu.

Jago hob den Kopf und bemühte sich, in der herrschenden Dunkelheit etwas zu erkennen.

„Sicher, Sir Morgan?"

„Natürlich, ich rieche die Pferde bereits. Und den Schweiß der Wächter. Wir sind zurück!"

„Halt – wer da!", rief eine laute Stimme, und plötzlich erschien wie durch Zauberei ein grelles Licht aus dem Nichts. Geblendet hielt der Ritter seine Hand vor die Augen und rief: „Ich bin Sir Morgan of Launceston mit meinem Knappen! Wir haben Deserteure eingefangen!"

„Sir Morgan?", kam die erstaunte Stimme zurück, und die Fackel, die vorher verborgen in einer Sandkuhle brannte, wurde hochgehoben. „Guten Abend, Sir, ich gehöre zu Ihren Soldaten! Sie können passieren! Deserteure! Sehr gut, Sir, wenn Sie mir die Bemerkung erlauben! Solche Burschen sollten aufgehängt werden!"

„Ja, guter Mann, da sprichst du mir aus der Seele. Vor allem, wenn ein Deserteur auch noch einen Ritter überfällt und ausraubt!"

„Meine Güte, das ist ja …"

Mehr hörte Sir Morgan nicht mehr, denn jetzt lenkten sie ihre Pferde am Vorposten vorbei und hinüber in das Lager, wo die Gefangenen dem Profos übergeben wurden.

„Ihr haftet mir für die Burschen, verstanden?", schärfte Sir Morgan dem verblüfften Mann ein, den er mit ein paar kräftigen Knüffen wecken musste.

„Selbstverständlich, Sir, Ihr könnt Euch auf mich verlassen!"

„Gut so, Profos, und jetzt möchte ich nur noch schlafen!"

„Ich wünsche Euch eine gute Nacht und angenehme Träume! Es ist leider wieder sehr heiß, auch in der Nacht!"

„Danke. Ich hoffe, ich träume von Cornwall heute Nacht!", antwortete ihm der Ritter, als er zu seinem Zelt wankte und spürte, wie bleischwer an diesem Abend sein Körper war.

Als er so, wie er war, auf sein Lager sank, schlief er gleich darauf tief und fest und hörte nicht mehr, wie sich sein Knappe direkt vor den Eingang legte, das Schwert an seiner Seite.

Cornwall!, dachte Jago. *Das möchte ich auch bald wiedersehen. Hilf uns, Herr, dass dieser Kreuzzug bald siegreich beendet ist!*

Ende des ersten Teils

SCHWERT UND SCHILD – Sir Morgan, der Löwenritter # Band 2: Das Massaker von Akkon

Tomos Forrest

Den Kreuzfahrern ist in einem erbitterten Kampf die Rückeroberung der wichtigen Stadt Akkon gelungen, aber zur Ruhe kommen die Freunde Morgan und Johel noch lange nicht. Gefährliche Krankheiten grassieren, Mord und Totschlag sind in der Stadt an der Tagesordnung, als eines Tages die Knappen der beiden Ritter wegen Mordes angeklagt werden und König Richard etwas unvorstellbar Grausames plant ...

***

1.

Schrille, schmerzerfüllte Schreie drangen aus dem Haus auf die Straße und jagten den hastig vorübereilenden Menschen einen Schauer über den Rücken. Viele mieden diese Gegend seit dem Fall der Stadt Akkon. Wer hier nichts zu suchen hatte, ging nicht freiwillig durch diese Gassen, in denen das Elend lebte.

Monatelang hatte das Heer der Kreuzfahrer die wichtige Hafenstadt belagert und mit den großen Wurfmaschinen beschossen. Bei der herrschenden Hitze wurde das Wasser schnell knapp. Akkon besaß zwar zahlreiche Brunnen und dazu ein paar Bachläufe, die für frisches Wasser sorgten. Doch die Brunnen fielen tief, denn das Jahr 1191 hatte eine ungewöhnlich große und frühe Hitze gebracht.

Schließlich traf das Heer König Philipps von Frankreich ein, wenige Wochen danach die Kreuzfahrer unter König Richard I. von England. Sie verstärkten die bereits stark dezimierten Truppen der deutschen und österreichischen Kreuzfahrer unter der Führung von Herzog Leopold V. von Österreich.

Nicht nur zahlreiche Sarazenen und Kreuzfahrer fanden während und außerhalb der Kämpfe ihren Tod vor dem doppelten Wall der Stadt Akkon, sondern auch in der Stadt selbst hielt der Tod reiche Beute. Seuchen traten auf und verbreiteten sich in Windeseile, weil es keine Hilfsmittel gab. Es war insbesondere die Diarrhö, einer besonders starken Form der Durchfallerkrankung, die durch das verunreinigte Wasser die Menschen zu Hunderten dahinraffte.

Niemand achtete im Lager der Kreuzfahrer auf die Sauberhaltung der Bäche. Abfall und Fäkalien wurden dort entsorgt und zum Teil in die Stadt getragen. Die Krankheiten konnten sich so auf beiden Seiten der Stadtmauern ausbreiten. Auch die hoch gestellten Herren blieben davon nicht verschont.

Theobald von Blois, Stephan von Sancerre und Friedrich von Schwaben, der Kaisersohn, starben an Krankheiten, gegen die es kein Mittel gab. Im

Lager der Christen wüteten die Seuchen oft wochenlang, sodass alle Kämpfe zum Erliegen kamen. Doch Sultan Saladin gelang es nicht, seine Reitertruppen zusammenzubringen und einen Großangriff zu starten. Das Lager der Sarazenen befand sich ebenfalls auf der Halbinsel und war eine ständige Bedrohung.

Noch immer gellte ein langgezogener, peinvoller Schrei aus dem Haus, das von den Kreuzfahrern als Hospital eingerichtet wurde. Hier kümmerten sich in aufopfernder Weise die Hospitaliter um Verwundete, ein paar Häuser davon entfernt lag in einer Seitengasse das Seuchenhaus.

Der Schrei brach plötzlich ab, und die wenigen Menschen, die vor dem Haus standen und zu den kleinen Fensteröffnungen hinaufstarrten, setzten sich wieder in Bewegung.

„Bestimmt eine Amputation", sagte einer der Kriegsknechte zu seinem Kameraden. Die beiden trugen die Waffenröcke Cornwalls und waren von der Sonne kräftig gebräunt. „Immer noch besser als das Handabschlagen vor ein paar Tagen. Hast du das erlebt? Da hatten ein paar Burschen unserem Ritter Morgan of Launceston und seinem Knappen aufgelauert und sie hinterrücks niedergeschlagen. Sie wollten die Waffen, Helme und Kettenhemden verkaufen und machten nur eine Beute von zwei Silberlingen und ein paar Kupferstücken."

„Ja, ich war zwar nicht bei der öffentlichen Bestrafung anwesend, weil ich Wachdienst machen musste. Aber die Strafe war hart. Beiden wurde die rechte Hand abgeschlagen – und das, obwohl sie schon lange im Dienst des Königs standen!"

„Stimmt, aber die Strafe ist gerecht. Wer einen anderen überfällt und beraubt, muss bestraft werden. Und dazu noch einen unserer Ritter, wohin soll das dann noch führen? Die Zeiten sind schrecklich genug geworden!"

„Ich möchte das nicht durchmachen!", entgegnete sein Kamerad und schüttelte sich. „Hör mal, du bist mein Freund und Waffengefährte seit unserer Ankunft in Tyros. Sollte ich ein Glied verlieren, versprich mir, mich auf der Stelle zu töten!"

Der andere Waffenknecht blieb abrupt stehen und sah seinen Gefährten erschrocken an.

„Das ist nicht dein Ernst! Ich soll dich töten? Niemals! Das kann ich nicht! Das darfst du von mir nicht verlangen!"

„Es wäre ein Freundschaftsdienst, den ich für dich auch tun würde, wenn du darum bittest! Du hast doch gehört, wie der Mann geschrien hat. Ich habe einmal gesehen, wie einem Mann das Bein abgesägt wurde, weil die Wunde sich entzündet hatte und das ganze Bein bis zum Knie schwarz wurde! Er bekam ein Stück Holz zwischen die Zähne, dann hielten ihn zwei fest, und der Schmied sägte ihm das Bein ab!"

„Der Schmied?"

„Ja, es gab sonst niemand, der sich damit auskannte. Und der Schmied war der Einzige weit und breit, der eine Säge hatte. Anschließend brannte er die Wunde mit einem heißen Eisen aus. Es hat unglaublich gestunken, als das Fleisch verbrannte. So etwas kannst du dir gar nicht vorstellen!"

Der andere wurde bei dieser Schilderung kreidebleich, drehte sich rasch herum und erbrach sich in hohem Bogen auf die Straße.

„Ist ja gut!", tröstete ihn sein Kamerad und klopfte auf den Rücken des nach vorn gekrümmten Mannes, der sich jetzt an einer Hauswand abstützte und nach Luft rang. „Ich verspreche dir, deine Leiden abzukürzen!"

„Das ist ... das ist kein Mord, ganz gewiss nicht, sondern eine gute Tat!", antwortete der andere keuchend.

„Ich werde es beichten müssen und sicher Vergebung erhalten!"

„Meine hast du jedenfalls schon. Versprich es mir also!"

Die beiden rauen Kriegsknechte drückten sich die Hände und warfen noch einen letzten, scheuen Blick hinauf zum Hospital, bevor sie sich auffällig rasch entfernten.

„Endlich!", sagte eine Stimme erleichtert, und vorsichtig streckte sich ein Kopf aus der Tür des Hospitals, um nach weiteren Menschen Ausschau zu halten. „Ich hatte schon befürchtet, dass diese Trottel überhaupt nicht mehr weitergehen!"

Jetzt traten zwei Männer auf die Straße, deren Äußeres darauf schließen ließ, dass sie sich seit der Einnahme der Stadt vor gut zehn Tagen nicht mehr gesäubert hatten. Das war zwar nicht weiter verwunderlich, weil das Wasser noch immer äußerst knapp war, aber diese beiden hatten blutverschmierte Hemden, die zudem vor Dreck starrten. Sonst bestand ihre Bekleidung nur aus der weit geschnittenen Bruche und den daran befestigten Beinlingen. Ihre vor Schmutz fast schwarz wirkenden Füße waren ohne Schuhe, und ein Strick um die Hüfte hielt ein dünnes, spitzes Messer, wie es viele auch als Essmesser verwendeten.

Aber ein Blick in das Gesicht der beiden Männer hätte selbst einen hartgesottenen Soldaten misstrauisch gemacht. Beiden fehlte ein Ohr, was sie als gebrandmarkte Diebe auswies. Sie versuchten, das durch eine zerknautschte und zerdrückte, einfache runde Kappe zu vertuschen. Verwegen saß sie ihnen auf dem ansonsten kahlen Schädel. Struppige, kräftige Bärte bedeckten Wangen und Kinn, und das Gesicht des Kräftigeren hatte zudem einige dicke, schlecht verheilte Narben von früheren Kämpfen.

„Niemand zu sehen, los jetzt", kommandierte

der Erste.

„Willst du wirklich noch ins Seuchenhaus?"

„Natürlich, das war doch so abgemacht! Was glaubst du, was da bei den vornehmen Herren zu holen ist, denen die Nase und die Finger abgefault sind! Da ist keine Gegenwehr zu erwarten wie bei dem armen Schwein, dem du hinüber geholfen hast. Aber stich beim nächsten Mal besser in den Hals, der Kerl hat ja einen Lärm gemacht, dass man es bis zum Hafen hören konnte!"

„Du hättest ihn ja auch gleich abstechen können!", brummte der andere. „Ich habe im Übrigen keine Lust auf das Seuchenhaus. Wir haben doch hier schon gute Beute gemacht!"

Der Sprecher zog sich den Sack über der Schulter zurecht, in dem es leise klirrte. Die beiden Verbrecher hatten bei ihrem Beutezug durch das Hospital alles eingesammelt, was ihnen wertvoll erschien, darunter auch zwei Becher, die nach Silber aussahen, auch wenn sie bereits dunkel angelaufen waren. Drei schöne Messer mit hervorragend geschmiedeter Klinge gehörten dazu, ein Nasalhelm und schließlich etwas Silbergeld und ein paar kupferne Dirham, die sie von den Sarazenen erhalten hatten.

Nun, leider war einer der Kranken erwacht, als sie ihm den kleinen Lederbeutel abnahmen, den er um den Hals trug. Er wollte danach greifen, doch der Dieb stach ihm mit dem Messer in die Hand, die eben seinen Arm erwischt hatte. Dadurch schrie der Mann natürlich auf, und in seiner Not, entdeckt zu werden, stach ihm der Dieb das Messer in die Brust. In seiner Hast hatte er nicht genau gezielt, traf auf das Brustbein und rutschte mit dem Messer ab. Sein Kumpan kam ihm zu Hilfe und stach nun ebenfalls auf das Opfer ein, das mit seinem lauten Schreien um ein Haar die beiden auffliegen ließ.

Doch Schreie waren in dem Haus nicht ungewöhnlich, und an diesem Morgen standen ohnehin die Amputationen an. Gyris, der mit den Narben, hatte am Vortag einen Karren mit saurem Wein in das Hospital gebracht und dabei von den heute stattfindenden Operationen erfahren und seinen Plan gefasst.

Jetzt eilten sie in die Gasse und blieben vor einem kleinen, schäbigen Haus mit Lehmwänden stehen. Es kam ihnen so vor, als würde aus dem Seuchenhaus der Geruch des Todes in ihre Nase dringen, und Krain, der zweite Dieb und Mörder, hielt Gyris am Arm.

„Was, wenn wir uns selbst anstecken? Das ist der ganze Plunder nicht wert, Gyris!"

„Wenn du weiter so herumzeterst, werden noch die Leute auf uns aufmerksam. Ich habe alles bedacht. Binde dir ein Tuch vor Nase und Mund, Stoff ist im Sack genug vorhanden. Und dann halte die Klappe, wir müssen nicht reden, wenn wir die Halbtoten fleddern!"

Zögernd nahm Krain das Stück Tuch aus dem Sack, und weil er sich so langsam bewegte, riss es ihm sein Kumpan kurzerhand weg. Mit einem hässlichen Geräusch zerriss der Stoff, und gleich darauf schlangen sich die beiden Verbrecher den Streifen um den Kopf und verknoteten ihn im Nacken.

Vorsichtig schoben sie die einfache Tür auf und betraten den fast dunklen Raum. Trotz der Stoffbinde nahmen sie die üblen Ausdünstungen wahr, die ihnen hier entgegenschlugen. Es war eine eklige, undefinierbare Wolke von Schweiß, Blut, Exkrementen und etwas anderem, das offenbar von der Seuche verursacht wurde.

Hier lagen dicht an dicht auf einfachen Tragegestellen die Menschen, die bei lebendigem Leib verfaulten. Der Anblick jagte selbst dem hart gesottenen Gyris einen Schauer über den Rücken und ließ ihn leicht würgen. Er hatte sich über den ersten Körper gebeugt und prallte zurück. Der Kopf des Mannes schien nur noch aus einem einzigen, großen Loch zu bestehen. Da, wo sich seine Nase befunden hatte, bis hinunter zum Kinn, klaffte ein dunkles, blutiges Loch, in dem sich nur schwach die Zunge bewegte. Nase, Lippen und Zähne waren verschwunden, aber *noch* lebte der Mensch. Als Gyris sich über ihn beugte und mit der Hand seinen Hals betastete, um in dem Dämmerlicht nach einem Geldbeutel zu suchen, schlug der Kranke seine Augen auf und starrte ihn aus tiefen Höhlen an.

Mit einem Fluch riss der Verbrecher seinem Opfer eine mürbe Lederschnur mit einem fast auseinanderfallenden Säckchen daran vom Hals. Er presste es in der Faust zusammen und spürte, wie sich ihm etwas Spitzes in die Innenseite seiner Hand bohrte. Rasch wandte er sich zum Nebenmann um, tastete ihn ebenfalls ab, fuhr mit der Hand unter die dünne Decke und schreckte mit einem Fluch zurück. Er hielt sich die Hand dicht vor die Augen, um zu erkennen, in welche Flüssigkeit er da gegriffen hatte. Angewidert wischte er seine Finger am Lager ab, als er über sich Schritte vernahm.

Auch Krain hatte ihn angestoßen und nach oben gedeutet.

In diesem Augenblick entdeckte Gyris das Messer unter der Trage eines dritten Mannes. Nur der Griff schaute hervor und glänzte matt im Dämmerlicht, schon ein Blick genügte, und der Mann griff nach der kostbar verzierten Waffe.

„Weg hier, Gyris, jemand kommt von oben herunter!"

Mit diesen Worten war Krain schon in der halb geschlossenen Tür, und auch seinem Gefährten wurde es hier zu unangenehm. Mit zwei Schritten stand er hinter ihm, und als Krain die Tür aufriss und hinaustrat, prallte er mit einem Mann zusammen. Das kam so unvermutet, dass er gegen Gyris stieß und beide Verbrecher einen Schritt in den Raum zurücktaumelten.

„Holla, nicht so stürmisch!", rief der Mann auf der Gasse. Er trug einen in der Sonne stark verblichenen Waffenrock, auf dem sich jedoch noch immer deutlich ein roter Löwe abzeichnete. „Was treibt ihr hier überhaupt?"

Anstelle einer Antwort sprang Krain nach vorn, rempelte den Mann erneut an und schaffte es, an ihm vorbei auf die schmale Straße zu kommen. „He, Moment mal!", rief ihm der Mann nach und riss sein Schwert aus dem Gürtel, als Gyris in der Tür erschien.

„Was geht hier vor?"

Er sah, wie der Arm des Narbigen hochzuckte und etwas im fahlen Licht der Gasse blitzte. Instinktiv warf er sich herum, und ein Messer flog mit dumpfem Laut gegen die Lehmwand des Hauses. Schon stieß sich der Schwertträger vom Boden ab und war mit zwei, drei Sprüngen hinter dem

Messerwerfer, als unerwartet ein neues Hindernis seinen Lauf auf schmerzhafte Weise stoppte.

Ein kleiner Handkarren wurde von einem der Männer aus einer Seitengasse gerissen, und genau in dem Augenblick, in dem der Schwertträger auf die Beine des Verfolgten zielte und sein Schwert warf, stolperte er selbst über das umgestürzte Gefährt. Er stöhnte laut auf, und wie ein Echo kam von der anderen Seite des Wagens ein Schmerzenslaut. Als sich der Schwertträger wieder erhob, humpelte aber auch der offenbar vom Schwert am Bein verletzte Mann weiter.

„Gyris, hilf mir!", schrie er dabei, und sein Gefährte verharrte kurz, bemerkte aber den Verfolger, der eben das Hindernis überwand, drehte sich nur kurz zu dem Humpelnden um und vollführte eine rasche Aufwärtsbewegung mit dem Arm. Der zweite Mann schrie auf und rollte gleich darauf seinem Verfolger vor die Beine. Diesmal konnte der Mann seinen Lauf rechtzeitig stoppen. Er hatte sein Schwert wieder aufgenommen und hielt nun die Spitze dem Gestürzten vor die Brust.

„Zu … spät …!", keuchte der Mann, und erst

jetzt erkannte sein Verfolger den sich rasch ausbreitenden Blutfleck auf dem schmutzigen Hemd des Mannes. „Gyris … der Verräter!"

Mit diesen Worten durchlief den Mann ein Zittern und noch einmal bäumte sich sein Oberkörper auf, bevor er mit weit aufgerissen Augen zurück in den Dreck der Straße sank. Der Schwertträger beugte sich über ihn, um festzustellen, ob er wirklich tot war, und als er sich wieder aufrichtete, hörte er die Stimme seines Ritters.

„Jago, wo steckst du eigentlich? Das Seuchenhaus ist am Ende der Gasse!"

Der Knappe erhob sich und deutete auf den Toten.

„Ich glaube, ich habe zwei Diebe erwischt, Sir Morgan. Einer von ihnen ist entkommen."

Sir Morgan trat näher und warf einen Blick auf die am Boden liegende Gestalt.

Der Ritter war ähnlich gekleidet wie sein Knappe. Er trug ebenfalls den ausgeblichenen Waffenrock mit dem roten Löwen, den König Richard als Herzog von Poitiers erstmals verwendete und dann für den Kreuzzug als sein Wappen führte.

„Das ist ja ekelhaft! Diese Burschen haben die Kranken im Seuchenhaus geplündert? Man sollte ihnen dafür nicht die Hand, sondern den Kopf abschlagen! Pfui!", erwiderte Morgan erregt und schaute verächtlich auf den Toten.

„Hey, du da, ja, komm einmal her zu uns!", rief Jago einem dunkelhäutigen Mann zu, der mit weit aufgerissenen Augen zu ihnen herüber sah. Der Mann wollte sich zur Flucht umwenden, besann sich jedoch und kam zögernd heran.

„Keine Sorge, dir geschieht nichts!", sagte Morgan, aber der Mann schien ihn nicht zu verstehen. Also deutete der Ritter auf den Handkarren und den Ermordeten, griff unter seinen Waffenrock und zog einen Geldbeutel hervor. Ein paar Kupfermünzen drückte er dem Sarazenen in die Hand. Verwundert sah ihn der Mann an, und als Morgan erneut auf den Toten und den Wagen wies, nickte er eifrig mit dem Kopf. Er hatte verstanden.

„Wir gehen hinüber zum Seuchenhaus, was wir ja ohnehin beabsichtigten. Ich muss wissen, ob ich hier Sir Baldwin of Dartmoor oder seinen Knappen Eliot finde."

Stumm gingen die beiden hintereinander die schmale Gasse hinunter zu dem Haus, aus dem die Diebe gerade gestürzt waren. Morgan dachte an den vermissten Freund, der beim Gefecht mit den Sarazenen in einem Kampfgetümmel zwischen den berittenen Feinden verschwunden war. Da man am anderen Morgen vergeblich nach seiner Leiche gesucht hatte, war Morgan davon überzeugt, dass er noch irgendwo verwundet in einem der Hospitale lag.

In der Nähe befand sich damals auch das Lager der Kreuzritter unter König Philipp, aber der Versuch, zu ihnen zu kommen, endete in der Gefangennahme durch die Sarazenen. Dabei lernte Morgan die sprachkundige Nazeera kennen. Sie hatte den Auftrag von Abu-Bakr Malik al-ʿAdil I., dem Bruder des Sultans, Kontakte zu den Kreuzfahrern aufzunehmen.

Zu den Verhandlungen, die einen dauerhaften Frieden im Heiligen Land bringen sollten, war es bislang noch nicht gekommen, und Nazeera wurde von al-Adil, wie die Kurzform seines Namens lautete, abberufen.

Als Morgan diesmal das Seuchenhaus betrat, befanden sich Hospitaliter im unteren Raum bei den Kranken, auch sie hatten sich zum Schutz Tücher vor das Gesicht gebunden.

„Was wollt Ihr hier?", herrschte sie einer der Männer mit dumpf klingender Stimme an.

„Wir haben eben zwei Diebe verfolgt, die offenbar die Kranken ausgeraubt haben, doch eigentlich suche ich meinen Freund, Sir Baldwin of Dartmoor und seinen Knappen Eliot."

„Die Namen habe ich noch nie gehört!", lautete die abweisende Antwort. Drei Hospitaliter traten den beiden Männern in den Weg. „Ihr solltet das Seuchenhaus verlassen, wenn Ihr Euch nicht selbst anstecken wollt!"

„Sir Baldwin ist sehr groß, hat langes, rötliches Haar und einen ebensolchen Bart. Wenn ein solcher Mann hier unter den Kranken ist und auch entstellt wurde, ist er damit sicher noch erkennbar!"

Der Sprecher trat noch einen Schritt näher und wies auf die Tür.

„So einen Ritter gibt es hier nicht, Sir. Wollt Ihr

jetzt bitte das Haus verlassen!"

Morgan warf seinem Knappen einen raschen Blick zu, und Jago zuckte mit den Schultern. Wortlos wandten sie sich wieder ab und traten auf die Straße hinaus.

2.

„Ein seltsames Gebäude!", gab Morgan zu bedenken und blieb vor einem teilweise zerstörten Bau stehen. „Und da wollen wir einkehren?"

Sein Knappe lächelte.

„Ja, Sir Morgan. Das war einmal eine christliche Kirche und wurde nach der Eroberung von Akkon zu einer Moschee. Dann traf bei dem Beschuss ein Steinbrocken den Turm, sodass er einstürzte und teilweise das Dach beschädigte. Jetzt ist es ein großer Schankraum mit einer sehr guten Küche. Eine Marketenderin hat zusammen mit ihrer Tochter die Schenke vor ein paar Tagen eröffnet und schon eine große Menge Gäste begeistert."

„Und hier bist du gestern gewesen? Mit den anderen Knappen?"

Jago grinste seinen Ritter fröhlich an.

„Ja, Sir. Wir haben gut gegessen und getrunken. Natürlich nur, weil wir unseren Herren etwas zeigen wollten, wo sie sich selbst gütlich tun können, ohne sich vor schlechter Speise und unsauberen Tellern und Bechern zu ekeln."

„Gut, dann probieren wir es."

Damit traten die beiden in den schon gut gefüllten Gasthof ein, entdeckten ein paar bekannte Gesichter, denen sie zunickten und schließlich zielstrebig zu einer Bank an der Rückwand gingen, von der ihnen Johel, der Minnesänger, bereits Zeichen machte.

„Das hätte ich mir ja denken können, dass du hier schon das schöne Leben genießt und natürlich auch einen Becher vor dir stehen hast", begrüßte Morgan seinen Freund.

„Sei froh, Morgan, es ist bereits der zweite – den ersten musste ich zurückgehen lassen, weil er viel zu sauer war. Dieser hier aber mundet, wir werden ihn gleich für uns alle bestellen. Heda,

Wirtschaft!", rief der Minnesänger zum Schanktresen hinüber, an dem geschäftiges Treiben herrschte.

Erstaunlich fand Morgan, dass hier offenbar nur Frauen arbeiteten. Unverkennbar waren es Mutter und Tochter, die das Bier aus den hoch gestellten Fässern in die Kannen laufen ließen, aus denen dann am Tisch jeder seinen Humpen füllen konnte. Auch die geschäftig hin und her eilenden Helfer waren alle weiblich, und offenbar alle aus dem Tross der Kreuzfahrer.

„Na, das ist ja hier eine tolle Gesellschaft", stellte Morgan nach einem ersten Schluck aus seinem frisch gefüllten Becher fest. Sein Freund hatte nicht übertrieben, der Wein war nicht vergleichbar mit dem, den ihnen der König aus seinen Vorräten geschickt hatte. Aber er war genießbar.

„Der Generalgewaltige war schon mit einem Profos hier, hat alle streng geprüft und dann gemeint, dass er zwar ein Auge auf die Schenke haben werde, ihm aber alles gefallen habe, was er gesehen hat!", erklärte der Knappe.

Morgan zog die Augen hoch und musterte ihn

rasch.

„Und das geschah alles gestern Abend, rein zufällig, als die Knappen einiger Ritter aus Cornwall hier zusammenkamen und alles einmal probieren mussten?", erkundigte er sich misstrauisch. Für ihn war sein Knappe etwas zu viel des vollen Lobes, aber Jago zeigte gleich sein gewinnendstes Lächeln.

„Wirklich, Sir Morgan, und wir alle waren darauf bedacht, dass unsere Herren nicht in schlechten Ruf geraten, wenn sie hier eintreten würden! Natürlich waren die Knappen Derwen und Blys auch mit dabei!"

Johel stieß ein erfrischendes Lachen aus, das die anderen ansteckte. Doch mitten in diesem Lachen verstummte der Knappe urplötzlich und starrte zur Tür, als eben drei etwas zwielichtig aussehende Männer eintraten, einen raschen Blick über die Anwesenden warfen und dann an der anderen Wand, den drei gegenüber, Platz nahmen. Sie starrten alle vor Schmutz, und dem einen schien sogar ein Ohr abgeschnitten worden zu sein. Auf dem kahlen Schädel trug er eine runde Kappe so schräg, dass man die schlecht verheilte Stelle, an der sich einst das Ohr befand, nicht sofort erkannte.

Jago krampfte die Hand um seinen Becher und sagte leise:

„Da drüben sitzt der Kerl, Sir!"

Morgan schaute sofort zu dem Tisch, aber die Sicht war ihm durch eine der Schankmaiden verdeckt.

„Welcher Kerl? Doch nicht der entwischte Mörder?"

„Eben der, Herr. Ich erkenne ihn gut selbst auf diese Entfernung. Bei unserem kurzen Gerangel habe ich das fehlende Ohr ebenso bemerkt wie seine Narben im Gesicht. Das ist der Mann, und jetzt werde ich ihn mir schnappen!"

Er wollte aufstehen, aber Morgan ergriff seinen Arm und zog ihn wieder zu sich herunter.

„Nicht so eilig, Jago. Er ist nicht allein, und wenn er kaltblütig seinen Kameraden erstochen hat, als wir diesen zu Fall brachten, wird er seine Haut nicht so leicht verkaufen. Ich möchte hier auch keinen Kampf, denn sollte der Generalgewaltige davon hören, wird er die Schenke schneller schließen als sie eröffnet wurde."

„Das wäre jammerschade, zumal sich ja unser gemeinsames Quartier nur eine Gasse weiter entfernt befindet. Etwas Besseres finden wir in der nächsten Zeit ohnehin nicht, deshalb schlage ich vor, wir genießen unseren Wein, behalten die drei dort drüben im Auge und folgen ihnen später. Vielleicht bringen sie uns zu ihrem Quartier, und wir finden dort noch zugleich das ganze Diebesgut!"

Johel lehnte sich zurück und trank von seinem Wein.

„Ein guter Vorschlag, so machen wir das!", antwortete Morgan, während sein Knappe offenbar nicht damit einverstanden war. Unruhig rutschte er auf seinem Platz hin und her, bis ihm sein Ritter erneut den Arm festhielt.

„Zum Teufel, Jago, nun bleib endlich einmal ruhig sitzen. Du zappelst so lange hin und her, bis die Burschen auf dich aufmerksam werden. Erkennt er dich zu früh, verschwindet er in der nächsten Gasse und wir haben das Nachsehen!"

„Aber, Sir Morgan, ich …"

Der Knappe brach wieder ab, warf einen verzweifelten Blick zu den Männern auf der anderen Seite und schluckte schwer. Schließlich atmete er tief ein und aus und hob den Weinbecher, als die beiden Ritter neben ihm das Gleiche taten. Aber kaum hatte er einen Schluck genommen, stellte er den Becher so hastig ab, dass er überschwappte.

„Er geht, Sir!", war das Einzige, was er mit gepresster Stimme herausbrachte.

Tatsächlich waren die drei Männer eben schon an der Tür und traten hinaus auf die schmale Straße. Noch einmal wollte Morgan seinen Knappen beschwichtigen, aber zu spät. Jago war an der Tür und folgte den Männern, kaum dass sich die beiden Ritter erheben konnten. Johel gab der nächsten Schankmaid eine Handvoll Kupferstücke und eilte dem Knappen nach, Morgan folgte mit gemessenen Schritten, die Hand am Schwertknauf.

Es war dunkel geworden und die Straße nur dürftig vom Mondlicht erhellt. Morgan erkannte ein paar Yards vor sich die Umrisse von Menschen, die sich in Richtung Hafen bewegten.

Der Hafen von Akkon lag im Süden der Stadt und war vom Meer abgewandt. Dadurch konnte er von den schwerfälligen Handelsschiffen zu jeder Jahreszeit gefahrlos angelaufen werden. Man durchquerte die winkligen Gassen der Altstadt und war im Hafengebiet, wo zu dieser Zeit einige dickleibige Nefs vertäut lagen, darunter auch seit der Einnahme der Stadt Schiffe, die zu den Kreuzfahrern gehörten und sie mit dem notwendigen Nachschub versorgten.

In diese Richtung schienen die drei Gestalten zu gehen, und dahinter erkannte Morgan in geringem Abstand zwei weitere Menschen. Er beeilte sich, die beiden einzuholen, als es bereits zur Eskalation kam.

Vielleicht hatten die drei Männer bemerkt, dass sie verfolgt wurden, vielleicht war der Knappe zu vorschnell. Jedenfalls standen sich die beiden Gruppen feindselig gegenüber, als Morgan bei ihnen eintraf.

„Mach den Sack auf, oder ich helfe nach", hörte er gerade Jago sprechen.

„Was wollt ihr beiden von uns? Ist das ein Überfall? Wir sind bewaffnet, also seht euch vor!", warnte einer der drei, und Morgan erkannte im fahlen Mondlicht ein kurzes Aufblitzen. Offenbar hatten die drei nicht nur ihre Messer dabei, sondern waren auch mit Schwertern ausgestattet.

Ohne ein weiteres Wort zu verlieren, stieß Jago sein Schwert in den Sack, den der Narbige auf der Straße abgestellt hatte. Er hob ihn mit der Schwertspitze hoch und schlitzte ihn dabei weiter auf, sodass der schwere Inhalt herausfiel. Als Erstes rollte ein Helm auf die Straße, gefolgt von mehreren Messern und kleineren Gegenständen, die bei den spärlichen Lichtverhältnissen nicht genau unterschieden werden konnten.

„Was ist das für Zeug, das du mit dir herumführst? Du siehst nicht aus, als wäre das dein Helm und als ob du mehrere Messer bei dir hast. Also, heraus mit der Sprache, woher kommt der Plunder?", rief Jago erregt.

Anstelle einer Antwort flog plötzlich ein dunkler Gegenstand in seine Richtung. Als der Knappe mit einem raschen Seitenschritt auswich, zerschlug etwas splitternd auf dem hart gestampften

Untergrund der Gasse. Gleich darauf folgte ein Schmerzlaut, und Jagos Stimme war erneut zu vernehmen.

„Wie schmeckt dir das, Kanaille? Du hast deinen Kumpanen kaltblütig abgestochen, als wir dich verfolgt haben. Jetzt stehst du da und zitterst vor Angst, was? Los, erzähl deinen Freunden, wie du deinen Gefährten einfach ermordet hast, als er sich auf der Flucht verletzte!"

„Halt deinen Mund, du Großmaul! Wenn du etwas willst, musst du schon mit mir deutlich reden. Also komm, trau dich, komm etwas näher, damit ich dich besser sehen kann!"

Mit einem Satz sprang eine dunkle Gestalt vor, und gleich darauf nahm Morgan ein dumpfes Geräusch war, als würden zwei Leute miteinander ringen. Da erkannte er, wie sich die beiden anderen einmischen wollten, aber die Stimme Johels klang drohend: „Wenn sich nur einer von euch beiden rührt, fährt ihm mein kaltes Eisen in die Seite, haben wir uns verstanden? Lasst die Schwerter fallen!"

Ein dumpfes Poltern bewies Morgan, dass diesem Befehl offenbar sofort Folge geleistet wurde.

Längst hatte auch er sein Schwert gezogen und Posten neben dem zweiten Mann bezogen, der sich nicht getraute, auch nur eine Bewegung zu machen. Vielmehr stammelte er leise: „Nicht, Sir, ich bin unschuldig – ich kenne den Burschen gar nicht. Wir haben zusammen in der Schenke getrunken und wollten jetzt zum Hafen, wo er selbst, wie er berichtete, ein Fass Wein haben soll. Ich schwöre, das ist alles!"

Ein kurzes Stöhnen kam von der Ecke, in der sich zwei Gestalten eng umschlungen auf der Erde gewälzt hatten, dann hörte Morgan zu seiner Erleichterung die Stimme seines Knappen.

„So, das ist erledigt, den Burschen habe ich ausgeschaltet. Wir sollten aber auch seine Freunde mitnehmen und dem Generalgewaltigen oder gleich dem Profos übergeben."

Das Zerreißen von Stoff verkündete, dass er aus einem Kleidungsstück Streifen riss, um die drei Kerle zu fesseln. Als er das Messer einsteckte, das er dem Narbigen weggenommen hatte, und sich über diesen beugte, um ihn zu fesseln, bäumte er sich plötzlich auf, schlug Jago die Faust ins Gesicht, sprang vom Boden auf und war mit wenigen Sätzen in der Dunkelheit verschwunden.

„Verdammt!", schrie Jago auf, der von dem Schlag nach hinten taumelte und seinen Halt verlor. Er krachte gegen eine Hausmauer, rappelte sich schnell wieder auf, gleich darauf hasteten Morgan und er dem entwischten Verbrecher hinterher. Johel hielt den beiden anderen die Schwertspitze vor und deutete dann auf die Streifen, die der Knappe fallen gelassen hatte, als ihn das Narbengesicht angegriffen hatte.

„Da, heb die Dinger auf und binde deinem Kumpan die Hände zusammen, nein, nicht so – auf dem Rücken natürlich! Und ziehe sie ja ordentlich fest, ich kontrolliere das!"

Johel de Vautort fackelte nicht lange. Als er der Meinung war, dass der Mann seine Arbeit gut verrichtet hatte, drehte er den anderen um, zog und riss an den Stoffstreifen und fuhr den Mann an: „So, gute Arbeit, jetzt deine Hände nach hinten und kein Widerstand, Bursche!"

Wenig später waren beide trotz der schlechten

Lichtverhältnisse in der Gasse ordentlich gefesselt, und der Minnesänger atmete erleichtert aus.

Ärgerlich brummte Jago, als er gerade in den Lichtschein der einzigen Laterne trat, die über einem Hauseingang ein spärliches Licht verbreitete: „Entkommen, der Schuft. Er ist im Hafen untergetaucht. Aber mit etwas Glück werden wir ihn da noch aufstöbern können."

„Lass es sein, Jago", antwortete Morgan, der etwas außer Atem hinter ihm in den Lichtkegel trat. „Das können die Profose machen, es ist nicht unsere Aufgabe. Doch diese Burschen werden wir jetzt beim Kommando des Generalgewaltigen abliefern und uns danach zur Ruhe begeben."

Sie schlugen die Richtung zur Kommandantur ein, die als wichtigste Ordnungskraft sofort nach Eroberung der Stadt Akkon in einem festen Gebäude untergebracht wurde, das zudem schon über Zellen verfügte. Es war das Schuldnergefängnis dieser reichen Stadt, in der jedoch selten ein säumiger Zahler seine Strafe absitzen musste.

Als die drei Männer wieder aus dem Haus traten, sagte Johel lachend:

„Das war mir jetzt etwas zu viel Aufregung für die Nacht, Freunde. Lasst uns noch einen Humpen Wein in der Schenke leeren!"

„Gut, Johel, wenn es bei dem einen bleibt, bin ich dabei!", entgegnete Morgan lächelnd. „Aber ich muss morgen früh beim König sein, er hat mich durch Boten eigens bestellt, und diese hohe Ehre verlangt schon ein gewisses Maß der Körperreinigung!"

„Wir haben in unserem Lager mehr Wasser zur Verfügung gehabt als jetzt in dieser dreckigen Stadt", beschwerte sich der Knappe missmutig, denn ihm war es verwehrt worden, eines der erhalten gebliebenen Badehäuser aufzusuchen. Angeblich gab es einen Befehl, dass die Badehäuser aufgrund der herrschenden Wasserknappheit nur den Rittern vorbehalten blieben.

„Jago, du glaubst doch wohl nicht, dass ein Morgan of Launceston seinen König aufsucht, ohne seinen Knappen dabei zu haben! Keine Ausrede, du kommst morgen mit mir in das Badehaus und wirst das Privileg haben, der sauberste Knappe in Akkon zu sein!"

Lachend gingen die drei Freunde zurück zur Schenke.

3.

Morgan und Jago standen vor einem zweigeschossigen, prächtigen Haus, eher einem Palast. Vom Dach wehte das Banner König Richard I., ein Stück weiter auch das von König Philipp II. August, dem französischen König. In der lauen Brise, die vom Meer herüberstrich und einen Hauch von Kühlung versprach, bewegten sich die Banner nur schwach. Allerdings stand zwischen den Häusern in den engen Gassen die Luft, und wo es breitere Straßen durch die Altstadt zum Hafen hinunter gab, um die dort entladenden Frachten in die Stadt zu schaffen, flimmerte die Sonne auf den hier gepflasterten Straßen und reflektierte die Tageshitze noch bis in die späten Abendstunden hinein.

Die beiden Besucher traten an den Wachen vorüber in das Haus, wo sie offenbar bereits erwartet wurden.

„Sir Morgan, das ist sehr gut. Der König wird uns gleich empfangen, deshalb in aller Kürze: Es sind Ereignisse eingetreten, die uns zu einer ungewöhnlichen Maßnahme zwingen. Ich möchte Euch nur bitten, kein Wort zugunsten der Sarazenen zu sprechen!"

Mit diesen Worten wurde Morgan von Sir Angus begrüßt. Er hatte diesen stets herrisch wirkenden Ratgeber des Königs in der letzten Zeit besser kennengelernt, aber er war auch in seiner Gegenwart auf der Hut. Morgan schätzte den Mann als gefährlich ein, und war davon überzeugt, dass er alles nur tat, um seine eigene Macht auszubauen.

„Warum sollte ich denn für die Sarazenen sprechen, Sir Angus?", fragte er verwundert nach, während sie in das weitläufige Haus eintraten, das einst dem reichsten Kaufmann der Stadt Akkon gehört hatte.

Hier residierte König Richard, waren die Ministerialen untergebracht und gab es gleich nebenan einen großen Hof für die persönlichen Diener sowie den Marstall, in dem sich bereits die prächtigsten Pferde tummelten, die den Kreuzfahrern während der Kämpfe in die Hände gefallen waren.

Während er dem Ratgeber folgte, bewunderte er auf dem langen Gang ein paar Malereien, die man auf dem Putz angebracht hatte. Auch sein Knappe war davon sichtlich beeindruckt und folgte den Rittern nur langsam nach.

Als sich Angus nach seinen Besuchern umdrehte, lächelte er.

„Fresken, wie man sie schon von Italien und Griechenland kennt", erläuterte er beiläufig und deutete auf eine riesige Szene, in der eine Schlacht dargestellt wurde. „Interessant, nicht wahr? Habt Ihr so etwas schon einmal gesehen, Sir Morgan?"

In der Stimme des königlichen Ratgebers schwang ein Hauch von Stolz mit, dass er einem Ritter die Kunst der Sarazenen erklären konnte.

„Dieses hier scheint die Schlacht um Jerusalem darzustellen", antwortete Morgan nach einem bewundernden Blick auf die gewaltige Szene. „Nein, so etwas habe ich noch nicht gesehen, Sir Angus, auch wenn ich schon weit herumgekommen bin.

Aber die Fisherman's Chapel in der Bucht von Saint Brélade auf der Insel Jersey habe ich vor langer Zeit einmal aufgesucht. Sie enthält auch sehr schöne Fresken und soll vor langer Zeit von dem walisischen Prediger Branwalator gegründet worden sein."

„So?" Sir Angus war erstaunt stehen geblieben und betrachtete Morgan für einen Moment, als sähe er ihn zum ersten Mal. „Dann habt Ihr also schon einmal Fresken gesehen", sagte er mehr zu sich selbst und eilte weiter. Sir Morgan war offenbar gerade in seinem Ansehen erheblich gestiegen.

„Zurück zu meiner Bitte. Ihr habt mehrfach Kontakt mit den Sarazenen gehabt, als es um mögliche Friedensverhandlungen ging. Sogar den Bruder des Sultans habt ihr mithilfe einer sprachgewaltigen Sarazenin gesprochen. Und um diese seltsame Frau geht es unter Umständen auch bei unserem Gespräch."

„Es gibt aber keinen besonderen Grund für mich, die Partei der Sarazenen zu ergreifen, Sir Angus. Ich bin noch immer davon überzeugt, dass wir unsere Heiligen Stätten zurückerobern müssen!", erklärte Morgan bestimmt.

„Sehr gut. Da sind wir, und du bleibst am besten dort drüben auf dem Hof bei den anderen Knappen."

Mit dieser Bemerkung deutete er Jago die Richtung an, ohne sich zu ihm umzudrehen.

Zwei Lanzenträger hielten vor dem großen Saal Wache, in den die beiden jetzt eintraten. Eine lange Tafel war dort aufgebaut, Becher und Krüge standen bereit, und erneut staunte Morgan über den Reichtum des Kaufmanns, der hier seinen Palast verlassen musste. Denn der Saal war zur Meeresseite auf eine sehr kunstvolle Art geöffnet. Mächtige Säulen stützen hier das Obergeschoss in der Art von Viadukten und gaben den Blick auf einen weiten Vorraum und eine kleine Mauer frei.

Hier gingen zahlreiche Ritter im Gespräch auf und ab und ganz hinten in einer Ecke stand Richard Löwenherz und unterhielt sich mit ein paar älteren Rittern, die Morgan alle nur vom Sehen kannte.

Sir Angus überließ Morgan sich selbst, und der war froh, als er unter einer Gruppe englischer Ritter auch seinen alten Weggefährten Johel de Vautort entdeckte und sich dazu gesellte.

"Sir Morgan of Launceston, das ist aber eine freudige Überraschung!", rief ein stämmiger, rotwangiger Ritter aus, machte einen Schritt auf ihn zu und hielt ihm eine kräftige, von Schwielen bedeckte Hand hin. Morgan ergriff sie und erwiderte den Händedruck, konnte aber das Gesicht des Mannes nicht sogleich zuordnen.

"Ah, ich sehe schon, dass Ihr Euch nicht mehr an mich erinnert! Wir sind jetzt den ganzen langen Weg bis in dieses sonnenverbrannte Akkon geritten, ohne uns dabei einmal ins Gesicht sehen zu können. Kennengelernt haben wir uns vor Jahren auf Launceston Castle bei einer Feier, die Euer Vater gegeben hat. Ihr wart damals noch sehr jung und hattet mitgeholfen, eine Mörderbande auszuheben. Der High Sheriff of Cornwall, Euer geschätzter Vater, hat Euch damals ganz schön im Land umhergehetzt. Was man dabei schon sehr früh von Euch hörte – alle Achtung! Und nun sind wir hier im Land der Ungläubigen und kämpfen gegen sie fast Seite an Seite – treffen uns aber erst wieder, als König Richard alle zusammenrufen lässt!"

„Jetzt erinnere ich mich wieder, Sir Breston, entschuldigt bitte, aber die vielen Gesichter, und alle von der Sonne verbrannt und mit langen Bärten versehen – wenn ich mich recht entsinne, habt Ihr damals auf täglicher Rasur bestanden, oder?"

Der Ritter lachte dröhnend auf und antwortete:

„So ist es, aber die Umstände bringen es nun einmal mit sich, und so ein Bart ist ja auch durchaus praktisch, nicht wahr?"

Lachend deutete er auf den dichten, blonden Bart Morgans, der schon fast bis auf dessen Brust gewuchert war.

„Der König!", erschallte ein lauter Ruf, und die Ritter drehten sich herum und verneigten sich höflich, als Richard an ihnen vorüber durch den offenen Saal schritt.

Wenig später hatten alle an seiner Tafel Platz genommen und lauschten bei völliger Stille den Ankündigungen von Sir Angus, der ein paar Worte an alle richtete, bevor sich Richard Löwenherz erhob und die Anwesenden noch einmal begrüßte.

„Jeder von Euch hat seinen Anteil daran, dass wir hier überhaupt sitzen können, meine Freunde!

Mut und Tapferkeit hat wohl jeder bewiesen, viel Blut wurde vergossen, aber heute können wir sagen, dass wir auf einem guten Weg sind. Saladin hat Angebote zur Friedensverhandlung geschickt, und möglicherweise können wir sogar etwas davon annehmen!"

Er schwieg und nahm aus einem silbernen Becher einen Schluck, und eine leise Unruhe über seine letzte Ankündigung machte sich unter den Anwesenden breit. Als er den Becher wieder absetzte, trat sofortige Ruhe ein, denn der König fuhr fort: „Es gibt sogar das Angebot von Seiten seines Bruders, den Frieden mit einer Heirat dauerhaft zu besiegeln!"

Richard schwieg erneut und betrachtete seine Ritter, um ihre Reaktionen einzuschätzen. Aber niemand erwiderte etwas, alle warteten, was ihnen ihr oberster Befehlshaber noch zu verkünden hatte.

Mit einem halblauten Lachen verkündete der englische König die Botschaft, die ihm von Kurieren im Auftrag Sultan *Salah ad-Din Yusuf ibn Ayyub ad-Dawīnī,* von den Christen für gewöhnlich nur *Saladin* genannt, überbracht worden war.

„Meine Schwester Johanna, Prinzessin von England, soll mit dem Bruder des Sultans, Abu-Bakr Malik al-ʿAdil I., verheiratet werden."

Diese Nachricht löste bei den Rittern eine heftige Welle verschiedener Reaktionen aus. Einige von ihnen waren aufgesprungen und führten hitzige Reden, die Bedächtigeren unter den Anwesenden diskutierten leise den Vorschlag und lehnten sich mit gespannten Mienen zurück, als Richard schließlich mehrfach auf die Tischplatte klopfte und so wieder Ruhe eintrat. Alle hatten ihre Plätze eingenommen und richteten ihren Blick auf König Richard, der erneut von einem zum anderen blickte und dann mit einem Kopfnicken fortfuhr.

„Meine Getreuen, ich habe mir gedacht, dass diese Nachricht von Euch mit starken Gefühlen aufgenommen wird. Nun, offen gesagt, ist dieser Vorschlag gar nicht so abwegig, wie er Euch vielleicht erscheinen mag."

Wieder legte der König eine Pause ein, um seine Worte wirken zu lassen.

„Dieses Paar würde dann als Königspaar in Jerusalem einziehen und dort herrschen."

Nun lehnte sich Richard nachlässig zurück, nahm einen weiteren Schluck aus seinem prachtvollen Trinkgefäß und beobachtete dabei die Reaktionen seiner Ritter. Es wurde tumultartig, aber diesmal griff der König nicht ein, sondern überließ es seinem Ratgeber Sir Angus, schließlich für Ruhe zu sorgen.

„Ihr Herren, ich bitte Euch!", rief er mit durchdringender Stimme in den Saal, aber nur langsam trat diesmal die erforderliche Stille ein. „Noch ist doch überhaupt nichts entschieden. Ihr solltet diese Vorschläge anhören und untereinander besprechen, jedoch nicht jetzt. Auf besonderen Wunsch des Königs wird Sir Morgan of Launceston morgen gemeinsam mit seinem Knappen und der Sarazenin Nazeera, die unsere Sprache spricht, aufbrechen, um den Bruder des Sultans, al-Adil, aufzusuchen und unsere Antwort zu überbringen."

Erneute Unruhe, bis jemand die Frage in den Saal warf:

„Warum Sir Morgan und diese Sarazenin?"

König Richard beteiligte sich nicht an dem Wortwechsel, beobachtete nur die verschiedenen

Reaktionen seiner Ritter genauestens.

„Es ist der Wunsch des Königs. Sir Morgan hat mit dieser Frau schon eine Begegnung mit al-Adil gehabt. Er ist von seinem Bruder dazu bestimmt worden, uns die ersten gefangenen Ritter auszuliefern. Im Gegenzug dazu werden wir unsere Geiseln freigeben, dazu gehören auch die Soldaten und deren Familien aus der hiesigen Garnison."

„Wie groß wird diese Delegation sein, Sir …"

An der Tür gab es einen heftigen Tumult, der den Redner unterbrach und zudem die am unteren Ende der Tafel sitzenden Ritter aufspringen und zu den Schwertern greifen ließ, glaubte doch in diesem Moment jeder an einen Überfall der Sarazenen.

Eine der Wachen flog mitsamt der nach innen aufgestoßenen Tür rückwärts in den Saal und stürzte zu Boden, gefolgt von einer Ritterschar, die einem vornehm gekleideten Mann folgten. An seiner Seite lief ein Bannerträger, und das Bild, das sich den so Überraschten bot, erinnerte tatsächlich an den Versuch einer Erstürmung. Nur handelte es sich hier nicht um eine feindliche Festung, sondern um eine Versammlung des Königs von England.

„Richard, hört mich an!", rief eine kräftige Stimme, als sich den Eindringlingen die ersten Ritter mit gezückten Schwertern entgegenstellten. Der Sprecher war nicht sonderlich groß, hatte pechschwarzes Haupthaar und einen ebensolchen, langen Bart. Sein Bannerträger hielt ein ungewöhnliches, rot-weiß-rotes Banner hoch, als die Gruppe schließlich vor dem Tisch stehen blieb.

„Leopold, was erlaubt Ihr Euch?", donnerte Richard über die Köpfe seiner Ritterschar. Er hatte sich mit vor Zorn rotem Gesicht erhoben und funkelte den österreichischen Herzog wütend an.

„Ich habe mit meinen Rittern ebenfalls vor den Toren Akkons gekämpft, Richard! Und warum sehe ich auf dem Dach dieses Hauses nur Euer Banner und das des Franzosen? Warum ziehen nur zwei Herrscher Seite an Seite in die Stadt und verweigern dem Dritten seinen gebührenden Anteil an dem Sieg?"

Mit diesen Worten schritt der drahtig wirkende, etwas untersetzte Herzog auf die Ritter zu, die jetzt ihre Schwerter senkten und ihm unwillig Platz machten. Während der Herzog auf den Kopf der Tafel zuschritt, füllte eisiges Schweigen den Raum. Fast glaubte man, den leisen Windhauch vom Meer, der zwischen den Arkaden hindurchstrich, hören zu können. Endlich wurde diese Stille von den Schritten der österreichischen Kreuzfahrer unterbrochen.

Mit herausforderndem Blick blieb Leopold vor König Richard stehen, und nun war das Maß deutlich überschritten.

„Du bist unverschämt und anmaßend, Leopold!", schrie ihn Richard an, und hinterher waren sich seine Ritter einig, ihren Herrn noch nie in einer solchen Stimmung erlebt zu haben. „Was soll dieser rot-weiße Fetzen hier, wo ich mich mit meinen Rittern bespreche? Wie kommst du dazu, hier hereinzuplatzen und Forderungen an mich zu stellen, Leopold?"

Der Herzog wich nicht einen Zoll zurück, als sich Richard dicht vor ihm aufbaute und ihn dabei fast berührte.

„Richard, mein heller Waffenrock war vom Blut

der Sarazenen rot, als ich mit den wenigen mir noch verbliebenen Rittern einen Ausfall aus Akkon siegreich zurückschlug. Ich band meinen Gürtel ab und fand einen schmalen, weißen Streifen auf meinem Rock, alles andere war vom Blut rot gefärbt. Da habe ich beschlossen, mein bisheriges Banner mit dem schwarzen Panther gegen diese Farben auszutauschen. Es wird künftig von meinem Ruhm künden und gehört jetzt auf das Dach dieses Hauses neben eure Banner!"

Der englische König musterte den kleinen Österreicher verächtlich von Kopf bis Fuß.

„Solltest du es tatsächlich wagen, diesen Lappen dort aufzuhängen, wirst du es bereuen, Leopold, glaube es mir ruhig!"

Richard hatte sich wieder im Griff. Seine ganze Haltung strahlte Verachtung aus, und irritiert drehte der Herzog seinen Kopf in beide Richtungen, um irgendwo ein zustimmendes Lächeln zu sehen. Aber wohin er sich auch drehte, in welches Gesicht er schaute – nur Ablehnung spiegelte sich in den Mienen.

Da ging ein Ruck durch den Mann, er machte

dem Bannerträger ein Zeichen und ging auf die Arkaden zu, vermutlich, um sein Banner selbst irgendwo aufzuhängen. Aber da hatte er Richard unterschätzt. Mit zwei, drei Schritten war er an der Seite des Österreichers, riss dem Bannerträger die Stange mit dem rot-weiß-roten Streifen aus der Hand, trat zu der kleinen Ummauerung der Terrasse und schleuderte das Banner im hohen Bogen darüber.

„So, jetzt weißt du, was du mit dem Tuch machen kannst. Und jetzt verschwinde aus diesem Haus, oder ich lasse dich von meinen Rittern hinauswerfen. Willst du das riskieren?"

Erneut standen sich die beiden Gegner mit unversöhnlicher Miene gegenüber.

„Gut, du hast gewonnen, Richard. Für dieses Mal! Doch ich schwöre dir, dass du das bereuen wirst. Ich werde mich an Kaiser Heinrich VI. wenden und bei ihm deine Bestrafung fordern!"

Richard lachte schallend laut, als der Herzog wütend auf dem Absatz herumfuhr und aus dem Saal stürmte, gefolgt von seinen Getreuen. Als wäre nichts geschehen, kehrte der englische König auf seinen Platz zurück. Das ging nicht ohne gewisse Umstände ab, bei denen sich die Ritter, die ihm auf die Terrasse gefolgt waren, erst alle nach und nach wieder hinsetzen mussten.

Diese Zeit nutzte Morgan für einen raschen Blick über die Mauer. Tief unter ihm lag das Banner des Herzogs im Schmutz eines mit Wasser und Unrat gefüllten Grabens. Morgan schluckte, denn er konnte sich ausmalen, welche Wut Herzog Leopold gegenüber dieser Behandlung fühlen musste. Und Morgan hatte ein ungutes Gefühl, das er letztlich verdrängte, weil das folgende Gespräch seine ganze Aufmerksamkeit erforderte.

4.

„Das ist ein Angriff!", rief Jago, als er die sich rasch nähernde Staubwolke aus nördlicher Richtung erkannte. „Macht Euch bereit, Sir Morgan, da kommt eine Übermacht auf uns zugeritten!"

Der Knappe hatte sein Schwert gezogen, und Morgan wechselte mit der Sarazenin an seiner Seite einen raschen Blick. Nazeera schien seltsam unberührt zu sein. Sie schaute nach vorn, als würde sie das alles nichts angehen.

Ein unangenehmer Verdacht keimte in dem Ritter auf, aber dann schalt er sich selbst einen Narren. Warum sollte sie ausgerechnet jetzt, wo sie in einer gemeinsamen, wichtigen Angelegenheit zu den Sarazenen ritten, die beiden Christen verraten? Doch Vorsicht schien angebracht, und auch er zog sein Schwert und machte sich bereit. Alle drei Pferde standen nebeneinander, und die beiden kampferprobten Tiere scharrten vor Ungeduld mit den Hufen, während das Pferd der Sarazenin wie eine Statue wirkte. Lediglich am Spiel der Ohren konnte man auch die Nervosität des Wallachs erkennen.

Dann lösten sich aus der Staubwolke einzelne Reiter, die ihre Krummschwerter über die Köpfe wirbelten und mit einem Tempo auf die drei Haltenden zu jagen, als wollten sie kleine Gruppe in Grund und Boden stampfen. Sir Morgan richtete sich auf und hob ebenfalls das Schwert, als ihn ein scharfer Zuruf von Nazeera stoppte.

„Halt, Morgan, unternimm nichts! Das ist nur ein Scheinangriff der Krieger al-Adils und seine Art der Begrüßung!"

„Begrüßung? Na, dann bin ich mal gespannt!", antwortete der blonde Ritter skeptisch und machte sich zum Kampf bereit. Sein Nasalhelm war bereits unter dem Kinn festgezurrt, und sofort spürte er, wie ihm der Schweiß den Nacken hinunterlief. Die dünne Kopfhaube darunter konnte die Flüssigkeit nicht aufnehmen, und auch sein Kettenhemd schien am Körper nicht nur zu kleben, sondern trotz des darunter getragenen Hemdes von der Hitze dieses Tages förmlich zu glühen.

Morgan sammelte den Speichel im Mund und erinnerte sich an den Ratschlag der Sarazenin, sich einen sauberen Kiesel einzustecken und im Falle des großen Durstgefühls, das jeden Kreuzfahrer nach kurzer Zeit überkam, den Kiesel unter die Zunge zu legen.

Das tat er jetzt im Augenblick der drohenden Gefahr, wunderte sich über die sofort einsetzende Wirkung im Mund, die den Speichelfluss wieder in Gang setzte und griff sein Schwert fester. Ein

Blick zu Jago, dem ebenfalls der Schweiß in Strömen von der Stirn lief und auf seinen Wappenrock tropfte. Sie waren für den Kampf gegen die Übermacht bereit.

Durch die Sonne war die Farbe ihrer Waffenröcke stark ausgeblichen, umso deutlicher trat der aufgestickte rote Löwe hervor, den König Richard als Zeichen für diesen Kreuzzug ausgegeben hatte.

Schließlich konnten sie die dunklen Gesichter der Reiter erkennen, und innerhalb kürzester Zeit waren sie herangejagt. So hatte Morgan die Reitertrupps bislang nur als schlagkräftige Angreifer erlebt, und es gehörte seine ganze Beherrschung dazu, nicht dem Pferd die Füße in die Weichen zu drücken und den Gegenangriff zu beginnen. Es zuckte ihm buchstäblich in jeder Faser, loszujagen und dreinzuschlagen. Aber er beherrschte sich, auch als die Reiter herangebraust kamen und so dicht an ihnen vorüberjagten, dass ein ausgestreckter Schwertarm genügt hätte, sie zu berühren.

„Beweg dich nicht, Jago!", schrie Morgan durch den Lärm der vorbei galoppierenden Reiterschar und blickte nur aus dem Augenwinkel in die Richtung des Knappen.

„Verdammt, was soll das?", schrie Jago zurück, dann war der Spuk an ihnen vorüber, machte einen weiten Bogen und näherte sich erneut, diesmal von zwei Seiten.

„Sir?", schrie Jago erneut durch den anschwellenden Lärm, aber Morgan gab nur ein einziges Wort zurück: „Nein!"

Wieder brausten die Reiter vorüber, und diesmal zügelten sie ihre vom Schweiß glänzenden Pferde in einiger Entfernung, wendeten fast auf der Hinterhand und jagten noch einmal heran. Dann wurden die Tiere brutal zurückgerissen, schlitterten etwas auf dem hier vorhandenen Sand und kamen wieder auf Armnähe heran, jetzt aber auch zum Stehen.

Einer der Männer, offenbar ein großer, kräftiger Bursche mit hellbraunem Gesicht, das von einem schwarzen Tuch fast vollkommen umhüllt war, griff sich an die Brust und verbeugte sich im Sattel.

„*Salam aleikum* – Friede sei mit Euch!", rief der Mann ihnen mit kräftiger, wohltönender Stimme zu.

Morgan wiederholte seine Geste und antwortete:

„*wa aleikum as-Salam* – Frieden auch mit Euch!"

Ein Leuchten huschte über das Gesicht des Sprechers, dann grüßte ihn auch Nazeera, wechselte ein paar rasche Worte mit ihm, und die Sarazenen wendeten ihre Pferde, ohne sich nach den drei Reitern noch einmal umzusehen. Das war auch nicht erforderlich, denn auf ein Kopfnicken der Sarazenin spornte Morgan sein Tier an, und in kurzem Abstand zu den anderen ritten sie in das ihm bereits bekannte Dorf aus einfachen Lehmhütten.

Verwundert registrierte er im Vorübergehen die große Anzahl der hier versammelten Menschen und war sich gleich darauf sicher, dass die Sarazenen wohl gut zwanzig Gefangene herbeigebracht hatten. Er sah in die müden, von der Sonne verbrannten Gesichter, die unter einfachen Kapuzenumhängen gar nicht zu ihm aufsahen.

Der Anblick der Männer gab ihm einen Stich durch die Brust, und unwillkürlich ballte er die

Faust. Doch gleich darauf verdrängte er jeden Gedanken an Vergeltung, denn er war im Auftrag König Richards hier, der ihn unter allen anderen ausgewählt hatte, weil er ihn seit seinem achtzehnten Lebensjahr kannte und wusste, wie er als Sohn des Sheriffs gewissenhaft seine Pflicht erfüllt hatte. Sir Morgan auf Launceston genoss das volle Vertrauen seines Königs, der ihn und nicht etwa Sir Angus ausgewählt hatte Er wollte seinen Ratgeber in seiner unmittelbaren Umgebung wissen.

Tief atmete Morgan die Luft ein und bereute das sofort.

Du Narr! Du bist nicht an der cornischen Küste, sondern unter der Sonne des Morgenlandes! Wenn du hier tief einatmest, hast du das Gefühl, die Luft in deiner Brust brennt!, schalt er sich in Gedanken und stieß die Luft gleich wieder aus. Das dabei entstandene Geräusch weckte Jagos Neugier, und als er seinem Ritter einen raschen Blick zuwarf, erkannte er an dessen Grimasse, wie sehr er sich zusammennehmen musste, um nicht ein unfreundliches Gesicht zu ziehen. Dabei erging es ihm ähnlich, denn der elende Anblick der unchristlichen Soldaten hatte ihn ebenfalls erzürnt.

Nazeera rief ihnen zu, anzuhalten und aus dem Sattel zu steigen. Gleich darauf wurden alle drei in den Kreis würdig blickender, älterer Männer geführt, die sie offenbar erwartet hatten. Allerdings sah sich Morgan vergeblich nach dem Bruder des Sultans um. *Nun gut, dann werden wir eben ohne ihn verhandeln müssen,* dachte er, und mit dieser Vermutung lag er richtig. Nach der Auskunft der Übersetzerin war es ein Verwandter des Sultans, mit dem er die Verhandlungen aufnehmen musste.

„Das sind die ersten Gefangenen, die wir freilassen werden", erklärte der Alte über Nazeera. Interessiert hatte Morgan sein Gesicht gemustert, durch das sich tiefe Falten und Furchen gegraben hatten. Der lange, weiße Bart verdeckte sie kaum, denn er wurde sorgfältig an den Wangen ausrasiert und gab einen schmalen, verkniffen wirkenden Mund frei. Aber das Auftreten dieses Mannes mit einer dunkelbraunen Hautfarbe hatte etwas Würdevolles. Schon ein Blick in die Augen seines Gegenübers beeindruckte den Ritter, und er konnte sich nicht des Gedankens erwehren, dass der

Mann zwar sein Feind sein mochte, es aber bei diesen Gesprächen ehrlich meinte.

„Unser allergnädigster Herrscher, *Salah ad-Din Yusuf ibn Ayyub ad-Dawīnī,* – Allah schütze ihn und die Seinen – hat mir die Berechtigung gegeben, mit dem Abgesandten der Könige von England und Frankreich zu sprechen. Hier sind zwanzig unserer Gefangenen, die wir dir übergeben und bis an die Mauern der von euch eingenommenen Stadt Akkon begleiten werden. Dort warten wir auf die Freigabe der gleichen Anzahl Gefangener, und als gutes Zeichen für den Beginn dieser Verhandlungen werden dann in der folgenden Woche hochgestellte Edelleute aus dem Gefolge eurer Könige Richard und Philipp freigelassen werden, *inschallah!*"

Dieser letzten Bemerkung des Abgesandten lauschte Morgan einen Moment nach. Er wusste, dass diese Redewendung *So Gott will* bedeutete und häufig im Gespräch verwendet wurde. Aber es störte ihn schon, dass sie in diesem Falle nach einem Versprechen folgte. Er nahm sich vor, auf dem Rückweg bei Nazeera nachzufragen, ob das etwas zu bedeuten hatte.

Rasch war man sich dann einig geworden, und nun wurden Schüsseln mit Fleisch und Gemüse gebracht und vor den Sitzenden abgestellt. Das wiederum irritierte den englischen Ritter erneut, denn die Verhandlungen hatten auf Teppichen vor dem Haus stattgefunden und er empfand diese Form für ein Essen unpassend. Doch vergeblich sah er sich nach einer anderen Sitzmöglichkeit um, und weil man seinen suchenden Blick falsch verstand, reichte ein Diener ihm sofort eine Schale mit angewärmtem Wasser.

Morgan warf einen raschen Blick zu Jago, dann zu seinen Gastgebern hinüber, die ebenfalls solche Schalen erhielten und ohne weiteres Zögern ihre Hände darin wuschen.

Oh mein Gott, schoss es ihm durch den Kopf, *ein Glück, dass ich gezögert habe und die Schale nicht zum Trinken an den Mund setzte! Ich bin beeindruckt, dass man sich hier vor dem Essen die Finger reinigt!*

Doch auch diese Sitte erschloss sich ihm kurze Zeit später, denn aus den Schüsseln und Schalen, von denen immer weitere angebracht wurden, aß man mit den Fingern. Jeder griff in die gleiche Schale, nahm sich etwas von dem Fleisch, das im Übrigen auf köstliche Weise zubereitet war, steckte es sich in den Mund und griff zu einer anderen Schale mit seltsamen, dunklen, grünen und roten Gemüsestücken. Einiges davon war scharf, anderes mild, und nach kurzer Zeit fand Morgan Geschmack an den fremdartigen Genüssen, die ihm hier geboten wurden.

Aber allmählich geriet er erneut in Bedrängnis, denn verschiedene Säfte und Flüssigkeiten liefen ihm vom Handteller den Unterarm hinauf und drohten, seinen Waffenrock zu verunreinigen. Und die Wasserschalen waren entfernt worden. Doch wieder bemerkten die Gastgeber die Verlegenheit des Ritters, und einer der Diener brachte ihm ein Stück Stoff. Da er es ihm direkt in die Hand drückte, zögerte Morgan nicht, sich die Hände daran abzureiben.

Wieder folgte eine Zeremonie mit dem seltsam aromatisch duftenden, heißen Getränk, das aber ganz anders als bei seinem ersten Besuch schmeckte. Er erinnerte sich daran, das kleine

Tongefäß nach dreimaligem Schwenken abzustellen, und erntete dafür ein freundliches Lächeln seines Gegenübers.

Während der Mahlzeit war Nazeera nicht an seiner Seite, sodass kein Gespräch möglich und nur das Schmatzen und Schlürfen seiner Gastgeber zu hören waren. Das nun wiederum störte Morgan kaum, denn anders benahmen sich auch seine Waffengefährten nicht bei Tisch.

Endlich war das Essen beendet, alles erhob sich und man verneigte sich voreinander. Würdevoll schritten die Männer davon. Nazeera, die jetzt zu ihnen kam, wies auf den Ortsrand. Hier versammelte sich bereits eine große Reiterschar. Die Gefangenen saßen frei und zwanglos auf ihren Pferden, ihre Bewacher hatten sich etwas abgesondert und taten nicht so, als würden sie auf die Christen sonderlich achten. Dann setzte sich die Gruppe in Bewegung, und nach dem Verlassen der kleinen Ansiedlung flogen die Pferde geradezu über die Ebene, an deren Horizont bald die Umrisse von Akkon auftauchten.

Bei den Vorposten blieben die Sarazenen schon

weit zurück, und als die Männer das bemerkten, machte sich zum ersten Mal ein Laut bei ihnen bemerkbar, der als Jubel gedeutet werden konnte. Kaum waren sie aber am Stadttor von Akkon angelangt, als sich keiner der entlassenen Gefangenen mehr zurückhalten konnte. Lauter Jubel erscholl in der Straße, viele Waffenknechte eilten den Gefährten entgegen, und einige von den Männern ritten stumm weiter, während ihnen die Tränen die Wangen herunterliefen.

Morgan und Jago meldeten sich im Quartier des Königs zurück und mussten dem königlichen Ratgeber, Sir Angus, Bericht erstatten.

5.

Unauffällig hatte Jago einen Blick in die Schenke geworfen, die noch vor Kurzem eine Moschee und davor eine christliche Kirche war. Die Tür stand sperrangel weit offen und war zudem mit einem kleinen Fässchen vor dem Zufallen gesichert. Jago wusste, dass sich auf der anderen Seite lange, schmale Fenster befanden und man durch diese Maßnahme die Luft im Gastraum verbesserte. Die Fenster boten für sein Vorhaben kein Problem, weil ein Entkommen dort nicht möglich war. Mehr als eine Handbreit in der Wand waren sie nicht angelegt worden.

Die beiden Knappen trafen pünktlich ein, und Jago nickte ihnen freundlich zu. „Schön, dass ihr rechtzeitig eingetroffen seid, Freunde. Der Kerl, den ich meine, hat ein narbiges Gesicht und sieht aus, als würde er die Nächte im Schweinekoben verbringen. Er sitzt mit einigen anderen Kerlen an der hinteren Wand und hat dadurch den Eingang im Auge. Haltet euch also bereit, ich werde ihn ansprechen und euch in die Hände treiben, sollte er mir in der Schankstube entkommen."

„In Ordnung, Jago, wir sind bereit!", antwortete einer der beiden und zog einen Knüppel aus dem Gürtel.

„Das ist gut, auf diese Weise kann uns niemand den Vorwurf machen, wir würden einen Unbewaffneten mit dem Schwert bedrohen. Aber hütet euch, der Mann ist gefährlich und hat ein Messer, mit dem er sofort zusticht. Er hat seinen verletzten Kameraden damit kaltblütig ermordet, als wir ihn schnappen wollten."

„Geh nur rein und überlasse das andere uns!", grinste ihn Knappe Derwen an. Sie hatten in dieser Schenke kürzlich mit den anderen Knappen zusammengesessen.

Jago nickte ihnen zu und trat ein. Sofort galt sein Blick der gegenüberliegenden Wand. Dort saßen zwar noch die Zechkumpane des Narbigen, von ihm selbst aber fehlte jede Spur.

Unmöglich! Der Kerl kann den Raum nicht verlassen haben, ohne an mir vorüber zu müssen!, dachte der Knappe. Dann bemerkte er die offene Luke im Boden direkt neben dem Schanktisch. Er trat näher heran und erkannte ein schwaches Licht, das dort wohl in einem Kellergewölbe brannte.

„Wohin willst du?", rief ihn eine der Schankmaiden an, die eben geleerte Humpen auf den Tisch zurückstellte, wo sie erneut gefüllt werden sollten.

Der Knappe deutete auf die schmale Stiege, die nach unten führte.

„Ich habe eben den Ruf gehört, dass jemand Hilfe bei dem Fass benötigt. Oder willst du selbst gehen?"

„Mach mal, aber pass auf, da unten ist Kyrialla mit dem Fass beschäftigt. Sie hat nicht nur Muskeln, sondern auch eine Abneigung gegen aufdringliche Kerle!"

Die junge Frau lachte, als ihr der Knappe nur mit einer verächtlichen Handbewegung antwortete und gleich darauf die Stiege hinunterkletterte. Hier musste sich Jago nicht lange umsehen, denn vor ihm waren Geräusche, die ihn sofort auf die Spur brachten. Allerdings waren es sehr eindeutige Geräusche, die ihm von einer Mauerecke entgegenschallten.

Von wegen Abneigung gegen aufdringliche Kerle!, dachte Jago und ging zu der Ecke, wo er zwei dunkle Körper auf dem Boden schwach ausfindig machte, die sich bei ihren rhythmischen Bewegungen von der Dunkelheit in der Ecke kaum abhoben, wäre da nicht noch das laute Stöhnen von zwei Menschen gewesen.

Der Knappe zog sein Messer, das ihm hier in

der Dunkelheit und Enge des Kellers bessere Dienste leisten konnte, und schlich sich leise heran. Das Licht der kleinen Öllampe, die an einem Haken hinter ihm hing, reichte nicht aus, die Dunkelheit hier unten zu durchdringen. Er orientierte sich am Schnaufen und Stöhnen und stieß dann doch überraschend gegen einen Fuß. Ein schwacher Schrei erfolgte, und Jago griff nach dem Körper direkt vor ihm.

„Habe ich dich erwischt, Kerl?"

Damit setzte er dem Burschen das Messer an die Kehle, während der sich von der anderen Gestalt löste und versuchte, sich auf die Seite zu drehen.

„Lass das, oder ich ritze dir den Hals auf, das ist kein Spaß!"

Der Knappe bemühte sich, dem Burschen den Arm um den Hals zu legen und achtete nicht auf die andere Gestalt, die sich in der Dunkelheit rasch bewegte und etwas vom Boden hob. Noch bevor Jago die drohende Gefahr erkannte, traf ihn der Hieb mit einem Knüppel, und gleich darauf ein zweiter. Dieser Schlag war so hart geführt, dass er auf die Seite kippte und nichts mehr um sich herum wahrnahm.

„Das kam genau richtig", sagte eine männliche Stimme, und die Frau, die den Knüppel noch in der Hand hielt, antwortete mürrisch: „Wer ist das? Wieso folgt dir jemand in den Weinkeller, wenn du doch …"

„Zerbrich dir darüber nicht den hübschen Kopf, Kyrialla. Ich muss so schnell wie möglich hier weg. Wenn das der Profos oder einer seiner Leute ist, will ich lieber sein Erwachen nicht abwarten."

„Wie du meinst, aber so kommst du mir nicht davon. Gib mir die Kupfermünzen, Gyris, wie vereinbart!"

„Ich komme doch wieder, verdammt noch mal, und bezahle dich schon noch!"

„So nicht, mein Freund! Entweder du bezahlst oder ich mache hier einen Riesenlärm, und dann wirst du sehen, was passiert!"

„Verdammte Hure, wie kannst du jetzt an Geld denken!", fluchte der Narbige und bückte sich über den Ohnmächtigen, ohne ihn jedoch erkennen zu können. Doch als er beim Abtasten des

Mannes nach einem versteckten Geldbeutel auf dessen Messer stieß, das unmittelbar vor ihm lag, griff er zu.

„Ach, Kyrialla, ich habe es mir anders überlegt!", höhnte er leise und drehte sich zu der Hure herum, die sich eben erhob und ihre Kleider ordnete.

„Das will ich dir auch …"

Weiter konnte sie nicht sprechen, denn ein scharfer, brennender Schmerz in ihrem Unterleib durchzuckte sie und schnitt ihr das Wort ab. Mühsam rang sie nach Luft, spürte, wie ihr das warme Blut aus dem Bauch schoss und versuchte, den Mörder zu fassen.

„Du verdammtes …"

Gyris wollte rasch den Kopf zurückkreißen, aber zu spät.

Wie spitze Krallen fuhr ihm die Sterbende mit beiden Händen über das Gesicht, riss seine Haut auf und grub tiefe Spuren über die ohnehin schon entstellte Fläche. Mit einem Fluch riss sich ihr Mörder los, ließ das Messer fallen und jagte aus dem Keller, die Stiege hinauf und stolperte durch den Schankraum, achtete nicht auf Zurufe und war durch die offene Tür in der Gasse, noch ehe jemand ihn aufhalten konnte.

Die Sterbende hatte sogar eines seiner Augen erwischt, und der Schmerz zwang Gyris, durch einen blutigen Schleier zu sehen, als er fast gegen einen der wartenden Knappen stieß.

Er riss sein blutüberströmtes Gesicht hoch und schrie laut:

„Zu Hilfe – Mord – dort unten im Weinkeller – ein Mann!"

Sofort sprangen die beiden Knappen an ihm vorbei in den Schankraum, bemerkten die offene Klappe im Boden und waren die Stiege hinunter, als über ihnen der Tumult losbrach. Schreie wurden laut, Stühle und Bänke kippten polternd um, und gleich darauf griff jemand eine Öllampe vom Schanktisch und eilte, so rasch es ging, die Stiege hinunter.

„Was ist hier geschehen?", rief er den beiden Männern zu, die am Ende des Kellers vorkauerten. Einer der Nachfolgenden griff die andere Öllampe von dem Halter an der Wand und kam zu ihnen herüber.

„Hier liegt eine erstochene Schankmaid in ihrem Blut", antwortete eine dumpfe Stimme.

„Und daneben? Noch ein Opfer?"

„Lässt sich noch nicht sagen, aber das ist unser Freund Jago!"

„Hat er ... die Frau?"

„Natürlich nicht, denn er hätte sich dann wohl kaum neben sie gelegt!", antwortete einer der beiden. „Macht Platz, wir müssen ihn nach oben tragen und untersuchen, hier unten kann man ja überhaupt nichts erkennen!"

„Macht das, aber ich werde den Profos rufen. Das ist hier ein Mord, ganz klar, denn die Waffe liegt ja direkt neben der Frau, und die Menge Blut, die noch immer aus ihrer Bauchwunde sickert, ist wohl Beweis genug dafür!"

Die beiden Knappen hielten Jago an Händen und Füßen und trugen ihn, so gut es ging, über die Stiege in den Schankraum. Eine mühselige Prozedur, bei der es nicht ausbleiben konnte, dass der ohnmächtige Jago noch einmal mit dem Kopf gegen eine Stufe schlug.

Endlich war er hinaufgeschafft und neben dem Schanktisch auf den Boden gelegt.

„Er lebt!", stellte Derwen, der ältere Knappe, der sich kurz mit dem Ohr auf Jagos Brust gelegt und nach dem Herzschlag gelauscht hatte, fest.

Blys, der zweite Knappe, atmete erleichtert auf. Dann erhob er sich aus seiner knienden Position, die er eingenommen hatte, als sich Derwen über den Freund beugte, nahm einen frisch gefüllten Krug mit Bier auf und kippte ihn über Jago aus. Der zappelte plötzlich wie ein gefangener Fisch auf dem Trockenen, prustete und schlug die Augen auf.

„Derwen? Was ist passiert? Habt ihr den Kerl?"

„Leider nicht, Jago. Du wurdest vermutlich niedergeschlagen und als jemand aus der Schenke lief und etwas von ‚Mord' brüllte, haben wir sofort an dich gedacht und waren sicher, dass dich dieser Gyris auch erwischt hatte. Als wir dich im Keller fanden, lag eine tote Frau neben dir, die noch blutete. Die Tat war also gerade erst geschehen."

Jago erhob sich vorsichtig und hielt dabei seinen Kopf.

Ein langes Stöhnen folgte, als er sich am Schanktisch festhielt und noch einmal die Augen fest zusammenpresste, weil sich alles um ihn herum drehte.

„Jemand schrie tatsächlich ‚Mord'? Wo ist der Mann?"

Die beiden Knappen schauten sich verlegen an, und Blys zog die Schultern hoch.

„Weiter die Gasse hinuntergelaufen. Wir haben uns nicht um ihn kümmern können, denn wir befürchteten das Schlimmste und wollten zunächst nach dir sehen!"

Ein langes Stöhnen von Jago war die Antwort.

Trotz seines hämmernden Schmerzes war ihm sofort klar geworden, dass nur Gyris dieser Mann gewesen sein konnte. Doch auch diesmal war er wieder entkommen.

„Halt, keinen Schritt aus dem Schankraum!", rief eine dröhnende Stimme, als die beiden Knappen Jago seitlich stützten und mit ihm hinaus wollten. „Was ist hier passiert?"

„Im Keller liegt eine tote Frau!", antwortete jemand aus dem Hintergrund, und jetzt wurde den

Knappen bewusst, wer da zusammen mit mehreren, finster blickenden Kriegsknechten, die zudem ihre Schwerter gezückt hatten, stand.

Der Profos drehte sich zu seinen Männern um und gab ihnen ein Zeichen. Zwei von ihnen besetzten den Ausgang, die beiden anderen eilten hinunter in den Keller.

„Und wer seid ihr? Ist der Mann zu betrunken, um allein gehen zu können?"

Der Profos war ein breitschultriger Mann mittleren Alters. Auch er wies ein paar Narben an der Stirn und einer Wange auf, die ihn als kriegserfahrenen Veteran kennzeichneten. Solche Männer betraute man in den großen Heeren gern mit der Aufgabe eines Profos, der für die Strafen und Züchtigungen zuständig war. Es gab wohl kein Heer auf der Welt, bei dem sich die Soldaten nicht vor dem Profos fürchteten.

„Keineswegs. Wir sind Blys und Derwen, Knappen von Johel de Vautorts, und unser Freund Jago, Knappe von Morgan of Launceston, wurde im Keller von dem Mörder niedergeschlagen."

„So, trotzdem werdet ihr hierbleiben, bis ich

meine Untersuchung abgeschlossen habe!", ordnete der Profos mit strenger Miene an.

Die drei Knappen gehorchten ohne Protest und nahmen auf einer frei gewordenen Bank Platz, während sich die übrigen Gäste im Hintergrund hielten, sich mit gedämpften Stimmen austauschten und dabei immer wieder misstrauische Blicke zu den drei jungen Männern schickten, die offenbar in einen Mordfall verwickelt waren.

Nach kurzem Aufenthalt im Keller kehrte der Profos mit den Kriegsknechten zurück.

Er hielt ein blutiges Messer in der Hand und präsentierte es den Knappen auf der offenen Handfläche.

„Kennt jemand von euch dieses Messer?"

„Ja, natürlich", antwortete Jago. „Es gehört mir. Ich hatte es …"

„Dein Messer?", unterbrach ihn der Profos.

„Ja, aber lasst mich doch erklären …"

„Nicht nötig. Festnehmen, die drei, und hinüber zu mir!", befahl der Profos mit schneidender Stimme.

Sofort nahmen die Kriegsknechte die drei in ihre Mitte und geleiteten sie mit den gezückten Schwertern in das kleine Gebäude, in dem der Profos seine Gefangenen festhielt, verhörte und auch kleinere Strafen sofort vollstreckte. Doch bei Mord spielten natürliche andere Umstände eine Rolle.

6.

Johel, der Minnesänger, suchte seinen alten Freund aus längst vergangenen Tagen auf. Er hatte keinerlei schlechtes Gewissen, ohne an die Tür zu klopfen, in dessen Gemach zu treten, staunte aber dann doch über den Anblick, der sich ihm bot.

Morgan lag lang ausgestreckt auf seinem Lager, bis auf die Bruche unbekleidet, und schnarchte mit weit geöffnetem Mund.

Wenn wir noch die unbeschwerten Narren aus unserer gemeinsamen Zeit in Cornwall wären, alter Freund, würde ich eine Fliege fangen und dir auf die Zunge setzen. Schade, dass wir dieses fröhliche Leben hinter uns gelassen haben!, dachte Johel und verzog das Gesicht zu einem Lächeln. Dann tippte er Morgan an den Fuß, wartete die Reaktion ab, und als der sich nur auf seinem Lager auf die Seite wälzte, packte er fester zu.

„Was soll das?", grunzte Morgan unwillig und fuhr in die Höhe. „Johel! Was machst du in meinem Schlafgemach?"

„Nun, sagen wir es einmal so: Die Sehnsucht trieb mich in deine Arme, Morgan!"

„Verflucht!", rief der aus und sprang vom Lager.

„Naja, ich korrigiere mich, alter Freund. Es war nicht die Sehnsucht nach dir, sondern nach meinen beiden Knappen Blys und Derwen! Nur für den Fall, dass du auch Jago vermisst."

Morgan fuhr sich durch seine langen Haare und warf sich ein Hemd über.

„Was ist mit den drei Burschen? Wollten sie nicht heute gemeinsam in die Schenke? Ich meine, derzeit gibt es ja nur die in der ehemaligen Moschee, also, warum schaust du dort nicht einfach nach, Johel?"

„Weil sie dort nicht mehr sind."

„Aha. Und was jetzt?"

„Wir beide gehen zum Profos und lösen sie dort aus."

Morgan hielt in der Bewegung inne und richtete sich auf, warf einen erstaunten Blick dem Freund zu und antwortete:

„Auslösen? Beim Profos? Haben sie betrunken randaliert?"

„Da kann ich dich beruhigen, Morgan. Betrunken waren sie nicht. Aber sie stehen unter Mordanklage."

Innerhalb weniger Minuten waren die beiden auf der Straße unterwegs, und Johel berichtete seinem Freund, was er bei der Suche nach den Knappen erfahren hatte.

„Und die Tote? Wo ist die geblieben?", wollte Morgan wissen.

„Keine Ahnung, Morgan. Vermutlich wurde sie einem Totengräber übergeben und wird gerade außerhalb der Stadtmauer beerdigt. Wenn du dich recht erinnerst, hat man dort eine große Grube ausgehoben, in der alle Gefallenen beigesetzt wurden. Den Rand hat man für die nächsten Opfer offengelassen. Schließlich sind die Hospitäler voller Verwundeter, die wohl kaum noch die nächsten Tage bei dieser Hitze überleben werden. Aber warum fragst du?"

Mit einer fahrigen Bewegung fuhr sich der blonde Ritter durch die Haare und stellte fest, dass sie sich erneut verfilzt hatten, obwohl er gerade am Vortag im Badehaus war und dabei seine Haare gründlich gereinigt hatte. Das war eine Notwendigkeit, um sich einmal von dem lästigen Parasitenvolk zu erholen.

„Kann ich dir nicht sagen, Johel, ist nur ein Gefühl. Aber lass uns erst zum Wirtshaus gehen, bevor wir den Profos aufsuchen."

„Die Schenke? Ist dir jetzt nach einem kühlen Schluck oder was treibt dich dorthin?"

„Unsinn, ich will mir den Ort ansehen, an dem der Mord geschehen ist."

Johel seufzte.

„Meine Güte, Morgan, du kannst manchmal ganz schön anstrengend sein, findest du nicht selbst?"

Der Freund lachte nur kurz auf, dann hielt er

den Minnesänger an der Schulter fest.

„Erinnerst du dich noch an den Fall, bei dem wir diese Schenke an der Küste näher untersucht haben? In der Nähe der Burg Tintagel?"

Johel strengte sich an, bevor er antwortete: „Nur vage, Morgan. War das diese Geschichte, bei der wir nach den verschwundenen Kaufleuten suchten?"

„Richtig. Sie waren alle vorher zu Gast in diesem Wirtshaus. Und dort wurden sie offenbar betäubt, ausgeraubt und über die Klippen ins Meer geworfen. Aber das ist nur der äußere Rahmen. Ich meine die beiden Frauen, die diese Schenke betrieben haben!"

Johel lachte laut heraus.

„Sag das doch gleich, Morgan, an Frauen kann ich mich besser erinnern!"

„Gut!", antwortete der unbeirrt. „Und als wir die beiden überführten, beschuldigten sie sich gegenseitig und gingen schließlich mit den bloßen Fingern aufeinander los!"

„Oh ja, wie die Furien haben sie sich das Gesicht zerkratzt und sich gegenseitig als Anstifter für die Morde beschuldigt", ergänzte Johel. „Das waren vielleicht zwei echte Herzchen!"

„Und da erinnere ich mich an etwas, das ich später beim Verhör bemerkte und mir dadurch ein Bild schuf, das sich tief in mein Gedächtnis gebohrt hat."

„Du machst mich neugierig!", antwortete Johel, aber von diesem Zeitpunkt an war Morgan nicht mehr zu bewegen, sich weiter zu äußern, bis die Freunde vor dem Wirtshaus standen.

„Die Tote? Warum wollt Ihr das wissen, Sir?", erkundigte sich die ältere Schankmaid, in der Morgan die Besitzerin dieser Schenke vermutete.

„Nun, ich bin Morgan of Launceston, dies ist Johel de Vautort. Zu uns gehören die drei Knappen, die hier kürzlichvom Profos festgenommen wurden. Ich möchte nur erfahren, wohin man die tote Frau gebracht hat."

Jetzt lachte die Schankmaid in einer unangenehmen Tonlage auf, fast mit schriller Stimme erwiderte sie: „Ihr glaubt doch nicht im Ernst, dass sich jemand um eine tote Schankmaid kümmert, oder? Wisst Ihr eigentlich, wie viele Menschen täglich in dieser *gesegneten* Stadt sterben? Ich sehe an jedem Morgen die Karren, auf denen sie bergeweise die Toten stapeln und hinaus vor die Stadt fahren. Und da glaubt Ihr Herren, dass jemand eine tote Schankmaid bevorzugt? Nein, Herr, die arme Kyrialla liegt noch immer dort unten. Da hat sie es aber gut. Es ist schön kühl und dunkel, wenn Ihr wisst, was ich meine. Wir werden sie selbst hinausschaffen müssen, aber einen Wagen haben wir erst für morgen bestellen können! Das sind schlimme Zeiten in Akkon, Ihr Herren!"

Morgan ließ die schwatzende Schankmaid einfach stehen, eilte zu der Seite des Schanktisches, an dem sich die jetzt geschlossene Bodenluke befand, griff den eisernen Ring und zog sie auf. Ein Blick nach unten, und er deutete auf die ständig am Schanktisch brennende kleine Öllampe.

„Die brauche ich einmal, gute Frau!"

Damit nahm er sie auf und stieg in den Keller, während Johel sich beeilte, ihm zu folgen. Als er auf den Kellerboden trat, schwankte das kleine Licht schon etwas vor ihm auf eine dunkle Fläche zu.

„Hier liegt sie!", informierte ihn Morgan und bückte sich sogleich über die Leiche.

Er hielt das Öllämpchen hoch und leuchtete die Tote von oben bis unten ab.

Man hatte sie etwas zurechtgemacht, ihr eine Decke bis zum Hals übergelegt und darunter die Hände gefaltet. Als Morgan die Decke fortnahm und über die Hände leuchtete, stieß er einen Pfiff aus.

„Was ist, Morgan?"

„Nur das, was ich vermutet hatte. Sieh dir einmal ihre Fingernägel an!"

Johel beugte sich dicht darüber, konnte jedoch nichts erkennen.

„Nicht sonderlich sauber für eine Schankmaid, aber verständlich unter den Verhältnissen, die in der Stadt herrschen. Sie wird sich keinen Besuch in einem Badehaus leisten können!"

„Das meine ich nicht. Halte mal die Lampe!"

Mit diesen Worten drückte er Johel die flackernde Laterne in die Hand und bückte sich tief über eine Hand.

„Leuchte einmal hier herüber, ja, genau auf die

Hand. Hier, die Fingernägel. Das ist kein Dreck, Johel!" Morgan sah auf und ging zu dem hölzernen Stützpfeiler dicht neben der Toten. Mit dem Messer schnitt er sich einen langen, dünnen Span herunter und beugte sich erneut über die Hände. Behutsam führte er den Holzspan unter den Nägeln entlang und präsentierte ihn anschließend dem Freund.

„Das sind Hautreste, unter der Hitze zusammengezogen, aber eindeutig Hautreste."

„Was bedeutet das, Morgan? Ich verstehe nicht, was du mir damit zeigen willst!"

„Die Spuren, die den Täter ermitteln werden, Johel. Als sie niedergestochen wurde, muss sie nach dem Mörder gegriffen haben. Wahrscheinlich hat sie ihm das Gesicht zerkratzt. Und dadurch werden wir den Mann finden und überführen."

Johel stieß einen seltsamen Laut aus.

„Ekelhaft, Morgan, weißt du das? Selbst wenn du Recht hast – wie willst du jemanden finden, der Kratzspuren im Gesicht trägt? Und wie viele Kriegsknechte mögen Schrammen von den Kämpfen der vergangenen Tage im Gesicht haben?"

„Wir können gehen, Johel!", antwortete Morgan und schritt auf die Stiege zu, während Johel sich beeilte, mit ihm nach oben zu gelangen. Sie gaben die Öllampe zurück und bedankten sich. Morgan nestelte ein Silberstück aus seinem Geldbeutel und gab ihn der Frau, mit der sie gesprochen hatten.

„Wofür ist das, Sir?", erkundigte sich die Frau mit einem misstrauischen Blick.

„Lasst ihr ein anständiges Begräbnis zukommen."

Damit waren die beiden wieder in der Gasse vor der Schenke.

„Erkläre mir nur eine Frage, Johel. Wann haben die letzten Kämpfe stattgefunden?"

Der Minnesänger schaute seinen Freund verwundert an.

„Vor mehr als acht Tagen, wie du dich wohl erinnerst."

„Eben. Und deshalb wird kein Kriegsknecht mehr frische Kratzwunden im Gesicht haben. Bis auf einen. Und der ist der Mörder von Kyrialla."

Johel sperrte den Mund weit auf, schluckte jedoch seine Antwort wieder herunter und klopfte stattdessen dem Freund anerkennend auf die Schulter.

„Sehr gut, Morgan. Dann müssen wir ja den Mörder nur noch ausfindig machen. Eine Kleinigkeit in einer Stadt, in der noch immer gut dreitausend Sarazenen leben und etwa die doppelte Anzahl von Rittern und Kriegsknechten. Das schaffen wir schon."

7.

„Was wollt Ihr mir mitteilen, Herr? Ich bin nur ein einfacher Profos und kann Euch nicht recht folgen!", sagte der Mann mit ablehnender Miene. Er wippte auf den Absätzen vor und zurück und starrte auf den kleinen Holzspan, den einer der beiden Ritter auf seinen winzigen Tisch gelegt hatte.

„Nun, dann fasse ich noch einmal zusammen. Hat einer der drei Knappen auffällige Kratzspuren im Gesicht?"

Der Mann schüttelte den Kopf.

„Ist mir nicht aufgefallen, Herr."

„Gut. Vielleicht aber an den Armen oder Händen?"

„Wie soll ich das wissen, Herr? Ich habe sie nicht entkleiden lassen. So, wie ich sie mitgenommen habe, sitzen sie im Kerker."

„So, dann solltest du sie bitte endlich holen lassen, Profos."

Der lange, hagere Mann mit dem grauen Gesicht und den eingefallenen Wangen wirkte kümmerlich, als wäre sein Amt längst zu viel für ihn geworden. Der Generalgewaltige hatte schon in den ersten Tagen für die Stadt Akkon weitere Männer in dieses Amt berufen müssen, denn die Anzahl schwerer Gewalttaten nahm täglich zu.

Die Kriegsknechte schonten in der Stadt weder das Eigentum noch das Leben der Sarazenen, und die ernannten Profose und ihre Büttel hatten alle Hände voll zu tun.

Selbst ein weiterer Kerker musste eingerichtet werden und erhielt innerhalb weniger Tage eine schwere Eichentür mit eisernen Riegeln. Allerdings wurden in das geräumige Gefängnis alle Menschen in einen einzigen Raum gesperrt, der mit dieser Tür verschlossen wurde. Schon nach ganz kurzer Zeit waren die Lebensumstände für die Eingekerkerten dramatisch geworden. Es fehlte nahezu an allem, vom frischen Wasser über Lebensmittel bis zur Möglichkeit, seine Exkremente zu entsorgen. Wer in diesem Loch landete, gab bald jede Hoffnung auf, je wieder an das Tageslicht zurückzukehren.

Zwar hielt der Generalgewaltige im Namen der beiden Könige jeden Tag Gericht, täglich wurden die Verbrecher für ihre Taten öffentlich gezüchtigt, gebrandmarkt oder bei Diebstahl mit dem Abschlagen von Gliedmaßen bestraft – aber fast schien es, als wäre die eroberte Stadt zum Schmelztiegel der Verbrecher aller Nationen geworden. Deutsche, österreichische, italienische, französische und natürlich englische Kriegsknechte versammelten sich hier – und auch den drei eingelieferten Knappen wurde keine besondere Stellung eingeräumt.

So hielten sich die beiden Ritter unwillkürlich die Nase zu, als Jago, Derwen und Blys nach nur wenigen Stunden Aufenthalt im Kerker hereingebracht wurden. Alle drei wirkten trotz ihrer Sonnenbräune etwas blass, zeigten sich aber hoch erfreut, als sie ihre Ritter erblickten.

„Zieht mal eure Hemden aus!", befahl Morgan anstelle einer anderen Begrüßung.

Verwundert schauten sich die Knappen an, dann streiften sie ihre Hemden ab und standen abwartend in dem kleinen Amtszimmer des Profos.

„Nun, Profos – kannst du mir jetzt die Frage nach den Kratzspuren beantworten?"

Verwundert trat der Lange an die Knappen, warf einen raschen Blick auf deren von zahlreichen Kämpfen vernarbte Oberkörper und drehte sich kopfschüttelnd zu Morgan herum.

„Nein, Sir, da ist nichts Frisches zu bemerken!"

„Gut, dann werdet ihr die drei Knappen auf der Stelle freilassen."

„Aber, Herr – das geht so nicht! Sie wurden in Gegenwart einer frisch Ermordeten angetroffen, und einer von ihnen hatte sogar Blut an den Händen!" Mit diesen Worten wies der Mann auf Jago.

„Natürlich hatte er Blut an den Händen, weil er der Sterbenden helfen wollte. Die aber hatte versucht, sich gegen ihren Mörder zu wehren und ihn sehr heftig gekratzt. Das wollte ich dir damit beweisen, verstehst du jetzt, Profos?"

Der Mann schaute irritiert auf den kleinen Holzspan, dann auf die Knappen und schließlich wieder auf die beiden Ritter. Johel de Vautort riss jetzt der Geduldsfaden.

„Wie kann man nur so begriffsstutzig sein?", schnauzte er den Profos an. „Wenn jemand einen anderen Menschen im Gesicht kratzt, hinterlässt er dort deutliche Spuren. Aber auch unter seinen Fingernägeln lassen sich Hautreste finden, das hat Sir Morgan of Launceston gerade mit diesem Holzspan und den kleinen Stückchen daran bewiesen. Du kannst mir glauben, Profos, dieser Mann kennt sich mit solchen Dingen aus. Er hat viele Jahre für den Sheriff von Cornwall gearbeitet und manches Verbrechen aufgedeckt. So, und jetzt nehmt eure Sachen auf, wir gehen!"

„Aber ...", ließ sich der Profos erneut hören.

„Was?", schnauzte ihn Johel an, und der Lange senkte den Blick. „Ich nehme an, da in der Ecke liegen auch eure Waffen. Also los, wir können nicht den ganzen Tag hier vertrödeln, außerdem wird es mir zu warm. Raus hier, und wenn der Profos meint, er müsste euch noch einmal sprechen, dann soll er sich nach uns durchfragen. Man wird ihm den Weg zu unserem Haus sicher weisen können."

Damit trat der Minnesänger auf die Straße hinaus und drehte sich mit einem zufriedenen Lächeln um, als die Knappen folgten, ihre Wehrgehänge umgürtend und hinter ihnen Sir Morgan.

Der Profos erschien noch mit etwas ratlosem Blick in der Tür, getraute sich jedoch nicht, einen Einwand zu machen.

„Ich könnte laut aufjubeln, Dank Euch, Sir Morgan, Sir Johel!", brachte Jago leise hervor.

„Wir haben die Stunden im Kerker gezählt, Herr!", ergänzte Blys. „Wer das einmal gesehen hat, wird sich überlegen, ob er nicht fortan ein ordentliches Leben führt!"

Schweigend gingen die fünf Männer die Straße

hinunter, die nur mäßig belebt war. Als Sir Morgan in eine Seitengasse abbog, standen sie vor dem Badehaus.

„So, Freunde, jetzt werdet erst einmal euren Gestank los, und dann treffen wir uns in einer Stunde in unserem Quartier. König Richard will noch heute erneut alle zusammenrufen und eine wichtige Bekanntmachung kundtun. Also – dass mir keiner mehr nach Kerker riecht, wenn wir gerufen werden!"

Mit fröhlichem Lachen traten die Knappen ein, Morgan bezahlte für sie und war mit Johel schon wieder unterwegs, bevor noch eine der Badefrauen eine Bemerkung machen konnte, dass auch die Ritter ruhig öfter zu ihnen kommen könnten. Er hatte genau dieses Badehaus kennengelernt und wusste, dass hier einige der Frauen für ein paar Kupfermünzen den Männern Gesellschaft leisteten. Das war nichts Außergewöhnliches, und wie alle Einrichtungen in der eroberten Stadt wurde auch dieses Badehaus von den Frauen im Tross übernommen und stand ab sofort allen Rittern zur Verfügung.

„Du, die rothaarige Lange hat sehr freundlich gelächelt, als sie dich erblickte!", neckte ihn Johel, als sie wieder auf der Straße standen.

„Danke, Johel, das habe ich wohl bemerkt. Ich will auch gar kein Keuschheitsgelübde ablegen, doch immer, wenn ich mich in der Nähe einer Frau aufhalte, habe ich das Gefühl, dass mir Miriam über die Schulter sieht."

„Miriam!" Johel lachte laut heraus und klopfte dem Freund auf die Schulter. „Dich hat es wirklich schwer erwischt, Morgan, das hätte ich nie geglaubt. Was ist aus dem Bruder Leichtfuß unserer Jugendzeit geworden? Ein langweiliger, alter und zudem dickbäuchiger Mann, der sich vor der Ehe in einen Kreuzzug rettet. Nein, erzähle du mir nicht, dass du einst hoffst, glücklicher Ehemann zu werden!"

Morgan zog eine griesgrämige Miene, musste schließlich sofort lachen, als er Johel ansah.

„Ich werde dich daran erinnern, Johel, wenn du mir das Hochzeitslied für Miriam schreiben wirst! Der Tag mag noch fern sein, aber ich bin sehr zuversichtlich, dass wir beide ihn erleben werden!"

„Gebe Gott, dass wir bald das Land befreit haben!", antwortete der Minnesänger nachdenklich. „Ich würde gern mein Schwert wieder gegen die Laute tauschen."

„Habe ich dir eigentlich schon einmal berichtet, wie sich Miriam von mir verabschiedet hat, Johel?"

Der Angesprochene verzog auf seltsame Weise sein Gesicht und machte mit beiden Händen eine abwehrende Bewegung.

„Um Himmels willen, nein, Morgan, verschone mich bitte mit solchen Dingen!"

„Was du nun wieder gleich annimmst. Nein, es war eigentlich – ein unglaublich schöner, magischer Moment, Johel. Ein Mensch wie du müsste das eigentlich auch nachempfinden können. Wir hatten zu dieser Zeit einen besonderen Vollmond über Cornwall beobachten können. Der unglaublich große und rot schimmernde Mond schien noch nicht einmal bei Tage untergehen zu wollen, er war nur ein wenig verblasst und stand weiterhin als große Scheibe am Himmel. Miriam hatte mich auf die Burgmauer geführt und stellte mich dort an die Zinnen von Cadeleigh Castle."

„Jetzt wird es wirklich interessant, Morgan, erzähle weiter!", flachste Johel.

Der gab ihm einen leichten Knuff und erzählte lächelnd weiter:

„Sie nahm ein Stück Kohle und zeichnete meinen Umriss auf die Mauer. So hätte sie immer etwas von mir in der Nähe – meinen Umriss, der sie an mich und diese Stunde erinnern sollte."

„Rührend, wirklich, Morgan, eine schöne Geschichte. Aber da vorn am Stadttor ist offenbar eine interessante Gruppe eingetroffen!", unterbrach ihn Johel. Sie konnten von ihrem Standort die lange und breit ausgebaute Straße bis zum Stadttor hinunter einsehen.

Eben rumpelte ein schwerer Lastkarren an ihnen vorüber, auf denen sich Steine und Arbeitsgeräte befanden. Eine Gruppe staubbedeckter Männer schritt daneben her. Man hatte schon am zweiten Tag nach der Eroberung damit begonnen, die zerstörten Mauern wieder auszubessern.

„Wüsste ich es nicht besser, so würde ich bei diesem Lärm glauben, dass eine Truppe mit Gauklern eingetroffen ist und von den Menschen jubelnd begrüßt wird!", sagte Morgan und beschleunigte auch etwas seine Schritte, um die Ursache für den Jubel zu ergründen.

Dann erkannten sie die schmutzige und abgerissene Schar, die eben barfuß durch das Tor ging. Die Männer hatten lange, verklebte Haare und ebensolche Bärte, wirkten müde und schienen sich kaum noch auf den Beinen halten zu können.

„Offenbar wieder eine kleine Gruppe Gefangener, die von den Sarazenen freigelassen wurde. Ich muss näher heran!"

Mit diesen Worten war Morgan bei den Leuten angekommen, die von ein paar Kriegsknechten in die Stadt begleitet wurden.

„Heda, Leute, hat jemand von euch Sir Baldwin of Dartmoor gesehen? Ein Hüne mit rotem Haar und einem feuerroten Bart bis auf die Brust? Oder den Namen seines Knappen Eliot gehört? Nein? Keiner?"

Niemand von den Männern antwortete ihm, und als er dicht an einen von ihnen herantrat und den beißenden Geruch wahrnahm, den der Mann ausströmte, schüttelte dieser nur den Kopf und schlurfte weiter.

„Wieder alles nur Kriegsknechte, kein einziger Ritter darunter", bemerkte Johel und fasste den Freund am Arm. „Komm, lass uns ins Quartier zurückgehen, etwas erfrischen und auf den Boten warten, wenn uns Richard rufen lässt."

Morgan zögerte noch einen Moment, starrte der zerlumpten Schar nach und folgte dann Johel zurück in ihr Haus, das sie sich mit einigen anderen Rittern und deren Knappen teilten. Es war fast so geräumig wie der palastartige Bau des Kaufmanns, den König Richard bezogen hatte. Nur lag er nicht so schön am Rand der Stadt, aber die Ritter waren es zufrieden.

8.

Es war der der 20. August des Jahres 1191.

Für alle, die an diesem Morgen durch den frühen Sonnenaufgang und die schon kräftige Hitze von ihrem Lager aufstanden und die schweißgetränkten Tücher von sich schleuderten, sollte es ein ganz gewöhnlicher Tag in der eingenommenen Stadt Akkon werden.

Der Abend dieses Tages würde jedoch eine Entscheidung mit sich bringen, die das Schicksal von Tausenden von Menschen besiegeln wird.

König Richard hatte durch Boten verkünden lassen, dass die große Zusammenkunft erst für die kühleren Abendstunden angesetzt war. Außerdem ließ er seinen Rittern mitteilen, dass eine große Delegation des Sultans in der Stadt eingetroffen sei und man über die weitere Freilassung von adligen Geiseln verhandeln würde.

So nutzten Morgan und Johel noch die Zeit für einen kleinen Ausritt an der Küste entlang, um auch ihre Tiere einmal wieder zu bewegen. Die Meeresbrise, die hier erfrischend herüberstrich, veranlasste die Freunde, ihren Ritt bis zu einer besonderen Ansiedlung auszudehnen, die hier während der Belagerung von Akkon durch deutsche Ritter geschaffen wurde.

Erst vor einem guten Jahr hatten Kaufleute aus Lübeck und Bremen einen Bund gegründet, der sich „Deutscher Orden" nannte und sich den katastrophalen gesundheitlichen Zuständen in den Lagern der Kreuzfahrer annahm, ein Hospital vor den Toren der Stadt Akkon gründete und die ersten Verletzten und Erkrankten unter dem riesigen Segel einer Kogge versorgte. Inzwischen waren hier zahlreiche Zelte entstanden, und als die Stadt Akkon erobert wurde, verlegte man den Hauptsitz natürlich in die Stadt. Aber viele Menschen waren gar nicht transportfähig, sodass dieses Hospital weiter von den Deutschordenbrüdern betrieben wurde.

Hier war das eigentliche Ziel Morgans, der noch einmal die Gelegenheit nutzen wollte, um sich nach seinem vermissten Freund und dessen Knappen zu erkundigen. Als sie das Zeltlager erreichten, lagerte über allem ein seltsamer, undefinierbarer Geruch, der bei beiden Rittern einen Würgreiz verursachte.

Mithilfe von Mundtüchern, die sich schon während des Marsches gegen Hitze, Staub und Sand bewährt hatten, fragten sie sich bei den hier tätigen Brüdern durch, erhielten aber nirgendwo den gewünschten Hinweis.

Enttäuscht brachen sie wieder nach Akkon auf, wo Morgan seinen Freund auf die Tätigkeit einer großen Arbeiterschar vor den Toren der Stadt hinwies. Unter den teils mit freiem Oberkörper arbeitenden Männern befanden sich offenbar auch zahlreiche Sarazenen, die hier damit beschäftigt waren, eine große Grube auszuheben. Dass die Männer mit der dunkleren Hautfarbe nicht freiwillig hier arbeiteten, zeigte die große Menge der Kriegsknechte, die mit kurzen Lanzen am Rand der Grube auf- und abgingen.

„Was wird das hier?", rief Johel verwundert und hielt sein Pferd auf dem festgestampften Weg in die Stadt an. „Noch eine Beerdigungsstätte? Gibt es eine in der Stadt schlimme Krankheit, die so viele Todesopfer fordert, von der wir bislang nichts erfahren haben?"

Morgan ritt zu einem der Posten und rief den Mann an.

„Ich weiß es nicht, Herr!", antwortete der Mann nach einer Verbeugung. „Wir wurden heute hierher abkommandiert und sollen nur die Arbeiten überwachen. Die Grube hat ungeheure Ausmaße, und alle fürchten nun den Ausbruch einer schlimmen Seuche!"

„Das könnte man angesichts dieser Arbeiten auch annehmen!", erwiderte Morgan, nickte dem Kriegsknecht zu und ritt mit Johel zu ihrem Quartier.

Inzwischen wurden sie hier von ihren Knappen regelmäßig mit frischem Wasser versorgt, und Morgan fragte sich wieder einmal, woher die drei jungen Männer das heranschafften. Noch immer herrschte bei den glühenden Tagestemperaturen großer Wassermangel in der Stadt, aber alle Ritter wurden ausreichend damit versorgt.

Es durfte natürlich nur zur Körperreinigung verwendet werden, niemand wäre auf den Gedanken gekommen, Wasser zu trinken. Das galt jedoch nicht für die Menschen, die in der Stadt festgehalten wurden.

Nach anfänglichem, großzügigem Verhalten der Befehlshaber wurde es plötzlich allen Sarazenen untersagt, die Stadt zu verlassen. Die Menschen in der Garnison schienen am meisten unter Wasser-

und Lebensmittelmangel zu leiden. Niemand kam dort hinein oder heraus, denn der gesamte Bezirk war geradezu hermetisch von schwer bewaffneten Posten umstellt.

Die Sonne versank in einem glutroten Ball im Meer, als die beiden Ritter in Begleitung ihrer Knappen aufbrachen, um im Palast des Königs den Berichten zu lauschen. Alle waren äußerst gespannt auf das Ergebnis der Verhandlungen, und es herrschte bei ihrem Eintritt in der großen Halle eine seltsame Atmosphäre.

Einem aufgescheuchten Bienenscharm gleich summte der Raum von den gedämpft geführten Gesprächen der Ritter, die sich untereinander austauschten.

Morgan erkannte in einer Ecke am anderen Ende des Saales eine kleine Gruppe in helle Tücher gekleidete Sarazenen, unter denen sich wohl auch Nazeera befand. Er konnte nur einen kurzen Blick auf ihre schmale Gestalt werfen und hatte den Eindruck, dass sie auch gerade zu ihm herübersah, doch dann traten andere dazwischen, und gleich darauf begegnete er Sir Angus, der ihn vertraulich am Arm ergriff und auf die Terrasse hinauszog.

„Ich habe Euch erst kürzlich nach Eurer Loyalität befragt, Sir Morgan", begann der Ratgeber des Königs.

„Ja, und daran hat sich bis zur Stunde auch nichts geändert, Sir Angus!", antwortete Morgan verwundert.

„Das ist gut, sehr gut, Sir Morgan, denn der König verlässt sich auf Euch. Er muss einen Narren an Euch gefressen haben, erzählt mir immer wieder von Eurer Tätigkeit als verlängerter Arm des Sheriffs und von Euren Taten, die von einem gewissen Johel de Vautort sogar als Balladen umgesetzt und im ganzen Land verbreitet wurden."

Morgan machte eine abwehrende Handbewegung.

„Johel neigte schon immer zur Übertreibung."

„Wir verstehen uns, Sir Morgan. Nun, heute wird es darauf ankommen, dass Ihr gegebenenfalls auch unter den anderen Rittern für die Zustimmung zur Entscheidung des Königs eintretet."

Morgan sah das sorgenvolle Gesicht des Ratgebers überrascht an.

„So schlimm steht es um Akkon, Sir Angus?"

Der Ritter schüttelte den Kopf.

„Nein, nicht um die Stadt. Um die Geiseln, die in der Garnison festgehalten werden. Aber Ihr werdet es gleich erfahren, ich höre eben ein Signal, das die Ankunft des Königs ankündigt. Ich sehe Euch sicher später noch."

Damit kehrte der hohe Würdenträger zurück in den Saal, und langsam folgte ihm Morgan. Sein Blick suchte wieder die Gruppe der Sarazenen und natürlich Nazeera, aber kein einziger dunkelhäutiger Mensch war mehr zu sehen.

Der König blieb bei seiner Ankunft gleich stehen und verkündete seine Botschaft mit lauten Worten.

„Sultan Saladin hat unsere Vereinbarungen nicht eingehalten!", rief er, und die Anwesenden schauten verwundert zu ihm hinüber. „Sir Angus, wollt Ihr bitte zusammenfassen?"

Offenbar hatten die zähen Verhandlungen König Richard geschwächt. Er setzte sich, griff zu seinem Pokal und nahm einen tiefen Zug daraus, während sein Ratgeber vortrat und mit kurzen, markigen Worten die Ereignisse der letzten Wochen zusammenfasste.

„In unseren Verhandlungen mit dem Sultan und seinen Ratgebern haben sich verschiedene Zugeständnisse ergeben. Dazu gehörte auch die Zusicherung Saladins, uns neben Geld auch die adligen Geiseln herauszugeben, die ihm während des Kriegszuges in die Hände gefallen sind. An verschiedenen Orten gab es weitere Verhandlungen mit dem Bruder des Sultans, die eine interessante Möglichkeit zum Mittelpunkt hatten, es ging um die mögliche Verbindung durch eine Ehe, Ihr wisst davon. Unser Freund, Sir Morgan of Launceston, war daran wesentlich beteiligt."

Als er für einen Moment schwieg, wandten sich alle Köpfe zu Morgan, der jedoch keine Miene verzog. *Zuviel der Ehre, die wenigen Gespräche, zu denen ich beitragen konnte, brachten doch kein wirkliches Ergebnis,* dachte er für sich, hielt aber seinen Mund, denn nun fuhr auch Sir Angus in seiner Rede fort.

„Am 11. August unternahm Sultan Saladin offenbar einen geplanten Betrugsversuch. An diesem

Tag sollten die erste Übergabe von adligen Geiseln erfolgen, an zwei weiteren Tagen sollten alle anderen folgen, die über das Land verteilt an verschiedenen Orten gefangen gehalten wurden."

Wieder schwieg der Sprecher und blickte über die Köpfe der Anwesenden.

„Leider hielt der Sultan nicht das gegebene Wort. Es kamen Gefangene frei, aber in beiden Gruppen befanden sich nur Kriegsknechte. Kein einziger der Ritter, deren Namen wir auf einer Liste festgehalten hatten, kehrte zu uns zurück. Darauf hat König Richard die Verhandlungen abgebrochen."

Als er erneut schwieg und sich sogar wieder hinsetzte, schwirrten halblaut gesprochene Sätze und einige lautere Ausrufe durch den Saal. Immer häufiger war dabei die Rede von den ungläubigen Lügnern zu hören, aber schließlich war es Richard, der sich erneut erhob und mit einer herrischen Handbewegung Schweigen befahl.

„Sir Angus hat es richtig gesagt. Die Verhandlungen sind gescheitert. Für die Folgen ist nur Sultan Saladin verantwortlich, das muss jeder von

Euch verstehen."

Als der König verstummte und erneut die Gesichter der Versammelten musterte, brach wieder Stimmengewirr aus.

„Niemand kann den Ungläubigen trauen!"
„Keine Gnade für die Geiseln!"
„Nieder mit allen Sarazenen!"

Nicht ein Einziger der Anwesenden war der Meinung, dass es nun noch einmal ein Treffen geben sollte, um Saladin zur Einhaltung seines Wortes zu zwingen.

Richard bat wieder um Ruhe, und fast augenblicklich verstummten die Gespräche und alle warteten gespannt, was der König zu verkünden hatte.

„Daher werde ich heute noch anordnen, dass die Geiseln in der Garnison getötet werden. Alle!"

Als sich der König erneut setzte, herrschte eine geradezu unheimliche Stille.

Das müssen doch an die dreitausend Menschen sein!, schoss es Morgan durch den Kopf. *Und beileibe nicht alles Männer, sondern auch zahlreiche Frauen und Kinder!*

Will der König hier ein Exempel statuieren? Dann

Gnade uns Gott, wenn einer von uns nach Akkon in die Hände der Sarazenen fällt!

Schließlich sprangen einige der Ritter auf und begannen, flammende Worte an den König zu richten. Rasch wurde dabei klar, dass alle Kreuzfahrer hinter ihrem König standen, und die Befürchtungen, die Sir Angus gehegt hatte, nichtig waren.

Dreitausend Menschen!, dachte Morgan. *Dreitausend Männer, Frauen und Kinder. Deshalb also diese gigantische Grube vor den Toren der Stadt! Die Entscheidung war schon längst gefallen – bevor die Ritter davon unterrichtet wurden!*

Doch es war noch nicht alles gesagt worden. Noch einmal rief Sir Angus laut um Ruhe für den König, und der sprach mit lauter, durchdringender Stimme:

„Leider gibt es auch immer wieder Verräter in unseren eigenen Reihen und in denen der Verbündeten. So war es Konrad von Montferrat, der heimlich in eigene Verhandlungen mit dem Sultan trat."

Erneut aufkommende Unruhe unter den Rittern

beschwichtigte der König mit einer Handbewegung.

"Hört mich an, meine Getreuen! Konrad wollte einen Separatfrieden mit dem Sultan aushandeln. Wie euch bekannt ist, wurde gut die Hälfte unserer Geiseln von unseren französischen Verbündeten bewacht, bis sich König Philipp am 31. Juli entschloss, in die Heimat zurückzukehren. Und Konrad zögerte nicht, diese Gefangenen als sein Unterpfand dem Sultan anzubieten. Ihr versteht, dass ich unter diesen Umständen keine andere Entscheidung treffen konnte. Die Geiseln werden noch heute Nacht getötet."

Als sich in der allgemeinen Aufregung nun auch Morgan schwerfällig von seinem Sitz erhob, fiel das nur Johel auf, der ihm gegenübersaß und mit fassungsloser Miene den König ansah. Morgan nickte ihm nur kurz zu, und während die meisten der Umstehenden zum König drängten, um mit ihm ein paar kurze Worte zu wechseln, eilte Morgan zum Ausgang.

Nazeera!

Er musste sie unbedingt warnen.

Dass die Delegation der Sarazenen in einem Nachbarhaus untergebracht war, wusste jeder Ritter. Zudem stand dort eine Wache vor dem Eingang, und dort war jetzt das Ziel Morgans. Niemand hielt ihn beim Betreten des nicht sonderlich geräumigen Hauses auf. Der aufrecht stehende, rote Löwe auf seiner Brust war Ausweis genug, um ihn überall, ungehindert passieren zu lassen.

Noch in dem spärlich beleuchteten Flur traf er auf die junge Sarazenin, die eben damit beschäftigt war, ein kleines Bündel aus einem Raum zu tragen.

„Nazeera! Du musst sofort die Stadt verlassen!", sagte Morgan leise. „Richard hat den Befehl gegeben, dass alle Geiseln noch heute Nacht getötet werden!"

Die Übersetzerin blieb dicht vor ihm stehen, sodass er ihre traurigen Gesichtszüge trotz der schlechten Beleuchtung gut wahrnehmen konnte.

„Wir haben das von eurem König selbst ausgerichtet bekommen, als er heute die Verhandlungen abgebrochen hat. Auch wir dürfen die Stadt nicht verlassen, werden aber auf das Ehrenwort des Königs noch heute hinausgeleitet."

In diesem Augenblick vernahm Morgan das Stampfen von Füßen, gefolgt von ein paar harschen Befehlen.

„Sie kommen, euch ebenfalls abzuholen, Nazeera. Das klingt nicht nach einer Ehreneskorte! Rasch, zurück in den hinteren Teil des Hauses! Gibt es einen Ausgang zum Hof?"

Nazeera schien zu zögern, aber Morgan ergriff sie am Arm und zog sie hinter sich her. Er kannte diese Art der Häuser und vermutete, dass es einen angrenzenden Hof und dort vielleicht sogar einen Brunnen geben würde. Als er eine Tür öffnete, bestätigte sich seine Vermutung.

Der Hof war von einer nicht allzu hohen Mauer eingefasst, eine Zisterne befand sich in der Mitte. Der Mond war nur eine Sichel und warf sein Zwielicht auf die Umgebung. Morgan suchte nach einer Türöffnung, als hinter ihm Lärm ertönte. Jemand schrie etwas, und gleich darauf folgte ein zweiter Schrei, der offenbar von einem Menschen ausgestoßen wurde, der eine tödliche Verwundung erhalten hatte, jetzt schien hinter ihnen im

Haus das Chaos loszubrechen.

„Glaubst du noch immer an einen freien Abzug? Hier, über die Mauer, ich bringe dich in Sicherheit!"

„Aber meine Gefährten – niemand versteht eure Sprache, ich muss ..."

„Nichts musst du, nur dein eigenes Leben retten!"

Mit diesen Worten riss er die Sarazenin mit sich, stand gleich darauf an der Mauer und hob sie hoch. Kurz zögerte die junge Frau, dann schwang sie sich hinüber und war gleich darauf weich gelandet. Morgan landete neben ihr, griff erneut ihren Arm und zog sie durch die dunkle Gasse, bog im rechten Winkel in eine andere ab und wusste, dass er damit den Palast Richards umgangen hatte. Von hier aus war es nur eine kurze Entfernung bis zu ihrem Quartier, wo er Nazeera verstecken wollte.

Doch die riss sich plötzlich los und blieb stehen.

„Wohin willst du, Morgan? Wir können nicht aus der Stadt entkommen, man sucht uns überall und wenn du in meiner Gegenwart erwischt wirst, geht es dir schlecht."

„Das ist mir jetzt egal, wir müssen … Nazeera!"

Die junge Frau hatte sich blitzschnell umgedreht und war sofort in der Dunkelheit verschwunden. Ihre dunkle Kleidung machte es unmöglich, sie in der Finsternis der Gasse zu erkennen. Morgan lauschte auf ihre Schritte, aber nach einem kurzen Rascheln war nichts mehr zu vernehmen. Eine Weile lief er noch in die Richtung, in der er sie vermutete, aber sie war nicht mehr zu sehen.

Langsam ging Morgan zurück zu dem Haus der Delegation, die man eben auf die Straße trieb. Die Soldaten waren dabei nicht sonderlich zimperlich, hielten den Männern ihre Lanzenspitzen in den Rücken und trieben sie vorwärts. Der Ritter mit dem roten Löwen auf dem Wappenrock eilte an ihnen vorbei und war gleich darauf wieder im Palast, wo er sich unter die in Gruppen zusammenstehenden Ritter mischte. Johel war nirgends zu sehen, aber dessen Knappe Derwen machte ihm ein Zeichen, dass sein Herr bereits gegangen war.

Niemandem war die Abwesenheit Morgans aufgefallen, und er nutzte einen günstigen Moment, um sich von Sir Angus zu verabschieden.

„Ihr tut gut daran, zu Bett zu gehen, Sir Morgan. Glaubt mir, dem König ist die Entscheidung nicht leicht gefallen. Aber er würde an Glaubwürdigkeit bei den Sarazenen verlieren, wenn er jetzt Schwäche zeigt."

„Und es werden tatsächlich alle Geiseln getötet?"

Der Ratgeber zuckte mit den Schultern.

„Haltet Euch bereit, Sir Morgan. In spätestens zwei Tagen wird König Richard den Befehl zum Aufbruch geben. Es hält ihn nichts mehr in der Stadt. Wir haben große Ziele vor uns, und das Nächste heißt Arsuf."

Morgan nickte dem Ritter zu und verließ schweren Herzens den Palast und kehrte in seine Unterkunft zurück. Hier erwarteten ihn inzwischen nicht nur Johel, sondern auch alle drei Knappen. In dieser Nacht konnte keiner von ihnen schlafen.

Es gab keinen Anlass für Morgan, seine Begegnung mit Nazeera und die Erlebnisse im Haus der Sarazenen zu berichten. Johel drückte dem Freund stumm die Hand und schwieg, während die Knappen leise miteinander flüsterten. Dann erhob sich Morgan von seinem Sitz und ging zu der Weinkanne, die auf dem Tisch stand.

„Wir sollten versuchen, zu vergessen, was dort draußen heute Nacht geschieht. Es gibt genügend Wein, der uns dabei hilft, Freunde."

9.

Tatsächlich brach König Richard mit seinem Heer am 22. August auf, um das nächste Ziel zu erreichen. Es hatte am Tag nach der Ermordung der ersten Geiseln Angriffe von Seiten der Sarazenen gegeben. Reiter mit Bögen waren herangejagt und hatten auf die Soldaten geschossen, die am Rand des riesigen Loches standen, in das man die in der Nacht getöteten Menschen mit allen zur Verfügung stehenden Fahrzeugen brachte.

Diese Angriffe waren von den eigenen Bogenschützen jedes Mal ‚für die Sarazenen auf verheerende Weise, abgewehrt worden, und nach einigen vergeblichen Versuchen, ihre Landsleute zu befreien, mussten die Angreifer einsehen, dass noch immer Arbeiter mit dunkler Haut dabei waren, das Massengrab weiter auszuheben. Jeder Pfeil konnte einen der eigenen Leute treffen, und am Nachmittag des 21. August wurden die letzten Angriffe zurückgeschlagen.

Richard hatte verfügt, dass jetzt ein großer Teil der Ausrüstungen und Zelte auf die im Hafen von Akkon liegenden Schiffe verladen wurden und auf diese Weise vor die Küste von Arsuf, nördlich von Jaffa gelegen, geschafft wurden. Der Zug der Kreuzfahrer war damit beweglicher geworden, auch wenn es bedeutete, dass man für kurze Zeit auf einen gewissen Komfort verzichten musste.

Jago und Derwen hatten gerade dafür gesorgt, dass die in Ballen verpackten Bahnen des großen Zeltes sicher und trocken im Bauch einer Nef untergebracht wurden und schlenderten am Kai entlang. Hier lag eine Nef neben der anderen, und die große Kogge der Deutschordenbrüder fiel ihnen dadurch besonders auf. Dieses Fahrzeug war erheblich größer als die Nefs, jedoch auch etwas schwerfälliger zu bewegen und bei stürmischer See um einiges anfälliger, was die Sicherung der Ladung betraf.

Überall eilten Lastenträger mit schweren Packen keuchend und schwitzend hin und her, wurden Karren herbeigeschafft, entlud man neu eingetroffene Schiffe mit dem Handelsgut, dass die Kaufleute sofort nach Akkon schafften, kaum, dass sie von der Eroberung der Stadt erfahren hatten.

Jago musterte kurz die Gesichter der ihn umgebenden Menschen und griff unwillkürlich nach Derwens Arm.

„Da ist er, Derwen!"

Noch ehe der andere Knappe reagieren konnte, lief Jago zwischen den anderen Menschen hindurch und stürzte sich auf einen Mann, der nur mit einem außerordentlich schmutzigen Hemd und einer Bruche bekleidet war.

Mit einem Aufschrei stürzten beide auf den hart gestampften Boden und rollten gleich darauf eng umschlungen auf den Rand der Kaimauer zu.

Jago behielt die Oberhand, saß rittlings auf dem Brustkorb seines Gegners und schlug ihm gerade die Faust ins Gesicht, als Derwen neben ihm eintraf.

Auch er erkannte den Narbigen und wollte zufassen, um Jago zu unterstützen, als sich der Bursche gewandt wie eine Schlange herumrollte und den Knappen abwarf. Im nächsten Augenblick war er wieder auf den Beinen, während Jago sich noch aufrappelte. Derwen war heran, als das Messer in der Hand des Verbrechers aufblitzte, und ein unangenehmes Lachen schallte ihm entgegen.

Das Gesicht des Narbigen war durch die noch gut erkennbaren Kratzspuren der ermordeten Schankmaid erheblich hässlicher geworden, sofern man das überhaupt sagen konnte.

Derwen duckte sich, als Gyris in einer raschen Attacke zwei Stöße mit dem Messerarm in seine Richtung ausführte, denen der Knappe um Haaresbreite entging. Da schrie Gyris plötzlich auf und fasste sich an die Stirn. Aus einer Platzwunde lief ihm das Blut über das Gesicht, und unter der Wucht des Steines, der ihn dort getroffen hatte, taumelte er einen Schritt zurück.

Ein zweiter Schrei ertönte, als er das Gleichgewicht verlor und über die Kaimauer ins Hafenbecken stürzte.

Sofort standen die Freunde an der Mauer und schauten hinab, aber das Schicksal hatte den Mörder bereits ereilt. Bei seinem Sturz landete er genau zwischen den beiden hier vertäuten Nefs, die sanft in der Dünung des Hafenbeckens schaukelten. Gyris verblieb nur noch ein Augenblick, in dem sein Kopf durch die Oberfläche schoss und er tief die Luft einzog, Da prallten die beiden Bootskörper gegeneinander und zerdrückten den Verbrecher zwischen sich.

Lautlos sank der Körper zurück, war noch für einen Moment unter der Wasseroberfläche erkennbar, bevor er tiefer in das aufgewühlte, schmutzige Hafenwasser versank und unter den Bootskörpern nicht mehr zu sehen war.

„Der hat seinen Lohn erhalten!", sagte Jago nach einer Weile, in der er auf das bewegte Wasser gestarrt hatte.

„Komm zurück in die Stadt, Jago. Wir werden unseren Rittern berichten und die sollen entscheiden, was weiter geschieht."

Johel war nicht anwesend, sondern wollte sich um ihre Pferde kümmern, während Morgan unruhig auf- und abging und an das Schicksal der Menschen dachte, die noch immer dem Tod entgegengetrieben wurden.

Er hörte sich den Bericht der beiden Knappen an und stimmte anschließend zu, dass sie zusammen zum Profos gingen und dort Bericht erstatteten. Es war wieder der lange Mann mit dem grauen Gesicht, der ihnen nicht gerade freundlich entgegensah.

Morgan kümmerte sich nicht um die Laune des Mannes, zog den kleinen Schemel zu sich heran und überließ den beiden Knappen das Reden.

„Wie könnt ihr sicher sein, dass es sich um den Mörder handelt?", wollte der Profos wissen, nachdem die beiden schon eine Weile schwiegen. Er brauchte offenbar seine Zeit, bis er antworten konnte.

„Nun, zum einen haben wir den Mann erkannt, zweifelsfrei. Dann trug sein Gesicht neben den ohnehin vorhandenen Narben auch deutlich erkennbare, tiefe Spuren, wie sie von Fingernägeln her stammen. Das darfst du mir glauben Profos, zumal dem Kerl schon einmal ein Ohr abgeschnitten wurde. Ein Zweifel an seiner Person kann nicht bestehen, aber ich kann dir auch empfehlen, einmal in das Hafenbecken zu springen und den Mann selbst zu betrachten."

Damit gingen die drei schon wieder hinaus.

In der Tür blieb Jago noch einmal stehen, drehte sich zu dem Graugesichtigen um und ergänzte: „Aber Vorsicht beim Springen, Profos! Die beiden Nefs kommen sich ständig sehr nahe!"

10.

Auch der Marsch nach Arsuf verlief ähnlich wie der Marsch auf die Stadt Akkon. Das Heer der Kreuzfahrer marschierte an der Küste entlang, und die Schiffe folgten ihnen dabei. Der Unterschied bestand jedoch diesmal darin, dass man Treffpunkte festgelegt hatte, in denen man von den Nefs Lebensmittel an Land rudern und gefahrlos in Empfang nehmen konnte. Denn Saladins Heer folgte den Kreuzfahrern in gebührlichem Abstand.

Nahezu täglich gab es wieder Angriffe der berittenen Bogenschützen, die abgewehrt wurden, aber trotzdem Tote und Verwundete forderten.

Dann endlich, am 7. September, stießen die christlichen Ritter auf das Heer Saladins, das sich für diese Schlacht ein geeignetes Gelände ausgesucht hatte.

Während Richards Heer weiter an der Küste nach Jaffa zog, verbargen sich die Sarazenen in einem Waldstück.

König Richard hatte längst mit dieser Begegnung gerechnet und war vorbereitet. Die Spitze seines Heeres wurde von den Tempelrittern gebildet, jenem Orden, der sich anlässlich des ersten Kreuzzuges gegründet hatte. Sie selbst nannten sich *Arme Ritterschaft Christi und des salomonischen Tempels zu Jerusalem,* waren alle gut gerüstet und erfahrene Kämpfer, die zudem überall im Morgenland Burgen errichtet hatten und ihre vornehmste Pflicht in der Aufgabe sahen, Jerusalem von den Heiden zu befreien.

Dieser Spitze folgten Richards Männer dicht an

dicht, die Angevinen, Poitevinen, Normannen, Bretonen und Engländer, denen wiederum Flamen und Franzosen, sowie als Nachhut der Johanniterorden.

Die Reiter deckten die Infanterie zur Landseite hin, und Saladins Bestreben war es nun, die bei der Hitze nahezu unmöglich gerüsteten Reiter zu einem Angriff zu verlocken. Richard hatte Anweisungen erteilt, dass jeder unter seinem Kettenhemd den Gambesson trug, den gepolsterten Mantel, der in der Lage war, die Wucht der Schläge zu mildern. Dazu hatten nahezu alle die gleichen Helme, die Nasalhelme, und trugen Lanzen in den Händen.

Auf die List des Sultans fielen die Kreuzritter nicht herein.

Ein donnernder Befehl des Königs, der einen prächtigen Anblick auf seinem Pferd bot. Seinen Helm umgab eine angedeutete Krone, auf seinem frischen Wappenrock leuchtete der steigende, rote Löwe.

Jetzt eilten die Lanzenträger der Infanterie an ihm vorüber und bildeten eine schier undurchdringliche Linie zu den Sarazenen hinüber. Dann folgten die Armbrustschützen, die sich zwischen die Lanzenträger hockten und ihre Waffen spannten.

Sie schossen zwar erheblich langsamer als die Bogenschützen Saladins, weil ihre Waffen immer abgesetzt und mittels einer Kurbel erneut gespannt werden mussten, bevor man einen Bolzen abschießen konnte. Dafür trafen sie mit fast jedem Schuss tödlich, während die Pfeile der Sarazenen den Kreuzfahrern wenig anhaben konnten. Viele von ihnen hatten die Kettenhemden noch mit einem Nackenschutz aus dem gleichen Material ergänzt, und zahlreiche Pfeile fielen dadurch kraftlos herunter.

Richard hielt sich mitten zwischen seinen Rittern auf und befand sich in Sichtweite von Morgan. Er und Johel hatten beschlossen, ihre Kriegsknechte gemeinsam zu führen. Jeder von ihnen hatte dreißig Mann geworben, von denen allerdings nach den Kämpfen von Akkon nur jeweils noch zehn Mann übrig geblieben waren. Johel, der nicht nur als Minnesänger Ruhm erworben hatte, verzichtete gern auf die Befehlsgewalt und unterstellte seine Soldaten dem Freund direkt.

Der König hatte mehrfach seine Ritter streng ermahnt, keinen eigenen Angriff zu starten, bevor er das Signal dazu gab. Er hielt seine Reiter zurück, damit das Heer des Sultans nahe genug war, um einen vernichtenden Gegenschlag zu führen.

Allerdings zeigte es sich rasch, dass die Pferde der Nachhut unter dem Pfeilbeschuss stark dezimiert wurden, und plötzlich brachen die Johanniter aus ihrer Reihe und preschten auf den Feind zu.

„Verdammt, können die Kerle ihre Tiere nicht zurückhalten?", schrie der König laut, aber schon wurden die anderen Tiere unruhig, die Reiter hatten ihre Mühe, die tänzelnden und bockenden Pferde zu halten.

„Sire?", rief Sir Angus, der zum zweiten Mal sein Pferd durchparieren musste.

„Angriff!", schrie der König und hielt sein Schwert steil nach oben in den wolkenlosen Himmel. „Macht sie nieder! Gott will es!"

Und mit der Wiedergabe dieses Schlachtrufes

brach jetzt die gesamte Kavallerie in einer Linie vor. Die Johanniter wüteten schon unter ihren Feinden, und als sich jetzt die Hauptmacht der Sarazenen einer geschlossenen Reiterfront gegenübersah, wich sie langsam zurück.

Saladin hatte bei solchen Kämpfen schon häufiger erreicht, dass die Reiter in ihrer Kampfeslust seinen Männern folgten und dann umzingelt werden konnten. Doch diese Taktik funktionierte jetzt nicht. König Richard kannte dessen Vorgehen und ließ die Reiter immer sofort anhalten, wenn der Kontakt zu den Sarazenen abriss. Zwei Gegenangriffe des Sultans wurden auf diese Weise abgeschlagen, und in einer geschlossenen Front rückten die Ritter vor, gnadenlos alles niederhauend und –stechend, was sich ihnen in den Weg stellte.

Schließlich flohen die Sarazenen in die Wälder bei Arsuf, und die Kreuzfahrer hatten ihren Sieg errungen. Langsam setzten sie den Reitern nach, allen voran Richard Löwenherz, neben ihm Sir Angus und einige andere Heerführer. Morgan, Johel und die Knappen folgten in seitlich versetztem Abstand, als plötzlich, nur wenige Yards von ihnen entfernt, eine Gruppe Sarazenen aus einem kleinen Waldstück hervorbrach und sofort die Verfolgung der Heerführer aufnahm. Sie hatten Morgan nicht wahrgenommen, und der stellte sich plötzlich in den Steigbügeln auf und feuerte sein Pferd an. Es flog förmlich über die Ebene auf die Gruppe der Feinde zu, und als er einen raschen Blick zur Seite warf, erkannte er die Freunde neben sich.

Mit lautem Jubelruf warfen sie sich auf die Sarazenen, die ihre Annäherung erst bemerkt hatten, als es schon zu spät war. Schwerter schlugen aufeinander, und als nun auch die Begleiter des Königs die Gefahr erkannten und sofort umkehrten, war es um die feindlichen Reiter geschehen.

Ein kurzer, wilder Kampf entspann sich, während das Hauptheer Saladins immer weiter am Horizont verschwand. Eben stürzte der letzte Sarazene aus dem Sattel, überschlug sich und blieb regungslos liegen.

„Sir Morgan, ich bin Euch wirklich dankbar!", erklang die Stimme des Königs neben Morgan, der eben noch einmal sein Pferd herumgerissen hatte, um sich zu überzeugen, dass keiner der Angreifer überlebt hatte.

„Sire – es war meine Pflicht, Euch unter Einsatz meines Lebens zu schützen!", antwortete Morgan und wendete sein Pferd, um gleich darauf an die Seite Richards zu eilen.

Der König streckte ihm die Hand entgegen, und freudig ergriff Morgan sie.

„Sire, ohne meine Gefährten …", begann Morgan, und der König nickte ihm lächelnd zu.

„Ich weiß schon, Sir Morgan! Sir Johel de Vautort und die wackeren Knappen. Wohl an, Sir Johel! Ich erteilte Euch den Auftrag, mir ein Lied zu schreiben das Eure Taten vor Arsuf würdigt! Und wenn wir zurück in der Heimat sind, werdet Ihr das an meinem Hofe vortragen – bei einem entsprechenden Fest!"

Noch einmal grüßte der König mit der Hand, dann verschwand er mit seinen Begleitern wieder in Richtung seines Heeres, das er nur für einen kurzen Moment verlassen hatte, der doch weitreichende Folgen haben konnte.

„So, nun also die Stadt Arsuf!", verkündete Johel, als sie dem König nachsahen.

„Ich hoffe nur, dass wir dort nicht wieder monatelang eine Belagerung durchführen müssen! Das Leben vor den Toren einer Stadt ist einfach entsetzlich, und wenn ich an die vielen Krankheiten denke, die unter unseren Leuten wüten ..."

Morgan nahm die Zügel auf und trieb sein Pferd wieder an.

Womit jedoch keiner von ihnen gerechnet hatte:

Die Moral der Sarazenen war nach dieser Schlacht auf dem Tiefpunkt.

Sie gaben die Stadt kampflos auf.

Nach wenigen Tagen zog Richards Heer dort ein und nahm Quartier.

Am ersten, gemeinsamen Abend der Ritter ging wie ein Lauffeuer der Ruf durch das Lager:

„Nach Jerusalem! Gott will es!"

Der Ruf wurde wieder und wieder aufgegriffen und donnerte schließlich aus hunderten von Männerkehlen hinauf in den dunklen Nachthimmel.

Doch Gott hatte andere Pläne für Jersualem ...

Ende des zweiten Teils

SCHILD UND SCHWERT – Sir Morgan, der Löwenritter # Band 3: Blutmond über Cornwall

von Tomos Forrest

Die Ereignisse überstürzen sich. Nach der Einnahme von Akkon und der Ermordung von fast dreitausend Geiseln zieht das Kreuzfahrerheer weiter nach Arsuf und Jaffa. Das Heer Saladins scheint besiegt, als König Richard beschließt, den Kreuzzug zu beenden. Doch bevor der große Aufbruch in die Heimat beginnt, erleben die Freunde Morgan of Launceston, Johel de Vautort und ihre Knappen noch manches gefährliche Abenteuer und decken eine Verschwörung auf.

Während der Rückreise nach England werden sie getrennt. Kaum in seiner Heimat angekommen, erlebt Morgan heftige Anfeindungen aufgrund des roten Löwens auf seinem Waffenrock, und ein blutroter Mond, der Bote des Bösen, geht über Cornwall auf …

***

1.

„Das könnte eine Falle sein, Morgan!"

Johel de Vautort strich sich den Bart glatt und warf einen prüfenden Blick in die Umgebung.

„Sichert mich ab, Freunde, ich muss sehen, was da vorn liegt und schon die Aasvögel anlockt!", antwortete der blonde Hüne und drückte seinem Pferd die Fersen in die Seite. Als er nur noch wenige Yards von dem dunklen Gegenstand entfernt war, flogen die Vögel auf, und sein Pferd scheute zurück.

Unverkennbar drang der Geruch von faulendem Fleisch zu ihm herüber. Morgan zog das Tuch wieder hervor, das ihm bei der ständigen Hitze, dem Staub und dem Sand in diesem Teil der Erde schon so oft gute Dienste geleistet hatte.

Vor seiner Abreise aus Cornwall, mit seinen dreißig Kriegsknechten und dem Knappen Jago, hatte er sich in der Bibliothek des Abtes Geoffrey alles zusammengesucht, was es an Berichten vom zweiten Kreuzzug gab. So formte sich langsam für ihn ein Bild des Landes und seiner Menschen, die für ihre Reitkunst und Treffsicherheit mit dem Bogen berühmt und gefürchtet waren.

Ein Problem tauchte in allen Berichten immer wieder auf – die ungeheure Hitze. In den Kettenhemden und gepolsterten Gambessons der Ritter und für die auf ähnliche Weise geschützten Pferde war es nicht für längere Zeit auszuhalten. Nach und nach würde jeder von seiner Rüstung ablegen, was er für überflüssig hielt. Doch schon ein Dekret des Königs hatte alle Kreuzfahrer darauf hingewiesen, dass das Ablegen der Kettenhemden tödliche Folgen haben konnte – die Pfeile der Sarazenen trafen gut.

Das erwies sich jetzt auch bei diesem Toten, als Morgan aus dem Sattel stieg und den Mann näher untersuchte. Eine Wolke von Fliegen stieg von dem Körper auf, in dessen Rücken mindestens drei Pfeile steckten, bei näherer Untersuchung fand er dann zwei weitere, deren Schäfte abgebrochen waren.

„Kennt jemand von euch diesen Mann?", kam die gedämpfte Stimme Morgans hinter dem Mundschutz hervor, und Johel warf einen kurzen

Blick in das entstellte und verzerrte Gesicht des Toten.

„Ich fürchte, Morgan, das ist Jakob von Avesnes, der seit der Schlacht am 7. September vermisst wurde. Seine Leute haben vergeblich nach ihm gesucht. Er muss sich weit vorgewagt haben, obwohl doch der Befehl König Richards lautete, sofort anzuhalten, wenn der direkte Kontakt mit dem Feind abriss!"

Morgan erhob sich und sah sich um. Ein Stück entfernt entdeckte er einen weiteren Toten, und noch ein Stück weiter lag ein Dritter.

„Schade um ihn, damit verlieren unsere französischen Freunde einen guten Kämpfer und Heeresführer. Soweit ich von ihm gehört habe, war er bei seinen Soldaten sehr beliebt."

„Ja, das hörte ich auch. Er hat die Flamen immer wieder an die gefährlichste Seite der Angreifer geführt. Jago, du hast doch diese Decke hinter deinem Sattel mitgeführt? Erweise dem Toten die Ehre, leg ihn darauf und lass uns mit ihm in die Stadt zurückkehren."

Das war nicht ohne weitere Umstände ausführbar, aber schließlich hatten die Knappen gemeinsam den Toten auf eines der Pferde gehoben und kehrten damit nach Arsuf zurück, wo man die Flamen sofort darüber informierte, dass man ihren Anführer und zwei weitere Tote gefunden hatte. Gleich darauf brachen einige von ihnen auf, um auch die anderen Toten in die Stadt zu holen, Für den nächsten Tag ordnete König Richard, als er vom Tod seines treuen Waffengefährten erfuhr, die Beerdigung für den Herrn von Avesnes, Condé und Leuze an.

Die Flamen bestanden darauf, dass man dem Toten vor seiner Beisetzung das Herz entnehmen solle, es in ein entsprechend versiegeltes Gefäß zu geben und in die Heimat zu senden, damit wenigstens ein Teil des Ritters dorthin zurückkehre.

2.

„Nun, es wird ja schon wieder sehr viel geredet", verkündete Johel am Abend in ihrem Quartier, als die beiden Ritter noch bei einem Becher

Wein zusammensaßen. Ihr neuer Standort hatte nicht den Luxus der wichtigen Hafenstadt Akkon, aber dennoch alle Bequemlichkeiten, die ein Ritter in einer Stadt erwarten konnte. Es gab ausreichend Lebensmittel, Bier und Wein für alle, weil die Nefs vor der Stadt ankern konnten und die Versorgung aufrechterhielten. Außerdem gab es in der Stadt mehrere Badehäuser und auch ein oder zwei Schenken, die von den geschäftstüchtigen Marketendern, die das Heer seit der Heimat begleiteten, sofort nach der Eroberung eröffnet wurden. Hier hielten sich jedoch kaum einmal die Ritter auf. Zu gemischt war das Publikum, und die Gesellschaft der rauen Kriegsknechte war nicht unbedingt der Platz, an dem sich Morgan und Johel längere Zeit wohl fühlten.

Die Fensteröffnungen ihres Quartiers waren von allen Verkleidungen und Tierhäuten befreit, sodass eine leichte, kühlende Brise vom Meer ständig herüberwehte und die Raumtemperatur erträglich machte.

„Was hast du gehört, Johel?", erkundigte sich Morgan und schenkte beiden noch einmal ein.

In diesem Augenblick rief einer der Knappen auf dem Flur, und gleich darauf wurde an ihre Tür geklopft. Blys, der eigentlich zu einem weiteren vermissten Ritter gehörte, und seit dem Verschwinden seines Herrn den beiden Freunden gemeinsam mit deren Knappen diente, steckte den Kopf herein.

„Ist es erlaubt, die Herren?", erkundigte er sich höflich, und Morgan gab ihm ein Zeichen, näher zu treten.

„Es geht in der ganzen Stadt bereits herum. Wir brechen in Kürze wieder auf. Unser nächstes Ziel ist Jaffa, denn König Richard hat gesagt, dass wir diesen Hafen benötigen, wollen wir weiter nach Jerusalem ziehen!"

„Gut, das hatte ich auch schon vernommen, Blys. Wieder nichts als Gerüchte oder ist da noch mehr dran?"

Der braungelockte Knappe lächelte und nickte dazu.

„Ja, Herr, heute habe ich im königlichen Marstall nach Hafer für unsere Pferde gefragt. Und dabei habe ich den Knappen König Richards gesprochen. Man sagt allgemein, dass der beinahe so viel weiß wie Sir Angus, der Ratgeber des Königs selbst."

Alle stimmten in sein Lachen ein, dann fuhr Blys fort.

„Er erzählte mir, dass der König schon überlegt hätte, den Kreuzzug in Jaffa zu beenden."

„Was? Aus welchem Grund sollten wir denn auf halbem Wege stehen bleiben, Blys? Das ist doch undenkbar!"

„Es gab schlechte Nachrichten aus England. William de Longchamp hat arge Schwierigkeiten, die Rechte des Königs zu vertreten. Sein Bruder John ist unerlaubt zurückgekehrt und hat sich mit dem französischen König verbündet."

„Was?", riefen Morgan und Johel wie aus einem Mund.

„Ihr habt doch sicher mitbekommen, dass sich Richard und Philipp vor Akkon im Streit getrennt haben, nicht wahr? Kaum war der Franzose wieder in seiner Heimat angelangt, hat Johann ohne Land ihn als Verbündeten gewonnen. Was die beiden aushecken, kann nicht gut für Richard ausgehen!"

„Andererseits", warf Derwen ein, „wurde auch erzählt, dass der König nicht gleich nach Jerusalem ziehen will, sondern zunächst Askalon einnehmen will!"

Morgan trank einen Schluck und räusperte sich.

„Das ist auch ein interessanter Aspekt, sage ich euch. Askalon ist das Tor in das reiche Ägypten, aber da steht doch wohl eher die Heilige Stadt Jerusalem als wichtiges Ziel ganz obenan!"

Die Freunde schwiegen und schauten nachdenklich in ihre Becher, als es erneut auf dem Flur laut wurde und ein Bote um die Genehmigung bat, eintreten zu dürfen.

„Was bringst du uns für Kunde?", wollte Johel wissen, als der Mann hereinkam.

„Wir brechen morgen nach Jaffa auf, Sir, und der König will im Eilmarsch die Hafenstadt einnehmen!"

„Jetzt wird es ganz verrückt!", antwortete der Minnesänger, während der Bote schon weitereilte. „Eben gerade bequem eingerichtet, und jetzt geht es plötzlich so schnell weiter?"

„Richard scheint wirklich in großen Sorgen zu leben und wohl den Kreuzzug, so schnell es nur irgend möglich ist, beenden zu wollen. Also, dann heißt es, Abschied zu nehmen – Jaffa, wir kommen!"

Lachend verabschiedeten sich die Freunde, und schon beim ersten Hahnenschrei führten die Knappen ihre gesattelten Pferde vor, auf denen neben den Waffen der Ritter auch die persönlichen Dinge hinter den Sätteln aufgeschnallt waren. Wenig später ritten sie dem Sammelplatz entgegen, und kaum eine Stunde war vergangen, als die Hörner zum Aufbruch bliesen.

Keiner der Männer hoch zu Ross hatte noch ein Auge auf den Schatten, der ihnen eine ganze Weile durch die engen Gassen der Stadt folgte. Kurz vor dem Sammelplatz blieb der Verfolger, an eine Hausmauer gelehnt, stehen und musterte die sich hier versammelnden Ritter.

„Allahu akbar!", flüsterte der Schatten und verschmolz in der Dunkelheit der Gasse.

3.

Nach einer kurzen Ansprache, bei der die Instruktionen an die Heerführer ausgegeben wurden, ritt König Richard mit seinem engsten Gefolge aus dem Stadttor, gefolgt von den berittenen Truppen der Bretonen, Engländer und Normannen. Die beiden Freunde mussten noch einige Zeit warten, bis die anderen an ihnen vorübergezogen waren. Sie hatten nur noch jeweils zehn Gefolgsleute, denen sich jedoch am Vorabend auch noch die Überlebenden aus dem Kontingent von Sir Baldwin angeschlossen hatten, sodass sie wieder in ihrer ursprünglichen Stärke von dreißig Mann versammelt waren.

Später konnte Sir Morgan nicht mehr sagen, was ihn zu den gegenüberliegenden Dächern aufblicken ließ. Dort hatte sich etwas bewegt, und blitzschnell war er aus dem Sattel, seinen Freunden einen Warnschrei zurufend.

Zwei Pfeile schlugen in die Hauswand ein, vor der er eben noch auf dem Pferderücken saß, und weitere fielen in rascher Folge und trafen ein paar der Soldaten, richteten aber glücklicherweise durch die Kettenhemden keinen Schaden an.

Schon stürmte Jago davon, gefolgt von den anderen. Sie waren auf der Rückseite des Hauses angelangt, an der ein Balken mit ein paar Einkerbungen lehnte. Ohne lange zu überlegen, war der Knappe daran hinaufgeklettert und griff eben an die Dachkante, als ein Kopf über ihm erschien, sich etwas erhob und gleich darauf ein Bogen auf ihn gerichtet wurde.

„Jago!", schrie Morgan, während er das Messer schleuderte.

Der Knappe duckte sich und presste sich eng an den Balken.

Mit einem gurgelnden Laut stürzte der Bogenschütze an ihm vorbei und schlug auf dem Boden auf. Schon war Jago auf dem Dach, gerade rechtzeitig, um sich auf den zweiten Schützen zu werfen, der eben dabei war, auf das nebenan liegende Haus zu springen. Er erwischte den Mann am Gewand und riss ihn zu sich. Der Sarazene wehrte sich verbissen und hatte plötzlich einen krummen Dolch in der Hand, mit dem er Jago über die

Brust fuhr und den Waffenrock zerschnitt.

Jago schlug seinem Gegner die Faust ins Gesicht und setzte gleich noch einmal nach. Der Dolch entfiel der Hand des Ohnmächtigen, und Jago stieß ihn mit dem Fuß über die Dachkante. Gleich darauf standen alle anderen um ihn herum, und als Johel den überwältigten Feind sah, wandte er sich verächtlich ab.

„Das ist die Art der Sarazenen", murmelte Jago abei halblaut vor sich hin. „Du drehst ihnen den Rücken zu und schon schießen sie auf dich. Werft ihn auf die Straße zu dem anderen und lasst uns hier verschwinden!"

Morgan schüttelte den Kopf.

„Das werden wir natürlich nicht tun, Jago. Außerdem ist es unnötig, der Mann ist tot."

„Wie das?", erkundigte sich Jago erstaunt, gleich darauf erkannte er, dass der Mann während des Kampfes wohl so unglücklich auf die Kante des Daches geschlagen war, dass er sich dabei das Genick gebrochen hatte.

„Also – jetzt weiter, Freunde, sonst verpassen wir noch den Anschluss!"

Wenig später waren alle wieder im Sattel und trieben ihre Tiere an, um ihren Platz in der Reihe der Soldaten einzunehmen.

Diesmal gab es keine Überfälle der Sarazenen, als das Heer der Kreuzfahrer an der Küste gen Jaffa zog. Und hier erwartete sie die nächste, große Überraschung. Die Stadt wurde ihnen kampflos übergeben, bei Annäherung des Heeres öffnete man sämtliche Stadttore und hisste darüber eine weiße Flagge.

Jaffa, die wichtige Hafenstadt, angelegt und befestigt im Jahre 1100 von Gottfried von Bouillon, befand sich wieder in der Hand der Christen. Nun würde einer Fortsetzung des Kreuzzuges nach Jerusalem nichts mehr im Wege stehen. Doch es sollte für die Männer um Richard Löwenherz anders kommen.

Die Stadt wurde für die nächsten Monate das Quartier der Freunde. Von hier aus wurden Ritte in das Landesinnere unternommen und dabei die Wege erkundet. Starke Verbände von Saladins Heer ließen sich immer wieder sehen, hielten sich aber wohlweislich außerhalb der Bogenschussweite, und zu ernsthaften Gefechten kam es auch nicht mehr.

„Es fängt an, langweilig zu werden!", begrüßte Johel Ritter Morgan, als der in das gemeinsam bewohnte Haus eintrat. Er klimperte ein paar Takte auf einer völlig verstimmten Laute und legte sie schließlich lustlos auf den Tisch.

„So? Dann habe ich ja genau das Richtige für dich mitgebracht, Johel. Wir beide sollen im Auftrag des Königs allein nach Jerusalem reiten und dort vermelden, dass weiterer Widerstand zwecklos sei – man soll uns die Stadt ebenfalls kampflos übergeben."

„Guter Scherz!", antwortete Johel und lachte gekünstelt. „Aber ich werde heute nicht schon wieder in der Hitze meiner Kammer schmachten. Ich gehe jetzt in das Badehaus und vielleicht, wenn mir die Stimmung danach ist, verbringe ich die ganze Nacht mit einer jungen, hübschen Hure!"

Morgan lachte laut auf.

„Johel – da hast du einen wirklich guten Scherz gemacht. Huren gibt es zwar sehr viele in Jaffa, doch ich habe bislang nicht eine einzige gesehen, die jung und hübsch war!"

„Alter Miesmacher!", schimpfte Johel lächelnd. „Bleib du nur hübsch zu Hause und denk dir Gedichte für deine Miriam aus! Vielleicht vertone ich eines davon!"

Morgan stellte sich mit untergeschlagenen Armen vor seinem Freund auf und antwortete: „Nein, ich werde dich in das Badehaus begleiten!"

„Im Ernst? Und – danach?"

„Trinke ich hier meinen guten Wein und beschließe damit einen weiteren, tristen Tag!"

Lachend traten die Freunde in die mittlerweile dunkle Gasse vor ihrem Haus und schlugen den Weg zum Badehaus ein.

4.

Morgan musste allein den Rückweg zu ihrer Unterkunft antreten, weil Johel tatsächlich beschlossen hatte, den Abend in Gesellschaft einer Hure zu verbringen. In Gedanken nicht mit seinem Umfeld beschäftigt, sondern weit von hier in der Heimat, bemerkte Morgan erst im letzten Augenblick, wie nur wenige Schritte vor ihm zwei dunkle Gestalten in einer Gasse verschwanden. Das Verhalten erschien ihm verdächtig, und so presste er sich dicht an die Hauswand und beobachtete das weitere Geschehen.

Es dauerte nicht lange, und eine weitere Gruppe verschwand auf die gleiche Art, diesmal hatte er fünf Personen unterschieden.

Noch einmal folgten drei weitere nach, und nun waren die Sinne des Ritters in höchster Alarmbereitschaft. Wer schlich des Nachts hier durch die Straßen und verschwand heimlich in einem unbeleuchteten Haus? Vorsichtig näherte er sich der dunklen Einmündung und musste sich korrigieren. Etwa in der Mitte der Gasse, die von höchstens zehn Häusern gebildet wurde, brannte ein winziges Licht. Mehr als eine der zahlreich verwendeten kleinen Öllampen konnte es nicht sein, denn die Flamme blakte im leichten Windhauch und schien jeden Augenblick zu verlöschen.

Morgan wartete noch eine Weile, bis er sicher

sein konnte, dass niemand mehr den anderen folgte.

Dann huschte er in die Gasse, verhielt kurz an der Tür des Hauses und lauschte. Undeutlich drang das Murmeln von Stimmen heraus, und er war noch nicht einmal in der Lage, eine Sprache herauszuhören. Rasch überlegte Morgan sein weiteres Vorgehen. Wenn diese Gasse wie die anderen in den Städten des Morgenlandes erbaut worden war – und nichts sprach dagegen – dann würde es auf der Rückseite der Häuser kleine Höfe geben, die an die Höfe der gegenüberliegenden Gasse stießen. Also begab er sich an das andere Ende und war gleich darauf in einem der dunklen Höfe über die Mauer gestiegen.

Dieses Vorgehen barg natürlich auch einige Risiken für ihn, denn es war nicht auszuschließen, dass bei den auch noch in der Nacht hohen Temperaturen jemand im Hof schlief. Aus diesem Grund warf er immer erst einen vorsichtigen Blick über die nächste Mauer, bevor er sie übersteig. Dabei zählte er die Höfe sorgfältig durch, bis er sicher sein konnte, auf der Rückseite des Hauses zu stehen, in dem die verdächtigen Gestalten verschwunden waren.

Tatsächlich fiel hier ein fahler Lichtschein durch eine schmale Fensteröffnung, unter der er sich sofort an die Wand schmiegte und nun Einzelheiten, wenn auch nur bruchstückweise, verstehen konnte. Überraschend war für ihn die Erkenntnis, dass sich dort offenbar Landsleute versammelt hatten, was die Angelegenheit für ihn noch mysteriöser machte. Welcher Teilnehmer am Kreuzzug hatte es nötig, sich nachts durch die Gassen von Jaffa zu schleichen und bei sparsamer Beleuchtung ein Treffen zu veranstalten?

„Ganz sicher …", schnappte er gerade auf, und die Antwort eines anderen: „Die Kogge … zur Mittagszeit."

Dann wurde ein Schemel beiseitegeschoben, und jemand schien sich zur Fensteröffnung zu begeben, unter der Morgan kauerte.

„Wohin willst du?", erkundigte sich jemand ganz in der Nähe, und eine andere Stimme antwortete: „Ich denke, ich gehe mal auf den Hof hinaus, die Luft geht klar und ist würzig, da müssen wir hier nicht in dem dumpfen Haus sitzen."

Blitzschnell huschte Morgan zur Mauer, zog sich hinauf und ließ sich behutsam auf der anderen Seite herunter, gerade rechtzeitig, als der Schein einer Laterne auf den Innenhof fiel.

„Wunderbar!", sagte jemand so dicht vor ihm, dass er zusammenzuckte. In den äußersten Winkel des Nachbarhofes zog er sich zurück, wo er sicher sein konnte, von nebenan nicht bemerkt zu werden, wenn er hier auf die gleiche Weise den Rückzug antrat. Tatsächlich befand er sich wenig später schwer atmend am Anfang der Gasse und suchte sich die Toreinfahrt eines offenbar verlassenen Hauses, von wo aus er die Männer beobachten konnte, wenn sie von ihrem geheimnisvollen Treffen zurückkehrten. Seine Geduld wurde auf eine harte Probe gestellt.

Morgan hatte sich in die Ecke des Tores gekauert und schmiegte sich dort an das Holz, um keine erkennbaren Umrisse für einen zufälligen Betrachter abzugeben. Trotz der unbequemen Haltung schlief er um ein Haar ein, schreckte hoch, als er Geräusche und leise Stimmen vernahm und spähte vorsichtig um die Ecke. Zwei Männer gingen mit eiligen Schritten direkt an der Hofeinfahrt vorüber, ohne auch nur einen Blick in das Dunkel zu werfen.

Da ihnen niemand weiter folgte, war Morgan an ihren Fersen, als sie gerade von der Gasse in eine Hauptstraße einbogen. Hier trennten sich die Männer, und ihr Verfolger entschied sich für den kleineren der beiden, dem er weiter bis hinunter zum Hafen folgte.

Hinter ein paar aufgestapelten Fässern fand er erneut Schutz und sah, wie der Mann über eine Planke an Bord einer Nef eilte und dort in der Dunkelheit verschwand. Langsam und nachdenklich kehrte Morgan in seine Unterkunft zurück.

5.

„Der Herr ist nicht anwesend, ich darf Euch nicht einlassen, Sir!"

Der Mann, der sein ängstliches Gesicht durch den Türspalt steckte und Morgan misstrauisch musterte, wollte die Tür schon wieder zudrücken, als sie von dem Ritter wieder aufgedrückt wurde.

„Wovor fürchtest du dich? Mein Wappen auf dem Waffenrock wirst du ja wohl kennen und weißt also, dass ich einer der Ritter im Gefolge von König Richard bin. Ich habe für den Herrn des Hauses eine Botschaft, also – wo kann ich ihn finden?"

Das Hausfaktotum trug eine viel zu große Bundhaube auf dem Kopf, die ständig nach vorn in die Stirn rutschte und ihm fast die Sicht auf sein Gegenüber nahm.

Der Mann hatte eine so angespannte Körperhaltung eingenommen, als müsse er in jedem Augenblick damit rechnen, über den Haufen gerannt zu werden. Dazu spiegelten sich auf seinen glatten Gesichtszügen sämtliche Stufen seiner Gefühle, von Panik bis verhaltender Angst.

„Der Herr ist … am Hafen. Wir erwarten heute eine … Kogge."

„Aus Bremen?"

„Nein, Herr, aus Lübeck. Die Deutschordenritter bauen ihr Hospital in Jaffa auf, und da muss

Herr Rudolph sich selbst um alles kümmern. Die Ladung ist zu wertvoll um sie beim Entladen unbeobachtet zu lassen."

Morgan hatte erfahren, was er wollte, und fügte noch hinzu:

„Dann trägt Rudolph sicher seinen Waffenrock mit dem Kreuz der Deutschordenritter?

„Ja, Herr, etwas anderes zu tragen ist dem Orden ja untersagt. Keuschheit, Armut und Hilfe für die Christen in Not, das ist ihr …"

„Ich weiß, ich weiß", wehrte Morgan rasch ab. „Dank für deine Auskunft, ich werde ihn finden."

Damit eilte er auch schon die schmale Gasse hinunter, in der er das nächtliche Treiben bemerkt hatte. Also der Hausherr ein Deutschordenritter, der sich mit seinen Brüdern in der Nacht in seinem Haus traf. Sicher nichts, was verdächtig war – oder doch? Warum unterhielten sich dann die deutschen Ordensbrüder untereinander in der englischen Sprache?

Morgan beschloss, sich diese Kogge einmal anzusehen. Ein Blick auf dem freien Platz vor der Altstadt zum Himmel zeigte ihm, dass es bald die

Mittagsstunde sein musste. Also würde die Kogge jetzt wohl eintreffen, wenn Wind und Strömung sich nicht plötzlich veränderten. Doch das Meer lag heute glatt, der Wind strich mit geringer Stärke landwärts, und so gab es wohl keinen Grund für eine größere Verspätung.

Als er im Hafen eintraf, wurde die mächtige Kogge gerade vertäut. Eine Gruppe von Lastenträgern stand bereit, Kiepen und kleine Karren neben sich. Und dann entdeckte er die beiden in ihren dunklen Gewändern und dem schlichten, schwarzen Balkenkreuz, das nur durch seine weiße Umrandung erkennbar war. Die beiden waren in einem lebhaften Gespräch vertieft, wie Morgan an der Gestikulation des älteren der beiden erkennen konnte.

Eben wurde eine Planke vom Deck der Kogge herüber zum Land geschoben, und gleich darauf sprang ein etwas beleibter Mann in einer schön bestickten Cotte an Land. Er wurde von den beiden Schwarzgekleideten freundlich begrüßt. Man tauschte wohl nur Belanglosigkeiten über den Reiseverlauf und das Wetter aus, dann gingen die drei

Männer an Morgan vorüber, ohne ihm Beachtung zu schenken. Vor einem großen Holztor blieben sie stehen, und auf ein Klopfzeichen wurde es von innen vorsichtig einen Spalt breit geöffnet, gerade so weit, dass die Männer eintreten konnten.

Das alles machte einen völlig harmlosen Eindruck, und Morgan fragte sich schon, ob er durch die langjährige Tätigkeit im Dienste seines Vaters vielleicht zu misstrauisch geworden war und gleich hinter jeder ungewöhnlichen Beobachtung Unrat witterte. Aber er beschloss dennoch, das Haus auch in der heutigen Nacht noch einmal zu beobachten. Sollte es sich hier um eine normale Nachschublieferung für ein Hospital handeln, musste das ja wohl kaum in der Nacht besprochen werden.

So fand sich Morgan in Begleitung Johels zur gleichen Zeit wie am Vorabend in der Gasse ein, hatte jedoch einige Vorkehrungen für den Fall getroffen, dass man sie bemerken und vielleicht unschädlich machen wollte.

Beide trugen über Hemd und Bruche statt der Cotte einen dunklen Umhang aus dünnem Stoff, um sich von ihrer Umgebung nicht zu sehr abzuheben. Obwohl wieder die übliche Meeresbrise herüberwehte, war es heute dumpf und stickig in der Gasse, der Wind erreichte den letzten Winkel kaum. Schon beim Überqueren der Gartenmauern waren beide Freunde schweißnass.

Nun sollte sich Morgans Vorsicht bewähren. Kaum hatten sie ihren Posten unter der kleinen Fensteröffnung eingenommen und sich dabei eng an die Hausmauer geschmiegt, als in den Raum ein kleines Licht kam und sich der Öffnung näherte. Offenbar trug jemand ein Öllämpchen und ging durch den Versammlungsraum. Morgan hielt den Atem an, als er hörte, wie zwei Riegel an der Innenseite der hölzernen Pforte zum Hof zurückgeschoben wurden und sich anschließend die Tür ein kleines Stück öffnete. Knarrend blieb sie in dieser Position stehen, und der schmale Lichtschein wanderte von ihnen weg, zurück in den Raum. Morgan hörte, wie sein Freund sachte die angehaltene Luft ausstieß. Dann drangen Stimmen an ihr Ohr, und unwillkürlich duckte sich jeder von ihnen noch tiefer an die Hauswand und den Boden des

Hofes.

Das Treffen hatte begonnen. Und wie am gestrigen Tag, drangen zunächst auch nur Wortfetzen an die Ohren der Lauscher.

„Alles gut ... Letzte Nacht ... Aufbruch ..."

Der Rest ging in einem Geräusch unter, das Morgan als Rücken von Schemeln auf dem festgestampften Boden des Hauses einordnete.

„Wir müssen also morgen Nacht zuschlagen? Ich habe ein schlechtes Gefühl bei der Vorstellung, einen Christenmenschen töten zu müssen!", sagte jetzt eine tiefe, wohltönende Stimme unmittelbar über den beiden Rittern. Der Sprecher hatte sich wohl direkt an die Fensteröffnung gestellt.

„Nur im äußersten Notfall, Bruder, und damit Richard erkennt, dass wir es ernst meinen und er keine andere Wahl hat!"

Es folgte ein unverständliches Stimmengemurmel, dann eine lautere Stimme.

„Also, es wird ausgeführt, wie besprochen. Fünf Stimmen dafür, eine dagegen. Die Wachen sind bestochen, wir können Sir Angus im Schlaf ..."

Schritte im Raum, erneue Unruhe, dann die kräftige Stimme.

„Ja, in jedem Falle nach Mitternacht wieder hier. Der Platz ist gut, es gibt einen Keller direkt hier drunter, und nur die gegenüberliegenden Häuser wurden den Kriegsknechten zugewiesen. Hier sind wir vor Entdeckung sicher."

Was die anderen antworten, war wieder nicht zu verstehen. Morgan gab dem Freund ein Zeichen, und rasch kehrten sie über die Mauern der Nachbargrundstücke zurück und erreichten die Hauptstraße, ohne auch nur einem Menschen zu begegnen.

„Also gilt ein Anschlag Sir Angus", stellte Johel fest, als sie eine Weile schweigend zu ihrem Quartier zurückgegangen waren.

„Oder König Richard!", antwortete Morgan.

„Ich denke nicht! Wenn die Wachen bestochen wurden, kann es sich nur um zwei Mann handeln, die in der Nacht im Haus eines Ritters wachen. Der König wird rund um die Uhr von verschiedenen Gruppen bewacht, die sich zudem ständig abwechseln. Ein Bestechungsversuch hätte da wenig

Aussichten auf Erfolg."

„Dann sollten wir jetzt den Ratgeber des Königs aufsuchen!"

„Heute Nacht noch? Es ist weit nach Mitternacht!"

„Das ist gleichgültig. Er sollte in jedem Falle informiert werden!"

6.

Sir Angus zeigte sich keineswegs übermüdet oder gar verwundert über seinen nächtlichen Besuch. Seit König Richard der alleinige Führer des christlichen Heeres war, gab es ständig Dinge zu erledigen, überraschende Besucher zu empfangen und rasche Entscheidungen zu treffen.

„Ich danke Euch, dass Ihr mir sofort Bericht gegeben habt. Nun werde ich natürlich veranlassen, dass man die Wachen austauscht und verstärkt."

Morgan räusperte sich leise.

„Wenn Ihr gestattet, Sir Angus, hätten wir da einen anderen Vorschlag."

„Ich bin gespannt!"

„Wenn wir die Wachen verdoppeln, werden die Brüder gewarnt. Damit können wir sie aber nicht auf frischer Tat schnappen. Deshalb möchte ich Euch darum bitten, Sir Angus, alles so zu belassen, wie es bislang war. Johel und ich haben schon bei früherer Gelegenheit in Cornwall zusammen gearbeitet und werden heute Nacht bei Euch im Haus bleiben. Der Anschlag ist für die kommende Nacht geplant, es ist also eine reine Sicherheitsmaßnahme."

„Hm", antwortete der Ratgeber nachdenklich. „Einmal angenommen, es wird in der kommenden Nacht ein Anschlag auf mich verübt – was soll da geschehen, wie soll ich mich verhalten? Ihr habt mich im Kampf gesehen, ich bin nicht der Mann, der sich aus Schwierigkeiten heraushält."

„Das ist der zweite Teil meines Vorschlages, Sir Angus."

Die Nacht verlief ruhig, die beiden Freunde wachten abwechselnd in einer Kammer neben dem Schlafgemach des Ratgebers, und hatten ihre Tür angelehnt gelassen, um beim geringsten Geräusch zu erwachen und eingreifen zu können. Gegen Morgen verließen sie das Haus wieder, nicht ohne noch einmal mit Sir Angus über die nächsten Schritte gesprochen zu haben.

Die drei Knappen hatten für den Tag genügend zu tun, denn schon bald zeichnete es sich ab, dass König Richard tatsächlich in die Heimat zurückkehren würde. In rascher Folge waren mit den Versorgungsschiffen Nachrichten aus England eingetroffen, die ihn darin bestärkten, den Kreuzzug abzubrechen und heimzukehren.

Sorge machte dabei den meisten Kreuzfahrern nicht dieser bislang nur als Gerücht im Umlauf befindliche Gedanke, den Kreuzzug hier in Jaffa zu beenden. Wer das Mittelmeer und seine Tücken zu dieser Jahreszeit kannte, war nicht sonderlich erpicht darauf, eine derart unsichere Seereise anzutreten. Dazu kamen durch die Versorgungsschiffe ständig neue Schreckensnachrichten von Piraten, die das zunehmend stürmische Wetter nutzten, um die voll beladenen Handelsschiffe gnadenlos zu jagen. Eine Nef war auf dem Wasser ein ziemlich schwerer, unbeweglicher Klotz und damit jedem schnell segelnden Piratenschiff deutlich unterlegen.

Am Abend dieses Tages hätte sich wohl manch ein Beobachter gefragt, ob die Häuser dieser Gasse tatsächlich so verlassen waren, wie sie jetzt wieder wirkten. Im Verlaufe des Tages hatten immer wieder gewappnete Kriegsknechte die schmale Straße betreten, aber nur wenige von ihnen sie auch wieder verlassen, um dann, nach einem Bogen um die Häuser, wieder zusammen mit anderen Kameraden das Spiel zu wiederholen. Auf diese Weise war sichergestellt, dass auf ein Signal die Gasse sofort in beide Richtungen gesperrt war und man die Übeltäter festnehmen konnte.

Jeder Mann war auf seinem Posten und hielt die befohlene Stille ein. Nirgendwo gab es einen verräterischen Lichtschein hinter den schmalen Fensteröffnungen, kein einziger Helm zeigte sich irgendwo oder reflektierte gar das fahle Mondlicht in den dunklen Häusern.

Nach einer Wartezeit, die allen schier endlos erschien, tat sich in der Dunkelheit der Straße etwas. Diesmal kamen die Männer nicht einzeln oder in kleinen Gruppen, sondern alle gleichzeitig. Sie trugen einen länglichen und offenbar schweren Gegenstand auf Stangen über ihren Schultern.

Ein Riegel fuhr laut kratzend zurück und verursachte in der nächtlichen Stille einen Laut, der Morgan Gänsehaut verursachte. Unwillkürlich hob er etwas den Kopf, konnte aber nur noch erkennen, wie der letzte Mann eintrat und gleich darauf die Tür wieder verschlossen wurde.

Das war der richtige Moment, und noch ehe sich der Letzte umdrehen konnte und den ersten Riegel vorlegte, prallte Sir Morgan mit voller Wucht dagegen, überraschte den Mann vollkommen und fegte ihn von den Füßen.

Erschrockene Rufe wurden laut, als die Kriegsknechte unter Führung Sir Morgans in das Haus mit den Deutschordenrittern nachdrängten, während gleichzeitig Johel mit seinen Soldaten von der Hofseite ins Haus eindrang. Die Überraschung war vollkommen auf ihrer Seite, es gab kaum nennenswerten Widerstand, und als mehrere kleine Öllampen zusammengetragen wurden und der Raum sich etwas erhellte, sagte eine Stimme:

„Gott sei Dank, zur rechten Zeit! Viel länger hätte ich es unter der Kapuze nicht mehr ausgehalten!"

Jemand hatte Sir Angus das schwarze Ding vom Kopf gezogen und durchtrennte nun mit einer dünnen Klinge seine Handfesseln.

„Alles in Ordnung, Sir Angus?"

„Ja, seid unbesorgt, Morgan, alles war so, wie Ihr es vorausgesehen hattet."

„Vorausgesehen? Wie das?", war die erste Äußerung von einem der Ordensbrüder, die eben von den Soldaten gefesselt wurden. Der Mann war, nach seiner Aussprache zu urteilen, offenbar kein Deutscher, sondern Engländer.

„Nun, ich sage es mal so: Für eine Entführung habt Ihr Euch etwas zu sorglos verhalten. In einer Stadt wie Jaffa haben die Wände Ohren!"

„Also Verrat!", stöhnte der Mann, dessen Stimme Morgan als die des gestrigen Sprechers am Fenster identifizierte.

„Du sprichst von Verrat, du Verbrecher?", schrie ihn Sir Angus voller Zorn an. „Du trägst den Rock einer barmherzigen Bruderschaft und vergreifst dich doch bei Nacht und Nebel an einem Ritter?

Am Ratgeber des Königs? Pfui!"

Es fehlte nicht viel, und Sir Angus hätte vor dem Mann ausgespuckt, so verächtlich klang seine Stimme.

„Ich erwarte nicht, dass Ihr unser Vorgehen versteht oder gar billigen werdet, Sir Angus. Und doch war unsere Handlung nicht schlecht, sondern vielmehr im Sinne unseres Glaubens!", antwortete der Ordensbruder.

„So, Ihr glaubt also, dass man Menschen entführen und bedrohen kann, ohne dass es Folgen hat?"

Der Gefesselte stieß einen verzweifelten Laut aus.

„Was wir getan haben, geschah im Namen des Christentums, Sir Angus! Auch wenn Ihr das nicht begreifen könnt – das war der letzte Ausweg, unsere verzweifelte Lage doch noch zum Guten zu wenden!"

Der königliche Ratgeber ergriff eine der kleinen Öllampen, hielt sie hoch, um die Gesichtszüge seines Gegenübers besser erkennen zu können und sprach dann mit ihm, als müsse er ein Kind beruhigen:

„Es wird sich alles zum Guten wenden, nur nicht mehr für Euch. Ihr werdet morgen auf dem Marktplatz der Stadt für diese Tat hingerichtet. Vor den Augen aller Kreuzfahrer!"

Der Sprecher der Brüder richtete sich zu seiner vollen Größe auf, musterte kurz den Ratgeber und antwortete dann: „Ich weiß, dass Ihr mich niemals verstehen könnt. Doch beantwortet mir nur eine einzige Frage!"

„Die wäre?"

„Ziehen wir noch in dieser Woche gen Jerusalem oder bricht König Richard den Kreuzzug hier ab und kehrt in die Heimat zurück?"

„Wie kommt Ihr auf einen solch abwegigen Gedanken?", herrschte ihn sein Gegenüber an.

„Antwortet mir! Ihr kennt die richtige Antwort als einer der wichtigsten Ratgeber des Königs! Brechen wir gen Jerusalem auf oder endet der Kreuzzug hier in dieser Stadt?"

Sir Angus musterte den Gefangenen noch einmal von Kopf bis Fuß. Dann nahm er die Öllaterne weg und sagte leise:

„Das ist Hochverrat. Für diese Worte werdet Ihr erst recht morgen sterben!"

Damit wandte er sich ab und wollte an den Wartenden hinaus, als ihn die Stimme des Ordensbruders festhielt.

„Sir Angus! Ihr kennt die Wahrheit wie wir! Mit Eurer Gefangennahme wollten wir den König zwingen, den Kreuzzug nach Jerusalem fortzusetzen. Ihr wisst, dass die Entscheidung für seine Rückkehr längst gefallen ist. Wir wollten ihn damit drohen, Euch zu töten, wenn er an Bord eines Schiffes gehen würde. Schaut mir ins Gesicht und sagt mir, dass König Richard genau das nicht vorhat!"

Sir Angus drehte sich um und stapfte zur Tür, wobei er halblaut ausstieß:

„Das ist Hochverrat!"

7.

Zwei Tage nach diesem Vorfall und einen Tag nach der Hinrichtung der Deutschordenritter auf dem Marktplatz von Jaffa kam der Befehl zum Aufbruch.

König Richard, genannt Löwenherz, hatte den Kreuzzug abgebrochen. Er wollte unter allen Umständen zurück in seine Heimat und seinen Bruder zur Rechenschaft ziehen.

Fassungslos standen Morgan und Johel auf dem Marktplatz, auf dem noch eine dunkle Stelle von der Hinrichtung der zehn Ordensbrüder zeugte, die zwar ein Verbrechen begangen hatten, aber aus guten Motiven heraus und für ein Ziel, dem sie sich alle verschworen hatten.

„Ich kann es noch nicht glauben, Morgan", sagte Johel leise und seufzte schwermütig. „Alles vorbei? Noch vor der Rückeroberung von Jerusalem? Wir sind für dieses Ziel vor langer Zeit aufgebrochen, wir haben alle große Opfer gebracht, zahlreiche von uns wurden schwer verwundet und verstümmelt, die Toten zählen wir zu Tausenden – und das nicht nur auf unserer Seite. Und jetzt alles vorbei?"

„Auf der anderen Seite bin ich natürlich glücklich, früher als jemals gedacht, Miriam wiedersehen zu können. Aber unser Ziel, die Befreiung der Heiligen Stätten, ist nicht geglückt. Wir haben viel erreicht, die gesamte Küste mit ihren wichtigen Hafenstädten und Burgen befindet sich wieder in der Hand der Christen. Aber – Jerusalem! Der Mittelpunkt unserer christlichen Welt, befindet sich immer noch in den Händen der Ungläubigen!"

„Sir Morgan?", erklang die Stimme von Jago hinter ihnen. „Ich habe soeben vom Generalgewaltigen die Einteilung auf die Schiffe erhalten. Leider werden wir von Johel getrennt, der König hat angeordnet, dass er auf seinem Schiff reist."

„Eine hohe Ehre, mir wäre es jedoch lieber, wir würden nicht getrennt!", antwortete der Minnesänger betrübt.

„Naja, das gefällt mir auch nicht sonderlich, Johel, aber dagegen lässt sich schwerlich etwas sagen. Sieh es mal von der freundlichen Seite: Du an Bord des Königs und sicher mit dem Auftrag, ein paar Lieder zu schreiben, um die Taten Richards zu rühmen. *Herr König, höret mich / derweil ich singen will / von Taten hoch und kühn / der Schwerter wildem Spiel ..."*

„Hoch Sir Morgan, dem Sieger im Wettbewerb der Sänger!", spottete Johel und schlug die Hände lachend zusammen.

„Dir wird das Spotten noch vergehen, wenn du an der Schanzverkleidung hängst und dein Essen an die Fische weitergibst. Und außerdem ist es noch nicht einmal gesagt, dass die Nef Richards auch der schnellste Segler ist!"

„Von wegen Nef, Morgan. Hast du erfahren, was sich an Bord der lübischen Kogge befand?"

Morgan lachte laut auf.

„Der dringend erwartete Nachschub für das Hospital von Jaffa, nichts anderes. Die Brüder haben am Ende im Verhör gestanden, dass sie nach der Gefangennahme ihre Geisel auf das Schiff bringen wollten und für den Fall, dass Richard nicht auf ihre Forderungen einging, mit Sir Angus auf das Meer hinauszufahren."

„Hätten sie ihn tatsächlich ermordet? Wie unnachgiebig unser König ist, hat er ja auf sehr grausame Art in Akkon gezeigt."

Morgan schwieg und dachte mit Schaudern an

die fast dreitausend Geiseln, darunter Frauen und Kinder, die Richard ermorden ließ, weil Sultan Saladin nicht, wie vereinbart, seine adligen Geiseln freigelassen hatte.

„Ich weiß es nicht, Johel, ich kann es mir aber auch nicht recht vorstellen. Es sind doch Brüder, die sich die Barmherzigkeit auf ihr Banner geschrieben haben!"

Der Minnesänger nickte dazu und deutete auf das Schwert seines Freundes.

„So wie wir alle das Kreuz genommen haben und damit töten, was wir als ungläubig bezeichnen."

Einen Moment schwieg Morgan verblüfft, dann schüttelte er leise den Kopf, als ihm bewusst wurde, dass der Freund den oberen Teil ihrer Schwerter meinte, der tatsächlich die Kreuzform hatte.

„Ist das nicht schon eine lästerliche Rede?", entgegnete er grinsend.

„Weiß ich nicht, Morgan. Soll ich unseren Beichtvater fragen?"

Keiner der beiden Freunde konnte auch nur erahnen, dass der nächste Sturm die Flotte trennen und es lange Zeit dauern würde, bis sie sich wieder sahen.

8.

Es geschah am vorletzten Tag ihrer Reise.

Die Nef pflügte sich mühsam durch die Wellentäler, das einzige Segel war vollständig gerefft, doch der Sturm trieb das schwerfällige Schiff durch den Ärmelkanal vor sich her. Plötzlich legte sich das Brausen, das eben noch die Luft erfüllt hatte. Erstaunt sahen die Männer nach oben, in den dunkelblauen Himmel, der den Tag zur Nacht gemacht hatte.

Wie ein Lichtfinger schnitt ein dicker, gebündelter Sonnenstrahl zwischen den Wolken hindurch und traf direkt auf die Nef.

„Der Finger Gottes!", schrie einer der Seeleute auf und bekreuzigte sich hastig.

Die anderen Männer standen stumm an die Schanz geklammert und registrierten nicht mehr das Auf und Ab des dickbauchigen Schiffes. In regelmäßigen Abständen erfassten es die Wellen, hoben es hoch hinauf und stürzten es gleich darauf hinunter in das Wellental.

Schäumende Gischt jagte über den Bugsteven und das Deck. Immer, wenn sich die Nef unter den einstürmenden Gewalten nicht mehr zu bewegen schien, kam die nächste, gewaltige Welle, hob sie wieder hoch hinauf und wiederholte das Spiel auf immer neue Weise.

Die Männer hatten für dieses Naturschauspiel längst keinen Blick mehr, das war ihr Alltag. Auch das brodelnde Wasser um sie herum, das über die Planken jagte und an den Speigatten wieder hinauslief, interessierte sie nicht. Jeder von ihnen war bis auf die Haut durchnässt, sowohl der Schiffsführer als auch der Mann, der sie für diese Fahrt bezahlte. Die beiden standen hoch oben auf dem Kastell am Steuer.

Noch immer schien der unheimliche Strahl direkt auf ihr Deck, und plötzlich kam ein Schatten herunter wie ein Stein, groß, schnell und hart. Er schlug auf das Deck auf, dicht neben den Seeleuten und lag dort groß und ausgebreitet mitten in dem Lichtfinger.

„Ein Albatros!", schrie einer der Seeleute auf.

Ein anderer hob den großen Vogel an einem Flügel auf und hielt ihn hoch.

Kein Zweifel, der Sturm hatte den Albatros auf das Deck der Nef geschmettert.

„Ein Zeichen Gottes!", schrie der erste Seemann wieder laut heraus. „Wir sind alle dem Untergang geweiht!"

„Der Vogel des Todes!", ergänzte ein anderer, und die Männer sanken in die Knie, auf das Deck, wo sie standen und murmelten Gebete, trotz der heftigen Schiffsbewegungen.

Nur der Mann, der den toten Vogel am Flügel hielt, kniete nicht.

Eine Weile betrachtete er den so unvermutet vom Himmel herabgestürzten Vogel, dessen Größe ihn beeindruckte. Schließlich holte er aus und warf das tote Tier in hohem Bogen über die Schanz in die kochende See.

Keiner der Seeleute glaubte noch an ihre sichere Landung an der Küste Britanniens. Doch der Sturm hatte bereits seinen Höhepunkt erreicht, wurde schwächer und schwächer, der Himmel riss auf und ließ mehr als nur den dicken Sonnenstrahl hindurch.

Es dauerte nicht lange, da wurde es hell um die Nef, die Männer starrten auf das noch immer tobende Meer hinaus, und erste Hoffnung regte sich wieder. Es war wie ein Wunder, aber das Schiff trieb in der aufgewühlten See, wurde noch immer hoch hinauf gehoben und gleich darauf in ein Wellental geschleudert.

Niemand hatte mehr das Gefühl, im nächsten Augenblick von den Wellen verschluckt zu werden. Doch die Natur zeigte sich heute von ihrer launischen Seite. Kaum war die Dunkelheit der Sonne gewichen, zog Nebel auf und beeinträchtigte erneut die Sicht.

„Diese Fahrt ist ein Omen!", flüsterte einer der Seeleute. „Der tote Albatros ist ein untrügliches Zeichen. Wir werden alle elendiglich ersaufen!"

Keiner der anderen Männer hörte ihm mehr zu. Die beklemmende Situation entspannte sich mehr und mehr, und die Seeleute gingen ihren Tätigkeiten nach. Jetzt waren fast alle davon überzeugt, in

Kürze die heimatliche Küste zu erreichen.

9.

Aus dem Nebel schälten sich die Konturen der englischen Küste. Der Mann an der Schanzverkleidung strengte seine Augen an, um einen markanten Punkt auszumachen. Noch war es zu früh für die Einzelheiten. Und während die Nef sich mit jeder Welle hob und danach wieder in das Wellental glitt, achtete er nicht auf das Wasser, das gelegentlich von einer kräftigeren Welle über das Deck gespült und an den Speigatten wieder herauslief.

Auf dem erhöhten Deck im Bug bestand keine Gefahr mehr, sich nasse Füße zu holen. Morgans Gedanken eilten zurück. Mit dreiunddreißig Schiffen dieser Bauart war ihre Flotte damals aufgebrochen, um das Morgenland zu erreichen und die Heiligen Stätten von den Sarazenen zu befreien. Es wurden harte und entbehrungsreiche Zeiten für alle Kreuzfahrer. Die Sarazenen unter ihrem Sultan Saladin waren gewandte und ausdauernde

Kämpfer. Und sie hatten den Vorteil, dass sie nicht so unter der Hitze litten wie die Kreuzfahrer.

Morgans Hände umschlossen das Holz der Schanze mit eisernem Griff. Der Gedanke an die verlorenen Freunde erschütterte ihn und wühlte ihn auf. Mit einem tiefen Seufzer verdrängte er die Erinnerungen wieder, die in bunten Bildern vor seinem geistigen Auge auftauchten. Eine frische Brise schien die letzten trüben Gedanken zu verjagen, und Morgan richtete sich auf, als er im sich nur schwer lichtenden Dunst die Häuser der Stadt Plymouth erkannte.

Die Nef war in den Plymouth Sound eingelaufen, und es kam ihm so vor, als würde die leichte Landbrise bereits den Geruch seiner geliebten Heimat herüberbringen. Er schloss die Augen und sah die weiten, hügeligen Felder von Cornwall vor sich, erinnerte sich mit Freuden an die Tage, in denen er hier als Ermittler seines Vaters zusammen mit den beiden Kriegsknechten Cyan und Rhodri so machen Übeltäter dingfest gemacht hatte.

Erneut jagten ihm die Gedanken durch den Kopf.

Was war auf Launceston Castle während seiner Abwesenheit geschehen?

Warum erreichten ihn keinerlei Nachrichten mehr?

Natürlich war es schwierig, Boten dem gewaltigen Heer der Kreuzfahrer nachzusenden, die auch noch persönliche Nachrichten an die teilnehmenden Ritter übermittelten. Aber er hatte feste Vereinbarungen mit seinem Vater getroffen und zumindest vor Antritt seiner Rückreise auf eine Nachricht gehofft.

Doch als sich das Heer trennte und König Richard beschloss, aufgrund der herrschenden Stürme auf dem Mittelmeer eine Route einzuschlagen, der sich einige Ritter nicht anschließen wollten, hatte er keinen Gruß aus der Heimat vorgefunden. Dafür waren andere Nachrichten eingetroffen, wonach die Franzosen ihre Häfen für die englische Kreuzfahrerflotte geschlossen hätten.

König Richard wählte deshalb den Weg über Istrien, während sich Morgan mit seinem Knappen den anderen anschloss, die trotz der Warnungen die direkte Route an die französische Küste wählten. Sie hatten damit Erfolg, konnten unbemerkt landen und fanden schließlich die Nef mit einem hervorragenden Schiffsführer für ihre Weiterreise nach Britannien. Der Mann hatte sich gut bezahlen lassen, verpflichtete sich aber, die Kreuzfahrer an den Ort zu bringen, den sie ihm bezeichneten.

Während nun ein Teil von ihnen an der normannischen Küste ihre Familien aufsuchten, fuhr Morgan weiter bis an die südenglische Küste. Er hatte das Schiff gechartert und würde als Letzter von Bord gehen.

„Sir Morgan?"

Der Ritter drehte sich zu der Stimme um und lächelte seinen Knappen freundlich an.

„Jago, hast du das Frühstück heute behalten können?"

Der Knappe hatte während der letzten Tage im Kanal vor der englischen Küste furchtbar gelitten und wirkte jetzt noch unsicher auf den Beinen, als er das Schanzdeck betrat. Obwohl beide Männer von der Sonne kräftig gebräunt waren, zeigte der Knappe ein eher fahles Antlitz.

„Es geht schon. Und die Reise hat ja nun ein Ende!"

Jago deutete mit dem Kopf zum immer deutlicher aus dem Dunst tretenden Uferbereich. „Ich kann Euch gar nicht sagen, wie froh ich bin, wieder festen Boden unter den Füßen zu haben. Wie mag es da wohl erst unseren Tieren ergangen sein?"

Morgan klopfte ihm wohlwollend auf den Rücken und antwortete:

„Ich war schon in der Frühe bei unseren Pferden. Es geht ihnen gut, beide haben mich mit einem Wiehern begrüßt und ließen sich das Futter schmecken. Sie haben die Fahrt offenbar besser überstanden als mancher Mensch!"

„Wenn Ihr erlaubt, Sir Morgan, würde ich gern in Plymouth in der ersten Kirche unserem Herrn für die gesunde Rückkehr danken!", bat der Knappe und strich sich über seinen wieder relativ kurzen Bart. Jago war nicht ganz so groß wie sein Ritter, der etwas über sechs Fuß messen mochte, hatte aber ein ebenso breites Kreuz, gut ausgebildete Oberarme und sich in manch gefährlichen Situation bestens bewährt.

Lächelnd musterte der Ritter seinen treuen Knappen, der während des Kreuzzuges stets an seiner Seite war. Er war jetzt in dem Alter, in dem Morgan einst von seinem Vater zum Ritter geschlagen wurde. Aber Jago war ein Findelkind und wurde als Sechsjähriger von Morgan aufgenommen und durch seinen Waffenmeister ausgebildet. Der Junge hatte dadurch ein Leben geführt, das ihm sonst aufgrund seiner Herkunft verwehrt gewesen wäre. Und ob er eines Tages zum Ritter geschlagen werden konnte, war aus dem gleichen Grund eher fraglich. Allerdings wurde Jago von allen Seiten angesichts seiner guten Umgangsformen sehr geschätzt und vor allem für sein Können, für das ihn König Richard persönlich belohnt hatte.

Als Dank für ihre Dienste durften sich Morgan und Jago schon vor der großen Schlacht von Akkon unter den erbeuteten Pferden der Sarazenen zwei Tiere aussuchen. Morgans Wahl fiel auf einen prächtigen Hengst, dem er den Namen *Blane* gegeben hatte. Der Rappe war ein temperamentvoller Bursche, jedoch sehr geschickt im Kampf und mit einem leichten Schenkeldruck zu lenken. Sein früherer Besitzer musste ihn auf hervorragende Art ausgebildet haben.

Auch der Fuchs, den Jago erhielt, erwies sich in vielen Situationen als gut ausgebildetes Tier. Deshalb war es Morgan ein Bedürfnis, nach den bestandenen Abenteuern die Pferde mit in die Heimat zu nehmen. Er brachte es einfach nicht über sein Herz, sie bei der Einschiffung zu verkaufen, wie es so viele der Kreuzfahrer machten.

Die Schiffsführer verlangten unglaubliche Summen für das Mitnehmen der Pferde, aber das war Morgan egal. Seine Familie verfügte über ausreichende Mittel, und seinem Vater war es ein besonderes Anliegen, den einzigen Kreuzfahrer in der Familie entsprechend auszustatten.

Während die Mannschaft alle Vorbereitungen für das baldige Anlegen traf und das einzige Segel refften, kam der Schiffsführer über das Deck, eilte die schmale Treppe hinauf und stand gleich darauf neben den beiden.

„Sir Morgan!", grüßte der Mann freundlich und

nickte dann hinüber zum Ufer, wo sich jetzt bereits die einzelnen Häuser gut unterscheiden ließen. „In Kürze werden wir festgemacht haben und anschließend Eure Pferde ausladen. Sicher werdet Ihr noch etwas in Plymouth bleiben, denke ich. Wir hatten ja in den vergangenen Tagen etwas stürmische See, und die Tiere werden sich erholen müssen."

„Na, ich denke, eine Nacht wird ausreichen!", antwortete der Ritter. „Mich zieht es zurück auf den Sitz meiner Familie. Es ist etwa ein halber Tagesritt vom Hafen bis nach Launceston Castle. Und so nahe bei allen Menschen, die ich liebe, werde ich in Plymouth nicht recht zur Ruhe kommen."

„Darf ich Euch einen Rat geben, Sir Morgan?"

Verwundert sah der Ritter in das von Wind und Wetter gegerbte Gesicht des Seefahrers. Sein Alter war schwer zu schätzen, viele Jahre auf See hatten tiefe Spuren in seine ohnehin hageren Wangen gegraben, und wenn der Wind seine wilden, dunkelbraunen Haare bewegte, konnte man auch die tiefen Sorgenfalten auf der Stirn erkennen. Gerade eben hatte er sie besonders hoch gezogen, und verwundert antwortete ihm sein Passagier:

„Selbstverständlich, was bedrückt dich?"

Der Seemann hob seine Hand und deutete auf den von der Sonne ausgeblichenen Waffenrock. Morgan trug eine schlichte, an den Seiten geschlitzte Cotte, darüber einen ursprünglich blauen Waffenrock. An einigen Stellen wies er geschickt geflickte Löcher und Risse auf, die blaue Farbe war durch Sonne und Wasser in starke Mitleidenschaft gezogen. Auffallend war jedoch das große Wappen auf der Brust. Ein roter, steigender Löwe war dort zu erkennen, das Zeichen, das König Richard während seines Kreuzzuges trug und das auch einige der Ritter aus seinem engsten Umfeld übernommen hatten.

„Mit Verlaub, Sir, es steht mir nicht zu, aber ich möchte Euch darauf hinweisen, dass Ihr etwas anderes überziehen solltet!"

Der Seemann hatte herrliche, stahlblaue Augen, mit denen er Morgan jetzt eindringlich ansah, und in diesem Augenblick überrieselte den Ritter ein seltsames Gefühl. Der Mann schien durch und durch vertrauenswürdig, das hatte er während der gesamten Reise und bei den verschiedenen, erforderlichen Ankertagen an der normannischen Küste immer wieder bewiesen. Wenn er also etwas an dem Wappen des Königs auszusetzen hatte, dann hatte Morgan sofort ein ungutes Gefühl.

Da waren die Gerüchte vor der Abreise, die von Mund zu Mund flogen und sich abends an den Lagerfeuern in unglaublichen Geschichten aus der Heimat zu Wahrheiten festigten. Doch weder König Richard noch einer der engsten Vertrauten äußerten sich zu den ungeheuren Mitteilungen, die den Bruder des Königs betreffen. Selbst Sir Angus, der sich Morgan besonders verpflichtet fühlte, schwieg lächelnd auf alle Fragen, die ihm der Ritter stellte. Richard hatte alle Vertrauten zu strengstem Stillschweigen verpflichtet, was natürlich den Gerüchten immer neue Nahrung gab.

Morgan straffte sich und zog den Waffenrock zurecht.

„Das ist mein Ehrenkleid, guter Mann. Mit diesem Waffenrock bin ich in Akkon und anschließend in Jaffa eingeritten. Warum sollte ich ihn jetzt bei der Rückkehr in meine Heimat nicht mehr tragen?"

Der Seemann war verlegen, aber er senkte deshalb nicht seinen Blick.

„Man wird Euch daran sofort als Gefolgsmann König Richards erkennen, Sir Morgan."

Der Ritter nickte heftig.

„Und warum auch nicht? Wir haben für unseren Glauben gekämpft und Sultan Saladin eine entscheidende Schlappe beigebracht, auch wenn wir nicht in die Mauern Jerusalems gelangten!"

„Das ist es nicht, Sir Morgan. Es ist vielmehr … es sind der Prinz und seine Anhänger. Sie führen ein neues Regiment seit der Abwesenheit des Königs. Johann ohne Land bezeichnet sich als König von Britannien. Und er hat ein neues Wappen eingeführt. Nicht mehr den einzelnen, aufrecht angreifenden Löwen. Er trägt jetzt bei offiziellen Anlässen ein Wappen mit drei schreitenden Löwen!"

„Ha, was für ein Unsinn!", rief Morgan laut heraus und ließ seinem Ausruf ein lautes Lachen folgen, das jedoch gekünstelt wirkte. „Hat man so etwas schon gehört? Drei schreitende Löwen?

Aber das passt zu Prinz John – schleichende Katzen anstelle eines mutig angreifenden Löwen. Danke, mein Freund, für den guten Rat. Ich will einmal sehen, ob der Waffenrock des Königs nicht doch für große Begeisterung sorgt, wenn man einen heimkehrenden Kreuzfahrer erblickt!"

„Nichts für Ungut, Sir!", sagte der Seemann und nickte noch einmal freundlich. „Ich hoffe nur, dass Ihr recht behaltet und auch unser rechtmäßiger König bald wieder zurückkehrt. So, wie es im Moment ist, geht es jedenfalls nicht weiter. Ich bin nur froh, dass ich keine Familie habe und in wenigen Tagen wieder mit einer neuen Fracht aufbreche."

„Jedenfalls danke ich dir für den Rat!", antwortete Morgan freundlich, während der Seemann die steile Treppe hinuntereilte und gleich darauf seine Befehle zum Anlegen über das Deck schallten.

Morgan und Jago hatten sich wieder zum Ufer gedreht, auf dem jetzt das bunte Treiben der Menschen gut zu sehen war. Von allen Seiten schienen sie herbeizulaufen, einige führten kleine Karren mit sich, andere schleppten Lasten oder waren auf einer Nef mit dem Laden oder Entladen beschäftigt. Als die dickbauchige Nef mit einer kleinen Bugwelle heranschoss, eilten geschäftig kleinere und größere Boote beiseite, um nicht mit dem doch etwas schwerfälligen Schiff zu kollidieren.

Dann flogen die Taue hinüber, und ein paar kräftige Hände packten zu, um das Schiff zu vertäuen.

Tatsächlich war nicht viel Zeit vergangen, als die beiden Männer mit leicht schwankenden Schritten über den festen Boden den Häusern von Plymouth zustrebten.

Die kleine, aber aufblühende Hafenstadt an den Flüssen Tamar und Hamoaze sowie dem River Plym hatte sich in den letzten Jahren immer mehr zu einem wichtigen Handelsplatz entwickelt. Morgan und Jago waren auf der Suche nach einer Herberge mit Stall, damit sie auch ihre Pferde unterbringen und an das feste Land gewöhnen konnten.

Holy Lance stand auf einem verwitterten Schild, das sich an einem niedrigen Steinhaus befand. Im Gegensatz zu dem Schild machte das Haus einen sauberen und gepflegten Eindruck, und deshalb trat Sir Morgan ein. Der obere Türbalken war so niedrig, dass der große, blonde Mann sich bücken musste, und auch sein Knappe konnte nicht anders eintreten.

„Heilige Lanze", murmelte Jago dabei leise vor sich hin. „Was wissen diese Leute denn von der Heiligen Lanze? Und dann hier an der Küste …" Mitten im Satz unterbrach sich der Knappe und starrte auf die Wand hinter dem Schanktisch, während sein Herr auf einen freien Tisch am anderen Ende des Raumes zuschritt, nachdem er fröhlich die anwesenden Gäste gegrüßt hatte.

„*Dydh da* – guten Tag!", hatte er in cornischer Sprache gesagt, und ein beifälliges Murmeln antwortete ihm. Zu dieser noch frühen Nachmittagsstunde befanden sich sechs Männer in dem Raum, alle saßen zusammen an einem Tisch und jeder hatte einen Becher mit Bier vor sich stehen.

Morgan spürte, wie ihm die Blicke folgten, doch er achtete nicht weiter darauf, nahm auf einer Holzbank direkt an der Wand Platz und wurde von dem herbeieilenden Wirt freundlich mit „*Fatla genes?* – Wie geht es dir?" begrüßt.

Wie schon so oft ärgerte sich Morgan in diesem Augenblick, dass sein strenger Vater ihm verboten hatte, die Sprache des Volkes zu lernen. Er verstand diese Anweisung nie, denn er wollte schon als junger Mann nicht wahrhaben, dass ein adliger Herr sich nicht in der vulgären Sprache des Volkes äußert. Aber bei seinen früheren Ritten im Auftrag seines Vaters, des High Sheriff of Cornwall, hätte er zu gern die cornische Sprache gesprochen.

So beschränkte er sich auf ein fröhliches „*Yn poynt da, meur ras* – na gut, danke schön!" und bestellte dann für sich und seinen Knappen Bier und etwas zu essen.

Der Wirt hatte den Gast kurz gemustert und nickte nur zu dessen Wünschen. Wie so viele seiner Zunft hatte auch er sich rasch ein Bild von dem Neuankömmling gemacht. Offenbar ein Knappe oder vielleicht auch ein Ritter ohne großes Vermögen, der alte, zerschlissene Sachen trug und vermutlich auch kein Pferd besaß. Noch nicht einmal eine Waffe konnte er bei dem Fremden erkennen, und die braune Gesichtstönung schien ihm zu beweisen, dass der Mann längere Zeit im Freien tätig gewesen sein musste. Ein wenig rümpfte der Wirt seine Nase, denn die Zeiten waren schlecht und ein gut gestellter Kaufmann wäre ihm allemal lieber gewesen als diese beiden abgerissenen Männer.

„Ein Krug Bier und etwas vom Bratenfleisch kostet aber drei Kupferstücke!", bemerkte er deshalb ziemlich von oben herab, als Morgan seinen Wunsch geäußert hatte. Der starrte ob dieser unverschämten Bemerkung den Mann mit einem scharfen Blick an, zog unter dem Waffenrock einen kleinen Beutel hervor, öffnete ihn und warf einen Silberling auf die Tischplatte.

Erstaunt blickte der Wirt darauf, und für einen kurzen Moment schienen selbst die Männer am Nachbartisch bei dem Klang der Münze aufzuhorchen. Wortlos griff der Wirt zu, hob die dünne, einseitig mit einem Schlagstempel geprägte Münze auf und führte sie dicht an seine Augen.

„Hmm", brummte er dann, „die ist schon von 1190, Herr!"

Morgan schaute verblüfft auf.

„Ja und? Es ist ein Silberling, und der kann ja wohl nicht in knapp drei Jahren schlecht geworden sein, oder?"

Der Wirt wurde verlegen.

„Nun, Herr, wie ich jetzt vermute, seid Ihr eine Weile nicht mehr in dieser Gegend gewesen?"

„Ganz recht vermutet, und was hat das jetzt mit dem Silberling zu tun?"

„Wie Ihr vielleicht wisst, ist König Richard ins Morgenland gezogen und noch immer nicht zurück. In der Zwischenzeit ist nun Prinz John der neue König geworden, und ..."

„Was ist los?", schrie Morgan entsetzt heraus und schlug auf die Tischplatte, sodass die Gespräche am Nachbartisch sofort verstummten. Sein Knappe Jago kam vom Schanktisch herüber, wo er an der Wand eine lange Holzstange betrachtet hatte.

„Aber, Herr, das müsst Ihr doch wissen, auch wenn Ihr unterwegs gewesen seid! Sein Bruder Johann ist jetzt unser König!"

Erneut schlug Sir Morgan auf die Tischplatte.

„Redet nicht so ein lästerliches Zeug, Mann,

sonst könnte ich mich vergessen! Ich bin selbst an der Seite König Richards gegen die Sarazenen geritten, und wir haben das Land an der Küste von ihnen befreit! Der König ist auf dem Rückweg, und niemals würde er einwilligen, dass Prinz John seine Regierungsgeschäfte übernimmt. Seit wann befindet er sich überhaupt in Britannien? Er hatte ein striktes Verbot des Königs, unser Land zu betreten!"

Bei diesen laut und wütend vorgetragenen Worten war der Wirt mit ängstlich aufgerissenen Augen vom Tisch zurückgewichen.

„Bitte, Sir, beruhigt Euch doch! Es hat … es hat Änderungen gegeben, und König … John hat neue Silberlinge schlagen lassen. Von jetzt an werden in jedem Jahr neue Münzen ausgegeben, und wer noch alte besitzt, muss sie im Wert von elf zu zehn umtauschen!"

„Was redest du da für einen Unsinn, Mann? Silberlinge werden aus Silber geschnitten und haben immer den gleichen Wert, ob in Britannien, in Frankreich oder Deutschland! Und was soll der Unsinn mit dem Tausch elf zu zehn?"

Der Wirt war auf dem Sprung, bereit, sich sofort hinter seinen Schanktresen zu flüchten, sollte der Fremde gewalttätig werden.

„Aber Sir, bitte, kein Grund zur Aufregung! Dafür könnt Ihr und Euer Begleiter nach Herzenslust essen und trinken! Ich rechne Euch das Silberstück schon richtig aus, vertraut mir! Ich habe schließlich einen guten Ruf in Plymouth zu verlieren!"

„Meinetwegen, dann kannst du mir aber noch den Unsinn mit dem Umtauschen erklären", antwortete Morgan und lehnte sich entspannt an die Rückwand, streckte die Beine von sich und sah mit einem raschen Blick zum Nachbartisch, dass die Männer ihn alle unverhohlen musterten.

„Also, der König … Prinz John … also, ich meine … jedenfalls ist es nun so: In jedem Jahr wird es eine neue Münze geben, und die alten verlieren an Wert. Man muss elf alte Silberlinge abgeben und erhält dann zehn neue dafür. Das ist der Schlagtaler, der uns hilft, Steuern zu sparen. Der … König … hat versprochen, dass wir alle dafür weniger Steuern zahlen müssen."

Jetzt lachte der Ritter laut heraus.

„Was für eine gute Idee! Er lässt das Silber umtauschen, behält von jedem einen Silberling und gibt wieder andere Silberlinge heraus. Darauf muss man erst einmal kommen. Gut also, nun schaff uns das Gewünschte her, damit wir endlich einmal wieder ein vernünftiges Essen bekommen – die Schiffskost war ein wenig eintönig."

Der Wirt eilte hinter seinen Schanktisch zurück, Knappe Jago nahm seinem Ritter gegenüber Platz, und am Nebentisch wurde die Unterhaltung mit gedämpften Stimmen fortgeführt, wobei immer wieder ein Blick zu den beiden Fremden ging.

Irgendwann, als sie ihre Mahlzeit verzehrt hatten, erhob sich einer der Männer vom Nachbartisch und verließ den Schankraum, während die anderen ihre Köpfe zusammensteckten und sich bemühten, bei dem folgenden Wortwechsel nicht zu laut zu werden.

Trotzdem drangen ein paar Worte an Jagos Ohren wie „Königstreuer" und „Fremdling". Es klang nicht sonderlich freundlich. Als der Knappe seinem Ritter dies etwas später zuflüsterte, machte der nur eine lässige, abwehrende Handbewegung.

Eben kam der Wirt wieder mit einer Kanne und füllte ihre Becher erneut, als Jago sich nicht länger zurückhalten konnte.

„Was ist das eigentlich da hinten an der Wand, guter Mann? Doch nicht etwa eine Lanze, nach der dein Haus den Namen erhielt?"

Fast erschrocken drehte sich der Wirt zu der bezeichneten Wand um, als wüsste er nicht, was dort befestigt und schon mit einer dicken Staubschicht bedeckt war.

„Ach das ... ich habe die Schenke erst vor zwei Jahren übernommen, da hing das Ding schon. Ja, es soll wohl tatsächlich aus dem Morgenland stammen und von einem Kreuzfahrer mitgebracht worden sein!", erklärte er dann etwas verlegen.

„So, von einem Kreuzfahrer?", wiederholte Morgan und fletschte beim Lächeln seine Zähne. Das gab dem gebräunten Gesicht des Blonden etwas Gefährliches, aber wer seine strahlenden Augen sah, wusste, dass er sich einen Scherz mit dem Wirt machte. „Dann muss das Ding ja schon gute fünfzig Jahre dort hängen! Und es ist wirklich die Heilige Lanze?"

Erneut wich der Wirt einen Schritt vom Tisch zurück.

„Aber Sir!", antwortete er dann mit einem vorwurfsvollen Ton. „Natürlich nicht! Aber das Ding hing dort und war nun einmal der Namensgeber. Weiß der Himmel, woher sie wirklich kam ..."

Er schwieg, denn erneut lachte der Fremde fröhlich los.

„Weiß der Himmel!", wiederholte Morgan und hob den frisch gefüllten Becher. „Dann wollen wir mal diesen Schluck genießen. Dein Bier ist wirklich gut und frisch, das merkt man schon beim ersten Schluck!"

Noch hielt er den Becher in der Hand, als krachend die Tür gegen die Wand schlug und vier Bewaffnete hereinstürmten. Alle trugen einfache, graue Waffenröcke ohne Wappen, dazu die Helme mit der Nasenspange und ein Schwert in der Hand.

Fast gleichzeitig waren die verbliebenen Männer an dem langen Tisch von ihren Plätzen aufgesprungen und flüchteten nun aus einer Tür, die sich neben dem Schanktisch befand und offenbar auf den Hof hinausführte.

Morgan und Jago blieben ungerührt auf ihren Plätzen und stellten nur ihre Becher ab, als sich die vier Soldaten vor ihnen aufbauten und einer von ihnen mit herausforderndem Blick auf den Ritter deutete.

„Du da, hoch mit dir! Du bist festgenommen, im Namen des Sheriffs!"

Morgan rührte sich nicht, sondern sah den Sprecher nur mit unbewegter Miene durchdringend an. Der Soldat trat einen Schritt näher und hielt ihm die Schwertspitze dicht vor das Gesicht.

„Hast du nicht verstanden? Ihr seid beide festgenommen, steht auf und folgt uns!"

Noch immer erfolgte keine Reaktion. Wer aber den Knappen genau betrachtete, erkannte, dass er eine angespannte Körperhaltung eingenommen hatte. Eine Hand lag auf dem langen Messer für den Braten, die andere hielt den Bierbecher bereit.

„Mach dich nicht lächerlich, Soldat!", antwortete Morgan gelassen, obwohl die Schwertspitze ihn fast berührte. „Der Sheriff von Cornwall ist Sir Ronan of Launceston und mein Vater. Warum sollte er mich festnehmen? Er weiß ja noch nicht einmal von meiner Rückkehr!"

Der Soldat ließ ein unangenehmes Lachen hören.

„Du irrst dich, Kerl! Wenn du tatsächlich der Sohn von Sir Ronan bist, gilt dir auch ein weiterer Verhaftungsbefehl. Im ganzen Land wird nach dir gesucht, dein Eigentum wurde von der Krone eingezogen. Und der High Sheriff of Cornwall ist Sir Struan of Rosenannon, ernannt vom König selbst. Steh auf und folge mir, oder du wirst es bereuen!"

„Tja, wenn das wirklich der Fall sein sollte, dann ist die Erennung nicht rechtskräftig, Soldat. Der König hat noch nie einen Sheriff von Cornwall ernennen können, das ist stets dem Herzog von Cornwall vorbehalten und uraltes britannisches Recht. Und nun verschwindet von hier, oder *ihr* werdet es bereuen!"

„Packt sie!", schrie der Soldat mit vor Wut rot angelaufenem Gesicht, und jetzt passierten so viele Dinge gleichzeitig, dass hinterher keiner der Beteiligten mehr erklären konnte, was im Einzelnen abgelaufen war. Tatsächlich warf der Knappe dem

Sprecher den Tonbecher an den Kopf, und als der zurücktaumelte, griff sein Ritter den Arm des Mannes, schlug ihn blitzschnell über sein angewinkeltes Bein und hatte zugleich mit einem hässlichen Knacken das Schwert in der Hand.

Jago hielt dem nächsten Soldat das Messer an die Kehle, noch bevor der überhaupt sein Schwert heben konnte. Doch die beiden anderen drangen sofort auf Morgan ein, schlugen von zwei Seiten nach ihm und erlebten nun, was es bedeutete, sich mit einem in allen Kampftechniken bewährten Ritter anzulegen.

Morgan wirbelte um die Gewappneten herum, versetzte ihnen mit der flachen Klinge kräftige Schläge auf den Schwertarm und gleich darauf gegen ihre Helme, sodass beide Soldaten zurückfuhren. Doch dort hatten sie keine große Ausweichmöglichkeit, standen nun mit dem Rücken zur Wand und waren im nächsten Augenblick beide entwaffnet.

Als sich einer von ihnen nach seinem Schwert bückte, das direkt vor ihm auf dem Boden lag, erhielt er einen kräftigen Faustschlag in den Nacken, der ihn wie einen Sack zu Boden warf. Da sah der andere die Gelegenheit zum Gegenangriff und stürmte auf Morgan zu. Aus dem Augenwinkel hatte er diese Bewegung bemerkt, vollführte eine halbe Drehung, und der Soldat knallte mit dem Kopf gegen den schweren Tisch.

„Lass es lieber!", raunte Jago einem der Männer ins Ohr, als der nach dem Dolch in seinem Gürtel griff. Er hatte den ersten Mann ebenfalls mit einem Faustschlag betäubt und diesem nun auch das Messer an den Hals gesetzt. Gleich darauf waren alle vier Angreifer ausgeschaltet und lagen keuchend oder sogar ohnmächtig auf dem Boden der Gaststube.

Mit großen Augen hatte der Wirt hinter seinem Schanktisch das Geschehen verfolgt und begann jetzt ein lautes Jammern.

„Oh mein Gott, was soll jetzt nur werden!", rief er laut, und Morgan drehte sich erstaunt zu ihm um. „Sie werden mir die Schenke wegnehmen und mich in den Kerker werfen! Was soll ich nur tun? Herr im Himmel, hilf mir!"

„Hör auf zu jammern und wirf die Kerle lieber

auf die Straße hinaus. Was fällt den Burschen ein, einen Ritter anzugreifen? Und weshalb wurde mein Vater aus seinem Amt enthoben? Was geht hier eigentlich vor, während die Ritter des Landes zusammen mit ihrem König gegen die Ungläubigen kämpfen, um die Heiligen Stätten zu retten?"

„Ich bitte Euch herzlich, Sir, geht jetzt nicht! Ich werde dafür büßen müssen!"

Morgan schüttelte den Kopf.

„Keinen Augenblick länger bleibe ich an diesem Ort! Wenn in Cornwall das Gesetz keine Gültigkeit mehr hat, wird es Zeit, dem sogenannten Sheriff seine Grenzen aufzuzeigen! Ich bin Sir Morgan of Launceston, mein Vater der rechtmäßige High Sheriff!"

„Sir!", rief der Wirt mit weinerlicher Stimme. „Ich muss Euch bitten ... Ihr dürft nicht gehen! Die Soldaten sind gekommen, um Euch festzunehmen! Und wenn Ihr in meinem Haus Widerstand leistet, dann ... dann muss ich das büßen!"

Der Ritter blieb vor der noch immer geöffneten Tür stehen.

„Ich werde sofort zum Magistrat gehen und ihm

diesen ungeheuerlichen Vorfall berichten. Mach dir keine Gedanken, ich sorge dafür, dass dir niemand etwas antut!"

„Aber ... aber Sir ... das ist völlig ..."

Mehr hörte Morgan nicht mehr, denn dicht gefolgt von seinem Knappen, der die Schwerter eingesammelt hatte, verließen sie das Gasthaus. Jeder von ihnen hatte eines der erbeuteten Schwerter in den Gürtel gesteckt und das andere in der Hand behalten.

So waren sie auf der Straße unterwegs, wo ihnen die Menschen auswichen. Ein derartiger Anblick war den Bürgern von Plymouth wohl noch nie geboten worden. Zwei Männer mit braungebrannten Gesichtern hielten die gezückten Schwerter bereit und gingen damit durch die Stadt – und offenbar gab es keinen einzigen Soldaten, der ihnen das verwehrte!

Scheu wichen die ihnen Entgegenkommenden bis an die äußerste Straßenseite zurück, drückten sich in den Schatten der Häuser und bemühten sich, die beiden Fremden nicht anzusehen.

Während sie die kleine Stadt durchquerten, verwarf Morgan die Idee, den Magistrat aufzusuchen. Sie würden ihre Pferde abholen und allem weiteren Ärger aus dem Weg gehen.

Ritter Morgan und sein Knappe sahen nicht nach rechts und links, schlugen die Richtung zum Hafenbecken ein und gelangten gerade bei der Nef an, als man mit dem Ausladen der Pferde beginnen wollte.

Das war ein nicht ungefährlicher Vorgang, bei dem den Tieren ein kräftiges Netz unter dem Bauch hindurchgezogen wurde, das an einem dicken Tau mit einem Ladebaum verbunden war. Mehrere Männer arbeiteten an der Spindel, und als Morgan sich wieder an Deck begab, schwebte gerade sein Rappe an das Tageslicht. Gleich darauf wurde der Ladebaum gedreht und das Pferd sicher herunter auf das Land gelassen, wo Knappe Jago bereit stand und den Männern half, das Netz unter dem unruhigen Tier zu beseitigen.

Er strich dem Rappen über die Nüstern, und Blane schnaubte zweimal kräftig, blieb dann aber ruhig stehen. Jago legte ihm eine Decke über und ließ anschließend den Sattel folgen, während sein

Fuchs auf die gleiche Weise über ihm schwebte und kurze Zeit später neben dem Rappen stand, den er mit freudigem Wiehern begrüßte.

Morgan kam zurück, dankte der Schiffsbesatzung und gab jedem von ihnen ein paar Kupferstücke, nachdem er auf dem Deck bereits den Schiffsführer entlohnt hatte.

Als sich die beiden erleichtert in den Sattel schwangen, erklangen von der Stadt her laute Rufe, die sie aufhorchen ließen.

„Das sind mindestens zwanzig Mann!", sagte Morgan mit gleichgültigem Tonfall. „Es war also die richtige Entscheidung, keine Nacht in dieser gesegneten Stadt zu verbringen. Jago, du wirst mit deinem Kirchenbesuch noch etwas warten müssen!"

Mit einem fröhlichen Ruf trieb er seinen Rappen auf die Straße, und schon nach wenigen Metern zeigte es sich, dass das herrliche Tier keine Probleme hatte, auf dem festen Boden wieder ein rasches Tempo vorzulegen. Auch der Fuchs hielt dicht hinter ihm mit, und als die Schar der Gewappneten aus dem Stadttor auf die Straße sprengte, waren die beiden Fremden schon in einer Staubwolke hinter dem nächsten Hügel verschwunden. Aber die Soldaten gaben die Verfolgung nicht auf, sondern trieben ihre Pferde zum Galopp an. Doch nach der dritten Erhebung, die ihnen einen weiten Blick in die Landschaft gestattete, zügelte der Anführer der Gruppe sein Pferd und gab entsprechende Befehle.

Soweit die Soldaten sehen konnten, war weit und breit kein Reiter vor ihnen unterwegs. Mit einem kräftigen Fluch deutete der Hauptmann der Soldaten auf ein kleines Wäldchen, das sich am River Plym erstreckte und offenbar die Verfolgten aufgenommen hatte.

„Vorwärts, ihnen nach! Und fünf Kupferstücke für denjenigen, der sie als Erster entdeckt!"

Hufe prasselten über die staubige Straße und wirbelten kleine Steinchen auf, als die wilde Jagd hinter den beiden Fremden erneut begann.

10.

Die Reitergruppe schoss unter den Bäumen hindurch ohne dass auch nur einer von ihnen das dichte Laubwerk betrachtete. Die beiden Verfolgten hatten sich rasch ihren Plan gemacht. Morgan war auf einen kräftigen Ast geklettert und wartete auf den letzten Reiter, ließ sich anschließend herunterfallen und landete geschickt hinter dem Reiter. An dem riss er nur kurz, der Mann flog aus dem Sattel und wurde von Jago in Empfang genommen, der ihn mit einem kräftigen Hieb ausschaltete. Morgan lenkte das Pferd ins Unterholz, ohne dass auch nur einer der Voranreitenden etwas bemerkt hatte.

Kurz darauf waren sie mit dem gefesselten Soldaten wieder unterwegs. Sie hatten sich nicht lange mit dem Mann aufgehalten. Rasche Schnitte mit einem Messer zerfetzten seinen Waffenrock und mit den Streifen wurde er gefesselt und geknebelt. Dann warf ihn Jago über den Hals seines Pferdes, griff das erbeutete Tier am Halfter und führte es mit, als sie den Wald wieder verließen und nun in nördlicher Richtung quer über die Felder ritten, um zunächst einmal einen größeren Abstand zwischen sich und die Verfolger zu bringen.

An einem fast vollständig zusammengebrochenen Stall rasteten sie. Von hier aus konnte man weit in das Land hinabschauen, die umliegenden Wiesen fielen flach und baumlos zum Flussufer ab, während sich hinter dem aufgegebenen Stall ein dichter Wald anschloss, in den sie bei der Annäherung eines Feindes zurückweichen konnten.

„So, mein Bursche, und jetzt zu dir!", sagte der Ritter mit finsterer Miene, als er sich neben dem Gefesselten in das Gras setzte. Dabei hatte er sein scharfes Messer aus dem Gürtel gezogen und hielt es wie spielerisch in der Hand.

Der Soldat war schon vor längerer Zeit aus seiner Ohnmacht erwacht, tat aber so, als wäre er noch immer bewusstlos. Doch Morgan hatte ihn längst durchschaut, und erschrocken riss der Mann jetzt seine Augen auf, als er die Messerspitze spürte, die ihm die Haut am Hals leicht ritzte.

„Kannst du mich so besser hören?", erkundigte sich Morgan mit einem Grinsen und beugte sich dicht über den Gefangenen. „Ich habe keine Zeit, mich lange mit dir zu beschäftigen. Du wirst mir sofort berichten, warum ich verfolgt werde, oder ich werfe dich gefesselt dort drüben in den Fluss."

Der Mann rollte die Augen und prüfte zugleich die Qualität seiner Fesseln, indem er seine Arme stark anspannte. Lächelnd beobachtete Morgan seine Bemühungen und führte die Messerspitze langsam um den Adamsapfel des Soldaten.

„Hör auf, hör auf, ich sage ja alles, was du hören willst, aber nimm das Messer weg!", kreischte er dann mit vor Angst heiserer Stimme.

„Warum wolltet ihr mich festnehmen?"

Der Mann verdrehte erneut seine Augen und presste schließlich heraus:

„Der Sheriff von Cornwall … er hat … den Auftrag gegeben …"

„Was?", brüllte ihn der Ritter an. „Rede gefälligst vernünftig und spann mich nicht länger auf die Folter, sonst bist du es, der leiden wird!"

„Alle, die nicht bis zum Oktober den Eid auf Prinz John geleistet haben, sollen verhaftet werden. Also auch alle, die zum Geschlecht derer von

Launceston gehören", brachte der Mann endlich zusammenhängend heraus, den Blick ängstlich auf die Messerklinge gerichtet.

„Oktober? Welchen Jahres?", erkundigte sich Morgan ungläubig.

„Nun ... im Jahre des Herrn 1191 ..."

„Was? Bereits vor zwei Jahren hat John ohne Land eine solche Verfügung getroffen? Das ist ja unglaublich! Kerl, wenn du mir hier etwas Unwahres berichtest, um deine Haut zu retten ..."

„Sir Morgan!", ließ sich der Knappe Jago leise vernehmen. Als der Ritter zu ihm aufsah, sprach er leise weiter: „Warum sollte der Mann lügen, Sir? Wer den Eid bricht, den er seinem König und eigenem Bruder geleistet hat, der ist zu allem fähig!"

Morgan nickte und steckte das Messer wieder ein.

„Du hast Recht, Jago. Offenbar hat Prinz John nicht nur vergessen, was er geschworen hat, sondern auch viele andere im Land scheinen vergessen zu haben, dass unser König Richard heißt und sich auf dem Rückweg aus dem Heiligen Land befindet. Wir müssen überlegen, wie wir vorgehen und wer noch königstreu geblieben ist", überlegte Morgan laut.

„Was machen wir mit dem Soldaten?", wollte Jago wissen.

Morgan stand auf und schenkte dem Mann einen verächtlichen Blick.

„Wir werfen ihn gefesselt dort drüben in den River Plym, dann sind wir ihn los."

„Aber – Sir, das werdet Ihr doch nicht tun! Ich bin nur ein einfacher Soldat und habe meine Pflicht getan! Ihr könnt mich doch nicht einfach ersäufen!"

„So, meinst du, Bursche? Wenn du dich da mal nicht täuscht. Also gut, ich werde dir deine Freiheit wiedergeben, aber zuvor wirst du mir alles über deinen Hauptmann und deine Kameraden erzählen. Wie sieht euer Dienst aus, wie seid ihr im Land unterwegs, welche Bewaffnung hat ein einfacher Soldat?"

Der Gefangene schwieg einen Moment und schien sich zu besinnen. Als Morgan sich umdrehen wollte und so tat, als wolle er zum Pferd, rief er ängstlich: „Wartet, Sir, ich will Euch alles berichten, fragt mich nur! Doch lasst mich am Leben!"

11.

„Das gefällt mir nicht, Sir Morgan!"

Jago war auf dem kleinen Hügel über dem Fluss stehen geblieben, die beiden Pferde hielt er am Halfter. Ihre Reiter waren abgestiegen, um einem möglichen Beobachter auf der anderen Seite des Tamar keine zu große Silhouette zu bieten.

Direkt am Flussufer stand eine einzelne, kleine Hütte, daneben erhob sich ein Meiler, aus dem eine dünne Rauchfahne stieg.

Alles machte jedoch einen verlassenen Eindruck, wäre da nicht ein schwacher Laut, den der Wind zu den beiden Männern auf den Hügel hinauftrug. Morgan antwortete nicht, sondern musterte kritisch die unmittelbare Umgebung der Hütte. Ein dunkler Gegenstand lag zwischen der Hütte und dem Meiler, vielleicht ein menschlicher

Körper.

„Wir sind bereits auf unserem Land, Jago. Den Köhler gab es bei unserer Abreise noch nicht, die Hütte allerdings schon. Sie wurde gelegentlich zur Entenjagd genutzt, wenn wir in Flussnähe eine Unterkunft benötigten."

Während sie noch immer zu Fuß weitergingen, verstärkte sich der seltsame, hohe Laut, der aus der Hütte zu kommen schien. Es war Morgan nicht möglich, ihn zuzuordnen. Einmal klang es wie ein Windhauch, der durch eine Öffnung der Hütte strich, dann wieder wie das Wimmern eines Kindes.

„Ein Mensch!", rief Morgan, ließ die Zügel seines Rappen fahren und lief mit großen Schritten zu dem dunklen Körper neben der Hütte. Schon bei seiner Annäherung wurde ihm klar, dass er zu spät kam. Eine kleine, dunkle Wolke erhob sich von der Stelle und brummte über seinem Kopf.

Der vom Blut verkrustete Schädel, auf dem sich die Fliegen zahlreich niedergelassen hatten, und die verkrümmte Gestalt des Mannes ließen nur einen Schluss zu: Hier wurde jemand erschlagen, und zwar mit so großer Wucht, dass der Schädel zertrümmert und am Rand der blutverkrusteten Wunde zwischen den Haaren weiße Knochenstücke erkennbar waren. Der Mann lag auf dem Bauch, und Morgan bückte sich, um ihn herumzudrehen. Mit weit aufgerissenen Augen und einem noch immer vor Schreck verzerrten Gesicht starrte ihn der Tote an.

Behutsam ließ er ihn wieder in das Gras sinken und drehte sich zu seinem Knappen um, der schon in die Hütte getreten war und gleich darauf nach ihm rief.

Einen Moment benötigte Morgan, damit sich seine Augen an die Dunkelheit in der kleinen Hütte gewöhnt hatten, schließlich erkannte er eine Gestalt auf einer einfachen Schlafstatt, über die sich Jago gebeugt hatte.

Das Geräusch war verklungen, und Morgan vermutete, dass es von der Frau kam, die sich in einem erbärmlichen Zustand befand. Jago stützte gerade ihren Kopf und versuchte, ihr etwas Flüssigkeit aus einem schlichten, grob aus einem Holzstück geschnitzten Becher einzuflößen. Die Frau hustete und spuckte die Flüssigkeit gleich darauf wieder aus. Behutsam bettete der Knappe ihren Kopf wieder zurück auf das Lager, das aus getrocknetem Laub bestand. Eine kümmerliche Decke, häufig geflickt, bedeckte die Beine der Frau, die sonst nur mit einem Gewand aus grobem Leinen bekleidet war.

Erschüttert starrte Morgan auf das zerschlagene Gesicht, das neben angetrocknetem Blut Flecken in allen Schattierungen aufwies. Das helle Gewand war ebenfalls am Oberkörper mit Blut dunkel gefärbt, und als Jago behutsam die Decke etwas höher und damit über die misshandelte Frau zog, erkannte er weitere, dunkle Flecken auch am unteren Ende der Bettstatt.

„Wer hat dir das angetan?", flüsterte Jago, und bemühte sich erneut, ihr etwas aus dem Becher einzuflößen. Die Frau schluckte diesmal davon, hustete aber erneut und schlug jetzt zum ersten Mal ihre Augen auf. Der Blick irrte von Jago zu Morgan, und ein leiser Aufschrei entfuhr ihren aufgesprungenen Lippen.

„Keine Sorge, wir sind Freunde!", sagte der Ritter mit sanfter Stimme. „Wir wollen dir helfen. Wer hat dich so schlimm misshandelt?"

Die Frau starrte ihn mit großen Augen an. Sie hatte Angst, dass ihre Peiniger zurückgekehrt waren, und zitterte jetzt am ganzen Körper. Beruhigend legte ihr Jago die Hand auf die Stirn und sagte dazu: „Freunde, verstehst du? Das ist Ritter Morgan of Launceston, mein Herr, dessen Familie dieses Land gehört. Kannst du mich verstehen?"

Die Frau versuchte, etwas zu antworten, brachte aber nur ein unverständliches Krächzen heraus. Noch einmal bemühte sich der Knappe, ihr etwas Flüssigkeit einzuflößen, doch die Verletzte drehte den Kopf zur Seite. Der saure Wein, den jetzt beide Männer deutlich riechen konnten, war ihr offenbar zuwider.

Erneut riss sie ihre Augen weit auf und bemühte sich, mit schwacher Stimme etwas Verständliches zu antworten. Schließlich es kamen nur Wortfetzen über ihre blutigen Lippen, und Jago beugte sich tief über sie, um sie zu verstehen.

„Soldaten ... Sheriff ...Sir Struan", verstand er, danach ging die brüchige Stimme noch einmal in einen Schrei über, und der Körper der Frau bäumte sich auf. Erneut lief ein Zittern durch die Misshandelte, plötzlich streckte sie sich und ihr Kopf kippte auf die Seite.

„Sie ist tot", flüsterte Jago und legte seine Hand auf ihre starr werdenden Augen.

Eine Weile blieben die Männer bewegungslos und erschüttert am Lager der Toten stehen. Erst ein Geräusch wie ein dumpfer Hufschlag schreckte sie auf. Morgan war der Erste, der aus der Türöffnung spähte und dort die Männer sah, die eben die Hütte umzingelt hatten.

Er zog sein Schwert, als auch Jago neben ihn trat, ebenfalls das Schwert kampfbereit in der Hand. Eine Verständigung zwischen den beiden in so zahlreichen Kämpfen erprobten Männern war unnötig, die Situation klar. Hier standen sie etwa zehn Soldaten gegenüber, die ihre Schwerter bedrohlich auf sie gerichtet hielten. Dahinter waren offenbar weitere Männer, die sich um die Pferde kümmerten.

„Die Schwerter nieder, oder wir töten euch auf der Stelle!", rief ein untersetzter Mann mit einem

Nasalhelm auf dem Kopf, der an zahlreichen Stellen die Spuren von Kämpfen zeigte. Über sein Gesicht lief eine feuerrote Narbe, die von einem Schwertstreich herrührte. Dabei musste ihn der Schlag trotz der Nasenspange so heftig getroffen haben, dass die Klinge noch tief in die dünne Fleischschicht auf den Wangen eindringen konnte. Die Nase hatte dabei ebenfalls stark gelitten, vermutlich konnte der nur dünn geschmiedete Nasenschutz den Schlag kaum abmildern. Jedenfalls war das Nasenbein zertrümmert worden und nicht sachgerecht von einem Heilkundigen behandelt. Das alles registrierte Morgan mit einem einzigen Blick, denn das kaum verheilte Gesicht des Mannes verzog sich zu einem höhnischen Lächeln.

„Was erlaubst du dir?", fragte der Ritter mit ruhiger Stimme. „Du befindest dich auf dem Land meiner Familie und hast hier überhaupt nichts zu befehlen. Verschwindet von hier, solange es für euch noch möglich ist!"

Ein lautes Auflachen des Untersetzten antwortete ihm. Sein entstelltes Gesicht drehte sich nach links und rechts, und mit höhnischem Unterton rief er den Soldaten zu: „Habt ihr das gehört, Männer? Wir befinden uns auf seinem Land! Ist das nicht zum Fürchten?"

Ein paar der Soldaten lachten, aber es hörte sich nicht überzeugend an, denn die beiden Männer waren zwar nur mit einem Schwert bewaffnet und standen vor einer deutlichen Übermacht, doch die Haltung, die beide eingenommen hatten, zeugte nicht gerade von ihrem Willen, sich kampflos zu ergeben.

„Ich bin Morgan of Launceston, der Sohn des Sheriffs von Cornwall und Eigentümer des Landes, auf dem diese Köhlerhütte steht. Hier ist ein Doppelmord geschehen, und ich werde für den Sheriff ermitteln, wie es dazu kommen konnte. Dann werde ich die Schuldigen suchen und bestrafen!"

Erneut lachte der Untersetzte laut auf.

„Ihr habt es gehört, Männer! Es ist Morgan of Launceston, auf dessen Kopf eine Belohnung ausgesetzt wurde! Vorwärts, fasst diese beiden Kerle und bringt sie zum Sheriff, damit er sie in den finstersten Kerker bis zum Tag ihrer Hinrichtung werfen kann!"

Mit diesen Worten setzte er sich selbst in Bewegung, hatte jedoch nicht mit einer derart heftigen Reaktion der beiden Gegner gerechnet. Er hatte noch nicht zu Ende gesprochen, als Morgan mit einem wahren Riesensatz auf ihn zusprang und im nächsten Augenblick auf seinen Schwertarm schlug, sodass der Wortführer einen rasenden Schmerz verspürte, der bis zur Schulter hinauflief und ihn zwang, die Schwerthand zu öffnen. Der nächste Schlag traf ihn noch härter mit der Breitseite des Schwertes gegen den unteren Helmrand und erwischte seine kaum verheilte Narbe auf der Wange.

Der Mann stürzte nach vorn, während Morgan über ihn sprang und dem nächsten die Klinge gegen den ungeschützten Hals schlug. Ehe die Soldaten auch nur einen ersten Schwerthieb anbringen konnten, wirbelten die beiden Krieger zwischen ihnen hindurch und versetzten so heftige Hiebe nach beiden Seiten, dass die ersten vier Gegner bewusstlos oder schwer verletzt zu Boden sanken.

Mit lauten Schreien hatte auch Jago in den

Kampf eingegriffen, und wer glaubte, dass er nur ein junger Mann mit einem Schwert in der Hand war, musste rasch erkennen, dass er diese Waffe perfekt beherrsche.

Schon klirrte erneut Stahl auf Stahl, und Schritt für Schritt wichen die Soldaten zurück.

„Ergebt euch!", schrie Morgan ihnen zu, als der Nächste zu Boden ging und ein Weiterer entwaffnet wurde.

„Schluss jetzt!", gellte ein anderer Schrei seitlich von den Kämpfenden herüber. Fast gleichzeitig bohrte sich ein Pfeil vor die Füße des Ritters und blieb mit zitterndem Schaft im Boden stecken.

Morgan sah die Reihe der Bogenschützen, die aufgelegten Pfeile, die weiteren zwischen den Fingern. Jago hatte sie noch nicht gesehen, fertigte eben den nächsten Angreifer ab und hielt aufgrund eines scharfen Zurufes inne. Erstaunt drehte er sich halb herum und starrte wie sein Ritter auf die Reihe der Bogen.

Langsam ließ er den Schwertarm sinken und beobachtete, wie auch Morgan aufgab. Hier bestand keine Chance für sie, zehn Langbogen, die auf sie gerichtet waren, würden innerhalb kürzester Zeit ihr Ende herbeiführen.

12.

„Was ist das da vorn? Weg mit dem Karren!", schimpfte der Hauptmann der Männer, die Morgan und Jago festgenommen hatten. Die beiden waren entwaffnet, aber nicht gefesselt worden. Sie waren jedoch so von den Reitern eingeschlossen, dass eine Flucht unter Zurücklassung ihrer Waffen nicht ohne Weiteres möglich war.

Sie mochten vielleicht zwei, drei Meilen vom Kampfplatz entfernt sein, als die staubige Straße etwas anstieg und eine schmale Brücke über einen Nebenarm des Plym führte.

Diese Brücke war jetzt unpassierbar geworden, weil ein bunt bemalter Kastenwagen sich offenbar festgefahren hatte. Eine Gruppe sehr bunt gekleideter Menschen bemühte sich, etwas an einem der Hinterräder des großen, unbeholfenen Fahrzeuges wieder in Ordnung zu bringen.

„Verfluchtes Gauklervolk!", ließ sich der Hauptmann erneut hören. „Seht nach, was da los ist! Der Karren muss von der Brücke herunter!"

Die Soldaten hatten ihre Pferde bis an die Brücke getrieben und stiegen nun aus den Sätteln. Niemand nahm von ihnen Notiz. Das bunte Volk war bemüht, den Wagen in Bewegung zu setzen. Mit dem Rücken zu den Soldaten stemmten sich mehrere Männer und eine Frau, in ein unglaublich buntes und voller Flicken gekleidetes Gewand gehüllt, gegen die Räder und den Aufbau.

„Lasst uns mal ran, ihr Schwächlinge!", rief ihnen einer der vierschrötigen Soldaten zu und drängte die Frau beiseite.

„Heda, nicht so drängeln!", keifte die jedoch zurück, und verwundert starrte der Soldat in ein grell geschminktes Gesicht.

„Wir wollen nur helfen, damit diese verdammte Brücke endlich frei wird! Im Namen des Sheriffs, macht Platz, Leute, wir kriegen diese Kiste auf Rädern schon weg!"

Mit diesen Worten stemmten sich gleich drei Soldaten gegen den Aufbau, ohne dass es sich nur einen Zoll breit bewegte.

„Hauptmann, wir brauchen Verstärkung! Das Ding bewegt sich nicht, und die Gaukler sind offenbar alles Schwächlinge!", rief der erste Soldat nach hinten. Murrend folgten dem Ruf und dem Zeichen ihres Hauptmanns drei weitere Soldaten, die auf der Brücke keinen Platz nebeneinander fanden. Sie drängten sich zwischen ihre Kameraden und stemmten sich nach Leibeskräften gegen das Fuhrwerk. Niemand von ihnen achtete darauf, dass sich jetzt die Gaukler auffallend zurückhielten und die Schwerarbeit allein den Soldaten überließen.

Etwas ruckte unvermittelt, und auf einmal ging alles ganz rasch. Der Wagen bewegte sich wie durch Zauberhand ein ganzes Stück weiter. Diese Bewegung kam so unvermutet, dass die Soldaten nicht darauf gefasst waren, die hinteren über die vorderen fielen und ein heilloses Durcheinander bildeten.

Keiner von ihnen bemerkte die bunte Schar, die plötzlich über den Wagen und die Seitenränder der Brücke turnten und mit kräftigen Knüppeln auf die völlig überrumpelten Soldaten einschlugen.

Die anderen konnten ihnen nicht zu Hilfe kommen, denn jetzt kamen drei, vier kräftige Männer unter der Brücke hervor und zogen die Soldaten von den Pferden, ehe auch nur einer von ihnen zum Schwert greifen konnte.

Morgan hatte ihre Chance erkannt, trieb seinen Rappen kräftig an, sodass er gegen das Pferd des neben ihm wartenden Hauptmanns stieß. Wiehernd knickte das Tier mit den Vorderbeinen ein und warf seinen Reiter ab. Auch Jago blieb in dieser Situation nicht untätig, sondern war im Nu aus dem Sattel und sprang auf den letzten noch verbliebenen Soldaten.

Das ganze dauerte nur wenige Momente, dann waren alle Soldaten kampfunfähig gemacht und entwaffnet.

„Gerade zur rechten Zeit", lachte Morgan heraus, als die Gaukler zu ihm aufsahen. Vor ihm stand ein unglaublich großer und kräftiger Mann, der ihn ein wenig dümmlich angrinste. „Du bist bestimmt der Goliath der Gruppe, was?", begrüßte er ihn und stieg aus dem Sattel.

„Goliath, das ich!", erwiderte der andere und verzog seinen ohnehin schon breiten Mund noch weiter zu einem kindlichen Grinsen.

Morgan hatte mit einem Blick erkannt, dass in dem Burschen wohl die Kräfte von zwei Männern schlummerten, er aber offenbar den Verstand eines Kleinkindes hatte.

„Ich bin Morgan und freue mich, eure Bekanntschaft zu machen. Und was ist nun mit eurem Fuhrwerk? Das kann ja plötzlich ganz prächtig von allein fahren!"

Lachend deutete Sir Morgan auf den Wagen der Gaukler, der jetzt mühelos die Brücke passiert hatte und auf der anderen Seite wartete.

„Ach, das war nur ein Hindernis, damit wir mal den Schergen des neuen Sheriffs eins auswischen konnten!", sagte ein anderer Mann, der zwar einen guten Kopf kleiner als der Goliath war, aber an seinen nackten Oberarmen Stränge von Muskeln zeigte.

„Ich glaube nicht, dass ihr uns helfen wolltet!", fuhr Morgan fort. „Trotzdem sagen Jago und ich euch herzlichen Dank. Diese Männer haben uns gefangen genommen und wollten uns zum Sheriff bringen."

„Diese Stimme! Das kann doch aber gar nicht sein!", vernahm Morgan einen lauten Ausruf in einem seltsamen Dialekt. Im nächsten Augenblick tauchte hinter dem Kutschbock des Gauklerfahrzeuges ein verschmitztes, hellbraunes Gesicht mit zahlreichen Lachfalten um die Augen auf und kletterte herunter, um gleich darauf auf seinen kleinen Beinen herüber gelaufen zu kommen.

„Sir Morgan! Sir Morgan! Das ist doch nicht wahr! Ihr seid zurück in Cornwall?"

Der Gerufene hatte schon längst reagiert und stand nun lachend vor dem Kleinen, der auf ihn zugeschossen kam.

„Shawn! Hier mit Gauklern unterwegs! Alter Halunke, komm in meine Arme!"

Der Kleine flog dem Ritter tatsächlich in die Arme, wurde von dem hoch über den Kopf gehoben, einmal herumgeschwenkt und wieder abgestellt.

„Shawn, das ist schön, dass ich dich hier treffe! Da kann ich von dir wenigstens einen Bericht hören, was in meiner Abwesenheit geschehen ist!"

Der Kleine wurde bei diesen Worten sofort ernst, verneigte sich kurz und formvollendet und fuhr dann wieder mit seinem drolligen Dialekt fort, dem man noch immer seine Herkunft aus dem fernen Kastilien anmerken konnte.

„Das ist mein Herr, Sir Morgan of Launceston, von dem ich euch schon so viel erzählt habe, Freunde! Sir Morgan – wenn Ihr erlaubt, sollten wir uns hier erst einmal entfernen, ehe diese Schurken wieder zur Besinnung kommen!"

„Gute Idee, Shawn. Wo treffen wir uns?"

„Am Römerturm, Sir, so wie früher. Dort gibt es die Möglichkeit, den auffälligen Wagen zu verstecken. Und auf dem Weg dorthin haben wir keine Sorge, dass uns die Schergen einholen könnten."

„Ich weiß, was du meinst. Also dann, beim Römerturm!"

Damit trieb Morgan seinen Rappen Blane an, und Jago hatte Mühe, ihm zu folgen.

„Das ist ja eine ganz wunderbare Begegnung, Herr!", rief er ihm nach einer Weile zu. „Endlich werden wir mehr über Euren Familiensitz erfahren!"

Sir Morgan schwieg, denn seit der Begegnung mit dem ehemaligen Hofnarren seiner Familie wirbelten ihm die tollsten Gedanken durch den Kopf. Es mussten schwerwiegende Dinge geschehen sein, die seinen Vater aus dem Amt vertrieben hatten und den Hofnarren der Familie, der schon seit seiner Jugendzeit zu Launceston Castle gehörte, mit einer Gauklergruppe durch das Land trieb.

Es war nicht mehr weit bis zum Einbruch der Nacht, das hatte Shawn gemeint, als er von der Unmöglichkeit gesprochen hatte, dass die Soldaten ihm auf seinem Weg folgen konnten. Der alte Römerturm stand an der Kreuzung einer Handelsstraße, die von Plymouth zur Küste führte. Bei schlechtem Licht übersah man den Abzweig leicht, und wer sich nicht wirklich auskannte, würde ihn im Dunkeln überhaupt nicht erkennen.

Leider stellte es sich dann jedoch heraus, dass der Vollmond aufging und nur noch ein ganz winziges Stückchen an der riesigen, heute unnatürlich rot leuchtenden Scheibe fehlte. Dadurch war aber die gesamte Umgebung mit einem fahlen Licht übergossen und ermöglichte es den Reitern, sich gut im Gelände zu orientieren. Doch die Gefahr bestand auch, dass die Soldaten sie aufstöbern konnten.

Morgan und Jago hatten natürlich ihre Waffen wieder an sich genommen, der Goliath sammelte alle anderen ein und warf sie achtlos in den Wagen der Gaukler, bevor sie die Gegend verließen.

„Heute ist der Mond schon beinahe so wie bei meinem Aufbruch", sagte Morgan halblaut und fast nur zu sich selbst, bloß Jago hörte ihn.

„Es ist ein seltsames Gefühl, dass es sich um den gleichen Mond handelt, der jetzt über Akkon oder Jaffa scheint. Wo sich wohl Nazeera befindet? Ob sie überhaupt noch lebt?"

„Schwer zu sagen, Jago. Aber im Moment stelle ich mir gerade mein Wiedersehen mit Miriam vor. Habe ich dir eigentlich einmal erzählt, was sie am Tag unserer Trennung getan hat?"

Morgans Stimme hatte einen ungewohnt weichen Klang angenommen.

„Nein, Sir Morgan", log der Knappe.

„Wir haben uns oben auf der Burgmauer getroffen. Es war ein ganz seltsamer Tag, die Sonne schien bereits sehr freundlich von einem nahezu wolkenlosen Himmel über Cornwall, doch auch der Mond war zu sehen. Er war am Tag eine seltsame, große Scheibe, die man sehr gut erkennen konnte. Und Miriam nahm ein Stück Holzkohle und zeichnete meinen Umriss an die Wand. Dazu sagte sie erklärend, auf diese Weise hätte sie immer etwas von mir in ihrer Nähe. So, als hätte sie meinen Schatten eingefangen."

Morgan schwieg nachdenklich, und Jago, der diese Geschichte bestimmt schon ein Dutzend Mal gehört hatte, antwortete leise: „Eine schöne Idee, Sir Morgan. Ich wünschte, ich würde auch einmal eine Frau finden, die mich so liebt wie Lady Mirian Euch."

„Und ist es nicht seltsam, dass wir auch heute, bei meiner Rückkehr, wieder einen solchen Vollmond über Cornwall sehen können?"

„Ja, Sir, und ich glaube, wenn er sich morgen oder übermorgen gerundet hat, wird er noch größer und prächtiger leuchten! Man sagt ja, wenn der Vollmond eine so unnatürlich rote Farbe annimmt, dass ein Blutmond aufgegangen ist. Und das Unheil nicht lange auf sich warten lässt!", ergänzte der Knappe seine Ausführung nach einer kleinen Pause.

Die beiden schwiegen und hatten plötzlich die dunklen Umrisse des halb eingestürzten Römerturmes vor sich. Das gesamte Gebiet, das sie bis hierher durchquert hatten, war das Land seiner Familie. Der Römerturm gehörte schon immer mit dazu, und hier kannte der Ritter jeden Fußbreit des Bodens. Als Junge hatte er wilde Kampfspiele mit den Gefährten genossen, als junger Mann war er auf die Jagd gegangen, und später, wenige Wochen vor seiner Abreise in das Heilige Land, waren Miriam und er hier vorübergeritten und hatten sich ihre Liebe geschworen.

Sie waren längst abgestiegen und führten ihre Pferde am Zügel hinter sich über den schmalen Pfad, der sich durch die kleine, bewaldete Anhöhe hinter dem Turm zog und zu der ziemlich verfallenen Hütte führte.

Das Knacken eines Astes schreckte den Ritter

aus seinen Gedanken. Instinktiv fuhr seine Hand an den Griff des Schwertes, doch schließlich sah er den massigen, dunklen Körper vor sich auf dem Pfad und sagte leise:

„Wir sind es, Goliath!"

„Ja Herr, ich habe Euch schon gesehen. Ich muss das Holz zum Wagen bringen, sonst gibt es für mich nichts zu essen, hat Shawn gesagt."

„So, dann hat Shawn hier wohl das Sagen bei euch Gauklern, was?", fragte ihn der Ritter, während sie dem Mann folgten.

„Oh ja, Herr, Shawn ist unser Anführer. Aber er kann auch am besten von uns kochen!"

Dann erreichten sie den Platz, an dem das Fuhrwerk der Gaukler unter einem fast eingestürzten Dach einer Scheune gut getarnt stand. Die ganze Truppe war hier um ein Feuer versammelt, über dem ein mächtiger Kessel bereits brodelte.

Goliath warf sein auf den Armen getragenes Holz daneben und suchte sich anschließend einen Sitzplatz.

„Herr, es ist nur einfach, doch es schmeckt. Setzt Euch zu uns, esst und trinkt mit uns und genießt diesen Abend. Wir können heute nicht mehr weiter, und wenn ich Euch die Ereignisse der letzten Monate berichte, werdet Ihr einsehen, dass auch Ihr die Nacht mit uns hier im Wald verbringen müsst."

„Ich habe es befürchtet!", antwortete Morgan gut gelaunt.

Es wurde eine sehr lange Nacht, in der kaum jemand ein Auge zudrückte.

Und Morgan erfuhr die ganze, bittere Wahrheit von dem ehemaligen Hofnarren der Familie.

Wie Sheriff Struan of Rosenannon von Prinz Johann ohne Land zum Sheriff von Cornwall ernannt wurde, nachdem er den alten Sheriff und dessen gesamte Familie auf Launceston gefangen gesetzt hatte.

Sir Ronan of Launceston und seine Gattin, Lady Gilian, wurden an einen unbekannten Ort verschleppt, ebenso Morgans Brüder und Schwestern. Shawn kannte nur ein paar Anhaltspunkte, hatte jedoch noch keine konkreten Hinweise, wo die einzelnen Verwandten waren.

Und Shawn berichtete von den geänderten Verhältnissen im ganzen Land, von den gierigen Steuereintreibern des Sheriffs, die erbarmungslos zuschlugen, wo man ihnen das Geld nicht geben konnte oder wollte.

Sir Morgan war in seine Heimat zurückgekehrt.

Aber diese Heimat empfing ihn feindlich. Und mit einem unheimlich rotem Vollmond. Dem Blutmond. Eine böse Vorahnung beschlich Morgan.

13.

„Wir haben noch etwa vier Meilen vor uns, Jago. Glaubst du, du hältst das noch durch?"

Mit kummervollem Blick sah Morgan zu seinem Knappen, der sich immer wieder vor Schmerzen im Sattel zusammenkrümmte und ein schweißnasses Gesicht hatte.

„Wird schon gehen, Sir Morgan", kam keuchend die Antwort.

„Gut, ich bin sicher, wir schaffen das. Und auf Cadeleigh Castle wird es einen Heilkundigen oder eine Weise Frau geben. Vielleicht finde ich auch einen der Mönche, die dort seit meiner Abreise eine herrliche Kirche bauen. Du wirst sehen, Jago, im Nu sind die Leibschmerzen verschwunden und du sitzt schneller wieder im Sattel als du glaubst!"

Der Knappe krümmte sich erneut mit schmerzverzerrtem Gesicht zusammen und presste durch seine Zähne ein kaum verständliches:

„Ja, Herr!"

Morgan erkannte, dass sein Knappe nicht nur unter Schmerzen litt, sondern auch offenbar hohes Fieber hatte. Er trieb Blane neben den Fuchs, griff den Zügel aus der willenlosen Hand des Knappen und rief ihm zu:

„Ich halte dein Pferd, Jago. Sieh zu, dass du jetzt nicht aus dem Sattel fällst, ich treibe Blane ordentlich an!"

„Wird ... gehen, Herr!", antwortete Jago mühsam.

Schweigend ritten die beiden auf der alten, ausgefahrenen Straße durch die Grafschaft Devon, bis Morgan endlich die Zinnen der Burg über den Bäumen erkannte. Erleichtert atmete er auf und wollte eben Jago ermuntern, als er bemerkte, wie der Knappe hin- und herschwankte.

Entsetzt zügelte er den Rappen, stieg aus dem Sattel und konnte Jago im letzten Augenblick auffangen, bevor er auf den Boden schlug.

„Jago? Was ist? Hörst du mich?"

Der Ritter tätschelte seinem Knappen mit kleinen Schlägen die Wange und spürte den kalten Schweiß in dessen Gesicht. Kurz entschlossen legte er den kräftigen Burschen über den Hals seines Rappen, zog sich in den Sattel und bemühte sich, den treuen Gefährten in so vielen Kämpfen etwas zu stützen. Blane schien die Situation zu verstehen, er benötigte keine Zügelhilfe, galoppierte den leichten Hügel hinauf und gleich darauf donnerten seine Hufe über eine lang gezogene Holzbrücke, die direkt vor der geschlossenen Pforte endete.

Schon von Weitem rief Morgan durch die Dunkelheit:

„Heda, öffnet das Tor! Hier ist Morgan of Launceston, wir brauchen Hilfe!"

Licht erschien über dem Tor auf dem Wehrgang, jemand rief laut in den Hof hinunter:

„Macht das Tor auf, Sir Morgan ist zurück!"

Gleich darauf wurden die Torflügel aufgezogen, und Blane trabte mit seiner doppelten Last, gefolgt von dem Fuchs, in den Hof.

Überall kamen Menschen herbeigelaufen, trugen Fackeln oder Laternen in den Händen, und bestaunten den hier gut bekannten Ritter.

„Sir Morgan, ist denn das möglich? Ist der Kreuzzug endlich vorüber?", rief eine alte, brüchige Stimme, in der er den Burgvogt erkannte.

„Nur schnell jetzt, alles andere später. Mein Knappe ist schwer erkrankt, vielleicht hat er etwas Falsches gegessen. Eine äußere Verletzung hat er jedenfalls nicht. Schickt zu einem Heiler oder einer weisen Kräuterfrau oder wer auch immer sich damit auskennt – aber handelt rasch, er hat hohes Fieber!"

„Bringt ihn hinüber in meine Kammer!", rief der Burgvogt aus. „Und ihr da drüben, weckt die weise Richenza!"

Rasch eilte der Burgvogt mit einer Fackel in der Hand dem Ritter voraus, der über den dunklen Burghof seinen Knappen auf den Armen trug. Eine Tür wurde aufgestoßen, und der Burgvogt entzündete ein paar Kerzen, die den Raum notdürftig erhellten.

„Hier, auf mein Bett, Sir Morgan!"

Erleichtert legte der Ritter seine Last auf das Lager, fühlte sofort an die Stirn des Knappen und dann nach seinem Puls.

„Er rast vor Fieber, und ich habe keine Ahnung, was ihn da befallen hat!", stöhnte Morgan. „Holt Wasser und macht kalte Umschläge, das wird das Fieber senken!", ordnete er schließlich an.

„Und setzt am besten einen großen Kessel Wasser auf. Ich brauche wahrscheinlich viel heißes Wasser! Und holt meinen Korb mit den Salben und Kräutern herein, ich konnte ihn nicht mehr tragen!"

Morgan drehte sich um und starrte in das von zahlreichen Falten übersäte Gesicht der weisen Frau, die er schon einmal getroffen hatte.

„Richenza, dem Himmel sei Dank! Bitte, kümmere dich um Jago, er ist mein bester Freund und treuer Kampfgefährte. Er muss so rasch wie möglich wieder gesund werden, versprich mir das!"

Die alte Frau antwortete nicht, beugte sich vielmehr über den Ohnmächtigen, zog seine Augenlider hoch und lauschte auf seinen Atem. Anschließend drehte sie sich zu dem Ritter und dem Burgvogt um und ordnete mit einer Stimme an, die keinen Widerspruch duldete:

„Alle verlassen jetzt den Raum. Was ich an Medizin benötige, habe ich hier. Macht das Wasser ordentlich heiß und bringt es herein. Ich brauche noch einen Becher und werde dem Jungen einen Kräutertrank zubereiten, damit er das Fieber verliert."

„Kannst du etwas zu seiner Krankheit sagen, Richenza?"

Die alte Frau schüttelte leise den Kopf und schwieg erneut. Mit schwerem Herzen ging Morgan hinaus.

„Wo ist Lady Miriam? Ist sie nicht in der Burg?", erkundigte er sich dann.

„Leider nicht, Sir Morgan", antwortete der Burgvogt mit einem tiefen Seufzer. „Doch das ist eine besondere Geschichte. Kommt mit hinüber in den Rittersaal, dort gibt es etwas Wein und Essen, wenn Ihr wollt. Ich werde Euch alles berichten. Ach, es ist eine furchtbare Zeit, in der jeder macht, was er will! Mir will es so vorkommen, als hätte uns Gott verlassen. Cornwall ist am Rande eines Abgrundes!"

14.

In der folgenden Nacht hatte der Vollmond seine beängstigende rote Farbe wieder angenommen. Blutrot stand seine Scheibe über Cornwall, und die Menschen auf Cadeleigh Castle waren auf dem Burghof zusammen gelaufen und starrten das Naturphänomen aus angsterfüllten Augen an.

„Das ist ein schlechtes Zeichen", flüsterte ein Knecht, und seine Nachbarin, eine alte Magd, schauerte zusammen.

„Ja, nach einer solchen Nacht sind vor vielen Jahren die Wölfe in unser Dorf gekommen und haben sich ein Neugeborenes geholt!", erzählte sie flüsternd.

„Ich habe gehört, dass die Hexen unterwegs

sind und jeden mit sich reißen, der in einer solchen Nacht unterwegs ist!", berichtete ein anderer Knecht.

„Der Blutmond ist immer der Bote des Bösen, glaubt mir, ich weiß, wovon ich rede! Nach einem solchen Mond ist eine Seuche über unser Land gekommen und hat viele Menschen getötet. Dabei befanden sie sich auf einer Pilgerfahrt und standen doch unter besonderem Schutz!"

Rasch bekreuzigten sich die Menschen.

Morgan, der hinter ihnen stand, hatte alles mitgehört.

„Man muss aber nicht jeden Unsinn glauben!", sagte er mit fester Stimme. Erschrocken fuhren die Nächsten zu ihm herum. „Krankheiten, Seuchen und der Tod kommen auch ohne den Blutmond. Ich denke, ihr seid gläubige Christen? Und dann redet ihr von der Zaubermacht des Mondes?"

„Man weiß es doch nie, Herr, und ich habe erlebt, dass meine Mutter, Gott habe sie selig, auch immer von einem solchen Mond in ihrer Jugend sprach. Und ich war schließlich dabei, als sie starb!"

„Bei einem Blutmond?"

„Das nicht", lautete etwas verlegen die Antwort. „Aber nach einer Vollmondnacht!"

„Ihr solltet schlafen gehen, Leute. Die Nacht ist bald vorüber und ihr habt einen weiteren Arbeitstag vor euch!"

Zusammen mit dem Burgvogt trat er in das Haupthaus ein, um seinem Bericht zu lauschen.

15.

„Das ist also aus unserem Land geworden?"

Morgan war nach dem Bericht des Burgvogts tief erschüttert. Doch seine wichtigste Frage war noch immer nicht geklärt.

„Meine Verlobte?", ergänzte er deshalb.

„Auf dem Hof bei Coombe, in der Nähe des Sees. Ihr kennt es."

Ein eisiger Schrecken zuckte durch den Ritter, der in den letzten Stunden an der Seite seines Knappen gesessen hatte und nun der Meinung war, dass ihn nichts mehr schockieren könnte.

Aber die Nachricht, dass der neue Sheriff nicht nur alle Familienmitglieder mit seinem Hass verfolgte und sie an unbekannten Orten eingesperrt hielt, war nicht die Schlimmste an diesem Tag. Der Hof bei Coombe war eine Zuflucht, von der die beiden Liebenden in glücklichen Tagen gesprochen hatten. Sie waren glücklich und verliebt, hatten einen Ausritt in die Umgebung von Cadeleigh Castle unternommen, und dabei hatte ihm seine Verlobte, die schöne Miriam, diesen Hof gezeigt.

„Wenn die Normannen einmal zurückkehren sollten", hatte sie lachend erklärt, „oder wenn sich die Büchse der Pandorra öffnet und die Apokalyptischen Reiter über das Land ziehen – hier ist mein persönliches Refugium. Hier möchte ich mit dir die letzten Tage der Welt verbringen. Hier sind wir geborgen!"

Morgan kamen ihre Worte wieder in den Sinn, und sein Herz schien sich zusammenzukrampfen. Wenn Miriam diese Zuflucht aufgesucht hatte, dann befand sie sich wirklich in höchster Gefahr.

Denn diese Idylle war nicht nur ihnen beiden bekannt.

Vor fast fünf Jahren hatte sie dort ein Mann aufgesucht, der sich bei einem Jagdunfall verletzt hatte. Jedenfalls berichtete er das, weil der Pfeil in seiner Schulter ein Unfall sein sollte. Miriam hielt sich zu diesem Zeitpunkt auf dem Hof auf, genoss ihre Zeit als unbeschwerte Landfrau, als der Verletzte auf den Hof taumelte und dort zusammenbrach. Der Mann hatte viel Blut verloren und war sehr geschwächt.

Es war für sie selbstverständlich, Hilfe zu leisten und den Mann zu pflegen, bis er wieder in den Sattel steigen konnte. Die alte Richenza konnte helfen und versorgte den Verletzten, gab ihm Kräutertränke und Salben für die Pfeilwunde, die sich böse entzündet hatte. Der Verletzte genas wieder.

Er hatte sich beim Abschied gegenüber seiner Lebensretterin so geäußert, dass er ihr sein Leben zu Füßen legte. Bei ihrem nächsten Treffen würde er sie heiraten. Aus Dankbarkeit.

Der Name dieses Mannes lautete Sir Struan of Rosenannon.

Er war der neue Sheriff von Cornwall.

16.

Das Fell des Rappen glänzte vor Schweiß, als der Reiter vor dem langgestreckten Steinbau aus dem Sattel sprang. Kaum hatte er sich die Zeit genommen, das Pferd anzuhalten, und der Schwung riss ihn mit, sodass er um ein Haar gegen die Tür des Landhauses geprallt wäre.

Verwunderte Ausrufe der Mägde und Knechte, die ihre Arbeitsgeräte auf der Schulter trugen und gerade aus dem Gesindehaus traten, um ihre tägliche Feldarbeit aufzunehmen, flogen über den Hof, und eine der älteren Frauen bekreuzigte sich. Der Rappe bot auch einen Anblick, der furchtsame Gemüter in Angst und Schrecken versetzen konnte. Vom schnellen Ritt erhitzt und durch das Verhalten seines Reiters zudem nervös, tänzelte er nun auf und ab, rollte seine Augen, sodass man das Weiße sehen konnte, und als sich schließlich ein Knecht näherte, schnaubte er wild und stieg auf die Hinterhand.

Erschrocken prallte der Knecht zurück. Um ein

Haar hätte ihn einer der Hufe erwischt.

„Das ist der Teufel in Pferdegestalt!", rief er aus, und nun bekreuzigten sich alle und liefen aus dem Hof hinüber zu den Feldern, um diesem unheimlichen Tier zu entgehen.

Der Reiter hatte die Tür aufgerissen, war in das Halbdunkel eines großen Raumes getreten und rief laut:

„Miriam! Bist du im Haus?"

Irgendwo antwortete ein Schreckensruf, man hörte das Klappern von Holztrippen, die sich die junge Frau, die jetzt mit fliegenden Haaren hereinstürzte, bereits zum Schutz ihrer Schuhe umgebunden hatte.

„Morgan! Bist du das wirklich?"

Im nächsten Augenblick lagen sich die Liebenden in den Armen, und hemmungslos schluchzte die junge Frau: „Ausgerechnet jetzt bist du da, in der schlimmsten Zeit, die wir erleben mussten! Oh du barmherziger Herr im Himmel, wie danke ich dir dafür! Morgan, jetzt wird alles gut, muss ja alles gut werden!"

Noch zwei-, dreimal drückten sie sich und dann

folgte ein langer Kuss, bevor sich Miriam gewaltsam losriss.

„Liebster, was ist mir dir? Du weinst ja auch!"

Morgan schämte sich seiner Tränen nicht, die ihm über die Wangen in den Bart liefen.

„Jago stirbt, Miriam, er hat mich in der Nacht schon nicht mehr erkannt!"

„Um Himmels willen, nein, wurde er so schwer verwundet?"

„Das ist es nicht, Miriam, wir waren gesund, als wir Cornwalls Küste erreichten. Wir haben gegen die Soldaten des Sheriffs gekämpft, ohne dass wir einen ernsthaften Kratzer erlitten. Sogar unseren Narren Shawn haben wir unterwegs getroffen, er will noch heute zu deinem Familienbesitz folgen."

Miriam wischte sich die Tränen ab und antwortete:

„Noch ist nichts verloren, Morgan. Du weißt, dass auch ich über ein gutes Heilwissen verfüge und eine Sammlung von Kräutern und Tinkturen besitze. Ich habe auf Wunsch meiner Eltern eine Zeit im Kloster gelebt und von den Nonnen dort alles gelernt, was man über Krankheiten wissen muss. Nur einen Moment, ich hole meine Sachen und folge dir sofort nach Cadeleigh!"

Morgan atmete tief durch und hielt noch immer die Hand seiner Verlobten.

„Ist das für dich nicht zu gefährlich? Ich habe gehört, dass Struan der neue Sheriff geworden ist! Bitte, geh mir zuliebe kein Risiko ein, Miriam! Die gute Richenza hat mit mir die ganze Nacht an seinem Bett gewacht!"

„Ich bin sofort wieder bei dir, Morgan!"

Damit war sie wie ein Wirbelwind hinaus und kehrte nach ganz kurzer Zeit mit einem Korb über dem Arm zurück.

„Ich habe ein eigenes Pferd hier, Morgan, das mir eben gesattelt wird. Dann können wir aufbrechen. Ich bin zuversichtlich, dass es noch nicht zu spät ist!"

Blane begrüßte seinen Herrn mit einem freudigen Wiehern, als der aus dem Haus trat. Sofort trabte der Rappe zu ihm und schnaubte, als der Reiter aufstieg. Gleich darauf kam Miriam um die Hausecke auf einem prächtigen Wallach, der zwar im Galopp nicht mit Blane mithalten konnte, aber mit Rücksicht auf seinen Rappen ließ Morgan ihn nicht wieder so scharf zurückreiten.

Man hatte die beiden Reiter schon von Weitem erblickt und das Burgtor weit aufgerissen. Mehrere Knechte eilten ihrer Herrin und Sir Morgan entgegen, um ihnen die Pferde abzunehmen. Der alte Burgvogt kam ebenfalls den beiden entgegen, doch sein betrübtes Gesicht machte auch die letzte Hoffnung, die Morgan noch hegte, zunichte.

„Der Pater von St. Bartholomew ist gekommen, Lady Miriam. Er hat dem Knappen die letzte Ölung erteilt."

„Nein!", schrie Morgan voller Entsetzen und lief in den Raum, in dem Jago auf seinem Lager still und regungslos lag. Seine Gesichtszüge waren trotz der Sonnenbräunung seltsam fahl, seine Wangen wirkten eingefallen, und auf der Stirn zeigte sich noch immer der Schweiß, der ihm jedoch mit liebevoller Sorgfalt von der alten Richenza abgetupft wurde.

Als ihm Miriam folgte, kniete Morgan am Lager seines Knappen und hielt dessen Hand.

„Jago, du darfst jetzt nicht sterben! Wir haben

Akkon, Arsuf und Jaffa überlebt, waren in den Händen der Sarazenen, wurden von den Seuchen verschont und sind jetzt in der Heimat! Aber doch nicht, um zu sterben, Jago! Du bist stark, zeig dem Tod deine Stärke, Jago!"

Sanft drängte ihn Miriam beiseite, wechselte mit der alten Richenza einen raschen Blick und zog dann auf deren zustimmendes Kopfnicken die dünne Decke von dem Knappen. Behutsam tastete sie den Körper des Kranken mit ihren Fingern ab, und als sie die Stelle fand, die ihr Richenza mit den Augen wies, schrak sie zurück. Einen Moment verharrte sie stumm und ohne jede Bewegung.

Anschließend zog sie das Tuch wieder bis zur Brust des Knappen, der regungslos alles über sich ergehen ließ.

„Es ist die Seitenkrankheit, Morgan", flüsterte sie leise und trat neben Richenza, die ihr die Hand auf ihre gefalteten Hände legte.

„Nein, das ist nicht möglich, das darf nicht sein!", flüsterte Morgan. „Nicht diese Krankheit, das hat er nicht verdient!"

Jedermann wusste, dass es gegen diese tückische Krankheit, bei der sich irgendein Organ im Körper des Menschen entzündete, keine Heilung gab. Der Zustand, in dem sich Jago jetzt befand, war zudem hoffnungslos. Erst jetzt erkannte Morgan unter dem Tränenschleier, der vor seinen Augen stand, an der kleinen Fensteröffnung im Hintergrund den Pater, der einen Rosenkranz in den Händen hielt und stumm seine Lippen bewegte.

„So kann ich nichts anderes tun, mein Freund, als dich gehen zu lassen. Aber du gehst nicht als Knappe, sondern als freier Ritter. Pater, kommt an meine Seite, und seid Zeuge, dass ich mit meinem Schwert diesen Mann, der bis zum Schluss treu als Knappe an meiner Seite gedient hat, zum Ritter schlage!"

Er hatte sein Schwert in der Hand, und der Pater trat neben ihn.

Morgan berührte mit der Schwertspitze zart die linke und die rechte Schulter, dann die Stirn seines Knappen. Anschließend legte er das Schwert auf den Boden, kniete neben dem Lager und gab ihm einen so leichten Schlag auf die Wange, dass es mehr ein Streicheln war.

„Zu Gottes und Marien Ehr', nimm diesen Schlag und keinen mehr!", flüsterte er dabei die uralte Formel des Ritterschlages. „Ritter Jago of Launceston, mein Ziehbruder und Gefährte in vielen Gefahren, leb wohl!"

Mit einem Aufschluchzen wollte er sich erheben, als die Lider des Sterbenden flackerten und sich schließlich öffneten.

„Sir Morgan ... was ist ..."

„Du bist Ritter, Jago, Ritter Jago of Launceston!", flüsterte sein Freund, während ihm die heißen Tränen über die Wange liefen.

„Ritter ...", flüsterte der Sterbende. Ein Zittern durchlief ihn, und als Morgan seine Hand ergriff, fühlte er einen schwachen Gegendruck, dann lag Jago mit an die Decke gerichteten Augen, die ihm gleich darauf mit der Hand bedeckt wurden, die ihn eben zum Ritter geschlagen hatte.

17.

„Manchmal habe ich mit unserem Herrgott geschimpft und gehadert, Sir Morgan, das dürft Ihr mir glauben. Ich habe ihn immer wieder gefragt, warum ich in diesem elenden, verwachsenen Körper stecken muss und nicht wie alle anderen ein normal gewachsener Mann geworden bin", sagte Shawn und wischte sich verstohlen eine Träne von der Wange, als er neben Morgan am Grab Jagos stand. „Ich weiß, ich könnte ihn nicht ersetzen, aber ich wäre gern Euer Knappe geworden, Sir Morgan!"

Ein tiefer Seufzer antwortete dem Kleinen, und schwer fiel die Hand des Ritters auf seine Schulter.

„Du bist ein Freund, Shawn, schon immer für mich gewesen. Wir sollten nicht mit Gott wegen solcher Dinge hadern, das steht uns nicht zu. Jeder hat seinen Platz auf unserer Erde, und du kannst dafür anderes, was dir so leicht niemand nachmacht. Deine Purzelbäume und Kunststücke bringen die Leute zum Lachen, das war schon immer so. Aber das Leben in meinem Gefolge würde dich täglich in Lebensgefahr bringen. Ich werde ein sehr einsames Leben führen und wahrscheinlich über kurz oder lang getötet werden."

Der Kleine schaute mit seinem braunen, verschmitzten Gesicht zu seinem früheren Herrn auf.

„Das ist mir vollkommen egal, Sir Morgan! Wir haben uns nicht zufällig getroffen, sondern weil es so bestimmt war. Ich werde jetzt nicht mehr von Eurer Seite weichen, und wenn es so bestimmt ist, sterben wir eben gemeinsam. Doch Eure Absicht, die Ihr mir gestern an der Tafel von Lady Miriam verkündet habt, den Kampf gegen den Sheriff aufzunehmen, ist so ehrenvoll, dass ich nicht in einem Gauklerwagen durch die Lande ziehen kann, wenn Ihr für die Freiheit Cornwalls kämpft!"

Die beiden gingen von dem Grab hinüber zum Haupthaus von Cadeleigh Castle, wo sie zu ihrer Überraschung die Lady in einem seltsamen Aufzug antrafen. Sie war gekleidet wie ein Mann, trug offenbar eine Bruche mit Beinlingen, die unter der etwa knielangen Cotte erkennbar wurden. Außerdem trug sie einen Gürtel mit einem großen Messer daran und sah aus, als wolle sie auf die Jagd gehen.

„Oh nein, Miriam, tu mir das bitte nicht an!", sagte Morgan und ergriff ihre Hand, um einen Kuss darauf zu hauchen.

Miriam blitzte ihn lächelnd an.

„Ich soll nicht an deiner Seite reiten, Geliebter? Ich soll dich schon wieder davonziehen lassen und nicht wissen, ob du am nächsten Tag noch lebst? Das kannst du nicht im Ernst glauben, Morgan!"

Der Ritter zog seine Verlobte dicht an sich, sodass Shawn verlegen zur Seite sah. „Miriam, du weißt, dass dir Struan auflauert. Schon dein Aufenthalt auf deinem Familienbesitz ist eine Gefahr für dich. Schau mich an, ich bin ein Geächteter und kann mich nicht an Menschen binden, die ich dadurch gefährde!"

Miriam musterte ihn von Kopf bis Fuß und lächelte erneut.

Morgan hatte nach der Beerdigung seines Knappen sein Kettenhemd und seinen Helm brünieren lassen, sodass beides nicht mehr glänzte, sondern einen schwärzlichen Schimmer aufwies. Den ehemals blauen Waffenrock mit dem roten Löwen auf der Brust hatte er gegen einen neuen, schwarzen ausgetauscht, und Miriam hatte gemeinsam mit einer ihrer Maiden in der vergangenen Nacht den großen, steigenden Löwen in prachtvoller, leuchtend roter Farbe darauf gestickt. Stolz erfüllte seine Brust, als er dieses Gewand von seiner Braut erhielt und es zum ersten Mal überstreifte.

„Der schwarze Ritter von Cornwall sorgt für Recht und Gerechtigkeit!", flüsterte ihm dabei Miriam ins Ohr.

„Mir wäre der Name des Löwenritters lieber, Miriam. Aber meine Rüstung wird schwarz bleiben, bis der Sheriff von Cornwall wieder einen ehrenvollen Namen trägt, das schwöre ich bei meinem Schwert!", antwortete Morgan mit leiser Stimme. Schon am Vorabend hatte er seine Verlobte gebeten, sich von ihm in die Normandie bringen zu lassen, wo sie auf der Burg ihrer nächsten Verwandten gefahrlos leben konnte. Ihre Ankündigung, an seiner Seite zu bleiben, hatte er mit scharfen Worten zurückgewiesen.

Die Tür zum Rittersaal wurde aufgerissen, sofort wieder zugeworfen und von innen mit dem dicken Querbalken verriegelt.

„Mylady, um Gottes willen!", schrie ein junger Soldat, der in den Saal stürzte und sich vor die Knie seiner Herrin warf.

„Boyd, was ist mir dir los? Sprich rasch, was ist geschehen?"

„Die ... die Soldaten des Sheriffs greifen uns an!"

Miriam und Morgan sprangen zur gleichen Zeit von ihren Sitzen auf.

„Was ist geschehen? Mein Gott, du blutest ja, Boyd!"

Erschrocken griff der Soldat an seine Wange und schien erst jetzt das Blut zu bemerken, das aus einer kleinen Schramme tropfte.

„Nur ein Kratzer, Mylady, unwichtig. Rasch, Ihr müsst fliehen! Das Tor stand weit offen, als die Soldaten kamen und nach Euch riefen. Flieht, Mylady!"

„Fliehen? Wohl kaum, denn die Burg ist doch wohl ..."

Morgan unterbrach sich, denn eben drangen vom Burghof laute Stimmen zu ihnen herein, und gleich darauf schlugen Fäuste an die Eichentür, gefolgt von kräftigen Axtschlägen.

„Sie sind bereits im Burghof!", rief Miriam. „Folgt mir, hier entlang!"

Mit diesen Worten griff sie ein kleines Bündel auf, das auf dem Tisch lag, und lief zur anderen Seite des großen Saales, öffnete eine schmale Tür und ging mit eiligen Schritten ein paar Stufen hinunter. Die anderen folgten ihr.

Sie verhielt kurz auf einem Absatz, schlug Feuer und blies auf ein Stück Zunder, um gleich darauf eine Fackel zu entzünden.

„Weiter, die Tür wird sie nicht lange aufhalten. Von hier kommen wir zum Stall und können auf der Rückseite den verdeckten Pfad hinunter zum Wald nehmen. Niemand kann von der Burg aus sehen, wer dort entlangreitet. Aber eilt euch, hier entlang!"

Hastig lief der Soldat hinter den beiden her bis zum Stall. Weil sie den Aufbruch ohnehin geplant hatten, waren Blane und die Pferde der Begleitmannschaft gesattelt. Ohne Aufenthalt führten die drei ihre Tiere auf den Pfad hinaus, der gerade ausreichend breit war, um einem Reiter unter den kräftigen Bäumen hindurch Platz zu bieten. Wie ein schützendes Dach breiteten die Bäume sich darüber aus und verdeckten einem möglichen Beobachter die Sicht.

Nach einigen Meilen hatten sie einen kleinen Höhenzug erreicht, auf dem sie anhielten und sich umsahen. Hinter ihnen stieg eine kräftige Rauchwolke in den blauen Himmel, und Lady Miriam ballte die Faust.

„Das wirst du mir büßen, Struan! Eines Tages stehen wir uns wieder gegenüber, doch dann wird dir keiner deiner Schergen helfen können!"

„Wir haben noch ein gutes Stück Weg bis Exeter zu reiten. Lasst uns aufbrechen!", drängte Morgan in die eingetretene Stille, in der seine Verlobte wütend noch immer ihre Faust in die Luft streckte.

„Boyd", sagte sie leise zu dem jungen Soldaten, der schweigend an ihrer Seite ritt. „Mein Verlobter will, dass ich das Land verlasse. Du bist der letzte Getreue, der mir geblieben ist. Ich gebe dich frei, du bekommst noch deinen Lohn und kannst anschließend gehen, wohin du willst."

„Aber ... Mylady ... nein, das möchte ich gar nicht!", stotterte der Soldat verlegen.

„Du willst nicht frei sein? Du kannst doch nicht mit mir nach Frankreich gehen, du wirst dich dort zu Tode langweilen!", entgegnete Miriam lächelnd.

„Dann ... bleibe ich an der Seite von Sir Morgan!", presste Boyd heraus.

Morgan musterte ihn flüchtig und lächelte.

„Wir werden sehen, Boyd!", antwortete er und trieb seinen Rappen wieder an.

18.

„Wir sind uns einig geworden, Miriam. Der Schiffsführer nimmt dich mit, hat einen wunderbaren Platz in seiner eigenen Unterkunft für dich frei gemacht und wird auf dem Deck schlafen. Ich habe mich davon überzeugt, dass du die Tür gut verriegeln kannst."

„Oh, mir ist vor den Seeleuten nicht bange!", erwiderte Miriam lächelnd und deutete auf das

Messer in ihrem Gürtel. „Ich bin da mehr in Sorge vor Wind und Wellen!"

Morgan legte den Arm um ihre Schulter.

„Da kann ich dich beruhigen, Liebste. Der Mann hat mir versichert, dass es eine ruhige Überfahrt wird. Merkst du, der Wind hat leicht aufgefrischt, du solltest jetzt besser an Bord gehen!"

Die drei Gefährten standen direkt vor einer Nef, die einen tadellosen und gepflegten Eindruck machte. Eben waren die Seeleute dabei, die Taue einzuholen, das bauchige Handelsschiff war nur noch mit einem Tau am Land befestigt, und die Laufplanke wurde von zwei Männern festgehalten, um die Dame gefahrlos passieren zu lassen.

Miriam drehte sich herum und schloss Morgan fest in ihre Arme.

„Schon wieder eine Trennung, Morgan. Und diesmal habe ich noch nicht einmal deinen Umriss auf einer Mauer!"

Ein eher flüchtiger Kuss, dann riss sie sich aus seinen Armen los und lief rasch über die Planke auf das Deck der Nef. Das letzte Tau wurde gelöst, der Seemann eilte über die Planke und zog sie hinter sich mit. Der Wind blähte das Segel, die Nef nahm schwerfällig Fahrt auf, und drehte langsam zum Ausgang der Bucht den Bug herum.

Morgan stand wie gebannt und starrte auf die immer kleiner werdende Gestalt, die das Kastell erklommen hatte und lange mit einem Tuch winkte.

Schließlich war das Schiff nur noch ein ferner Punkt am Horizont, und mit einem Seufzer drehte sich Morgan zu dem jungen Boyd um und zuckte die Schultern.

„Ich hasse es, Abschied zu nehmen!", sagte er leise.

„Sir, dort kommen Reiter zu uns herunter!", antwortete der Soldat und wies auf eine Gruppe, die in raschem Trab herankam.

„Das sieht nicht gut aus, Boyd. Es sind mindestens zehn Mann!", antwortete Morgan und schwang sich in den Sattel.

„Wieso, Sir Morgan, das sind doch nur fünf für jeden von uns!", erwiderte Boyd lachend.

„So ist es recht, Boyd! Also, zeigen wir, dass wir uns nicht vor ihnen fürchten!"

Die Soldaten hatten sie offenbar erkannt und ihre Schwerter gezogen. Es gab keinen Zweifel, dass sie es auf die beiden abgesehen hatten.

Gleich darauf fegten die beiden Reiter auf sie zu und fuhren zwischen ihnen hindurch, links und rechts mit den Schwertern austeilend.

„Der Mann mit dem Löwen auf der Brust! Ich will ihn lebend!", schrie der Anführer der Gruppe, sofort band ihn Boyd in einen harten Schlagabtausch. Ehe sich der Mann versah, wurde ihm das Schwert aus der Hand geschlagen. Verwundert sah er auf seinen Schwertarm, der von dem heftigen Schlag wie gelähmt war, als ihn ein weiterer Schlag mit der flachen Klinge ins Genick traf und er stöhnend vorn über kippte.

Schon waren die nächsten Soldaten aus dem Sattel, und als die Männer erkannten, dass ihnen diese beiden überlegen waren, saßen nur noch drei von ihnen auf ihren Pferden. Einer hatte gerade einen schweren Hieb gegen den Helm erhalten, der ihn fast betäubte. Benommen schaute er sich um, als sein Pferd in wilder Flucht hinter den beiden anderen herlief, die diesem Kampf entkommen wollten.

„Hurra!", rief Boyd jubelnd aus, als die beiden ihnen ein Stück durch den Hafen gefolgt waren und am Stadtrand wieder eine nördliche Richtung einschlugen.

Rast machten sie erst im nächsten Waldstück, wo sie sich erholen konnten und auch die Pferde ausruhen ließen.

„Du hast dich wacker geschlagen, Boyd!", sagte Morgan anerkennend und hielt dem jungen Soldaten die Hand hin.

„Danke, Sir Morgan, aber das war selbstverständlich. Ich habe in meinem bisherigen Leben nicht viel gelernt, doch das Kämpfen beherrsche ich. Meine Eltern hatten nur wenig Geld und haben mich in ein Kloster gegeben. Danach habe ich sie nie wieder gesehen."

„Vom Kloster zum Kriegsknecht?", fragte Morgan erstaunt.

„Ja, Sir, ich habe es dort irgendwann nicht mehr ausgehalten. Keine Ahnung, wie alt ich damals war, vielleicht zehn Jahre, und ich bin davongelaufen, habe mich bettelnd und stehlend durch das

Land geschlagen, wurde von einem Profos in Exeter aufgegriffen und habe dadurch Soldaten kennengelernt, die mich in den Kriegsdienst mitgenommen haben.

Damals wurden für den König ständig neue Soldaten gesucht, und ich war noch nie besonders schwächlich. Niemand fragte mich nach meinem Alter und meiner Herkunft. So erlernte ich das Handwerk eines Kriegsknechtes, und irgendwann landete ich schließlich bei Mylady auf Cadeleigh Castle, und dort ging es mir gut."

Beide schwiegen, während Boyd auf den Boden starrte.

„Nun, dahin wirst du jetzt nicht mehr zurückkehren können. Ich kann dir aber anbieten, in meine Dienste zu treten. Du hast dich als wackerer Kämpfer erwiesen, und wenn du willst, können wir es mal eine Weile miteinander versuchen. Mein Leben wird nicht sonderlich einfach sein, du hast gerade erlebt, dass offenbar ein Mann mit einem roten Löwen auf der Brust überall im Land gesucht wird. Wenn dich das nicht stört, verspreche ich dir, für deine Bewaffnung und das Pferd zu sorgen, außerdem natürlich für Essen und Trinken.

Es kann sein, dass wir bald im ganzen Land gejagt werden, und es ist möglich, dass wir bei Wind und Wetter unter widrigsten Umständen übernachten müssen. Ich verfüge jedoch immer noch über ausreichende Mittel, um zu kaufen, was wir benötigen. Machst du deine Sache gut, bekommst du am Ende eines Jahres zehn Silberlinge ausgehändigt und kannst dich dann entscheiden, ob du dieses Leben fortsetzen willst. Also?"

Morgan hielt ihm erneut die Hand hin, und Boyd zögerte keine Sekunde, schlug ein und erwiderte den kräftigen Händedruck.

„Also, Knappe Boyd, dann werden wir gemeinsam die Suche nach meiner Familie aufnehmen. Und die Feinde des rechtmäßigen Königs bekämpfen, wo immer wir sie antreffen."

„Dank Euch, Sir Morgan. Und das Zeichen des Löwenritters möchte ich auch auf meinem Waffenrock tragen dürfen. Ich stehe zu Euch und für den König – für immer!"

Morgan strich sich lächelnd über den Bart und

nickte.

Jago, dachte er in diesem Moment, *ich glaube, du hast einen würdigen Nachfolger.*

Ende

Ende der Trilogie. Insgesamt liegen mehr als 40 Folgen als eBook vor, Print-Ausgaben folgen

Schwert und Schild - Die Abenteuer von Sir Morgan of Launceston und seiner Gefährten werden in verschiedenen Zyklen veröffentlicht.
Es gibt folgende Erzählkreise:
Wilde Jugendjahre in Cornwall - der junge Ritter Morgan ist im Auftrag seines Vaters, des High Sheriff of Cornwall im Land unterwegs, um in seinem Auftrag für Recht und Ordnung zu sorgen

Rebellen von Cornwall-Zyklus: Nach seiner Rückkehr vom Dritten Kreuzzug sieht sich Sir Morgan zahlreichen Gefahren in der Heimat ausgesetzt. Prinz John ohne Land regiert und hat in Cornwall einen neuen Sheriff eingesetzt: Den gewissenlosen Sir Struan of Rosenannon, einen Ehrgeizling, der alles daran setzt, noch mehr Macht und Geld zu erlangen. Mit seinen Freunden stellt sich Sir Morgan gegen ihn und gilt fortan als Rebellenführer in Cornwall

Löwenherz-Zyklus: Hier wird berichtet, wie Sir Morgan und seine Gefährten zum Kreuzritterheer kamen, welche Abenteuer sie an der Seite von König Richard erlebten, und wie der König zu seinem Beinamen „Löwenherz" kam

Die Serie erscheint als eBook und als Paperback-Ausgabe in der Edition Bärenklau und ist über Amazon erhältlich.